第二届唐崖论坛论文集

湖北省古建筑保护中心
湖北省文物考古研究所
三峡大学民族学院
中南民族大学民族学与社会学学院　编
湖北大学地方文化研究中心
武汉大学文化遗产保护与研究中心
咸丰县人民政府

科学出版社
北京

内 容 简 介

唐崖土司城址是土司制度鼎盛时期土司遗存的典型代表，其与湖南永顺老司城遗址、贵州海龙屯遗址共同组成的"中国土司遗址"被列入世界文化遗产。2016年6月9~11日，"第二届唐崖论坛学术研讨会"在湖北咸丰县成功召开。本书是此次论坛的论文结集，内容涉及土司文化研究、土司遗存保护、管理和利用等多个领域，体现了土司文化遗产的保护和研究的学科融合。

本书可供考古学、历史学、民族学等领域的研究者阅读、参考。

图书在版编目（CIP）数据

第二届唐崖论坛论文集/湖北省古建筑保护中心等编. —北京：科学出版社，2017.12
ISBN 978-7-03-056016-2

Ⅰ. ①第… Ⅱ. ①湖… Ⅲ. ①土司-城堡-文化遗址-中国-学术会议-文集 ②土司制度-研究-中国-学术会议-文集 Ⅳ. ①K878.34-53 ②D691.4-53

中国版本图书馆CIP数据核字（2017）第312846号

责任编辑：王光明/责任校对：邹慧卿
责任印制：肖 兴/封面设计：张 放

科学出版社 出版
北京东黄城根北街16号
邮政编码：100717
http://www.sciencep.com

中国科学院印刷厂 印刷
科学出版社发行 各地新华书店经销

*

2017年12月第 一 版　开本：787×1092　1/16
2017年12月第一次印刷　印张：15
字数：356 000

定价：198.00元

（如有印装质量问题，我社负责调换）

编辑委员会

主　任：王风竹　郑东来

编　委：陈　飞　孟华平　黄柏权　田　敏
　　　　郭　莹　余西云　邹玉萍　吴红敬

编　辑：龚泽标　付　江　孙　甜　罗　娜
　　　　岳小国　蒲元浩　徐　瑶

序

黎朝斌

（湖北省文物局局长）

北京时间2015年7月4日，经在德国波恩举行的第39届世界遗产大会审议，由我省咸丰唐崖土司城址和湖南永顺老司城遗址、贵州遵义海龙屯组成的"土司遗址"系列申遗项目，成功列入《世界遗产名录》。这是我省继武当山古建筑群、钟祥明显陵之后的第三处世界文化遗产，标志着我省已经成为名副其实的文化遗产大省。

湖北是文化遗产资源大省。近年来，在省委、省政府的坚强领导下，在相关部门的支持下，我们围绕中心，服务大局，切实加强抢救保护，着力推进传承利用，全省文化遗产事业迅速发展，成果显著，亮点纷呈。特别是唐崖土司城址从2012年9月进入《中国世界文化遗产预备名单》，到正式列入《世界遗产名录》，只用了短短2年多时间，创造了我省乃至全国申遗工作的奇迹。唐崖土司城址在申遗过程中，得到了方方面面的鼎力支持：国家文物局统一部署，省委、省政府高度重视，三个省份通力合作，部分高校和科研院所全力相助，省文化厅党组精心安排，地方党委政府全力以赴，社会各界踊跃支持，当地民众积极参与，新闻媒体热情关注，使得唐崖土司城址的真实性、完整性得到严格保护，保护管理体系得到系统构建。

文物是不可再生的珍贵资源，文化遗产保护需要全社会的共同努力。党的十八大以来，习近平总书记多次就加强文物保护和传承中华优秀传统文化发表系列重要论述，近年更是明确指出"保护文物功在当代、利在千秋""保护文物也是政绩"。唐崖土司城址成功列入《世界遗产名录》，标志着其已成为全人类共同认可并加以保护的珍贵遗产，作为遗产所在地的文化文物部门，我们面临着更加光荣也更加艰巨的任务。今后，我们将与地方政府一道，按照联合国教科文组织关于世界文化遗产保护管理的标准，根据《国务院关于进一步加强文物工作的指导意见》和《湖北省政府关于进一步加强文物工作的实施意见》的要求，秉持"文物本体保护好、周边环境治理好、居民生活改善好、区域社会经济发展好"的目标，精心呵护、倍加珍惜、全力打造好唐崖土司城址这张世界级的文化品牌，大力开发土司特色文化产品，发展土司文化创意产业，努力使这处珍贵的文化遗产"活"起来，切实发挥鼓舞人们精神、改善人们生活的积极作用，为"文明湖北"和"鄂西生态文化旅游圈"建设提供强有力的支撑。

唐崖论坛是土司遗址申遗过程中，我们与高校和科研机构联合打造的一个文化遗产科研推介平台，旨在系统梳理土司文化遗产资源，科学提炼土司文化遗产价值，研究探索土司文化遗产有效保护与利用之路。自2014年以来，已相继举办两届，得到了考古学、遗产学、历史学和民族学等方面专家的积极响应和支持，在深化科学研究、调动民众热情、宣传文物价值、传播保护理念、把握学科导向、服务世界文化遗产申报等方面发挥了不可替代的积极作用，且已初步形成品牌效益。今后，依托世界文化遗产唐崖土司城址这张金色名片，我们将联合咸丰县人民政府，依靠省古建筑保护中心等科研单位和高校，努力把"唐崖论坛"打造成为湖北文化遗产研究、保护和"活"起来的高端文化品牌。

　　总结科研成果形成报告，是对唐崖论坛研究工作的系统提炼和深化，也是打造"土司文化学术品牌"的重要举措。值《第二届唐崖论坛论文集》出版之际，向坚守在唐崖土司城址保护管理和长期致力于湖北文化遗产保护第一线的同志们致以诚挚的问候和谢意。今后，我们将深入学习贯彻落实中央和省委、省政府的政策和文件精神，把握机遇，不辱使命，勇于担当，奋力推动文化遗产事业取得新进步，为促进武陵山区和全省经济社会发展、推动湖北在中部率先全面建成小康社会而不懈努力。

　　是为序！

目　录

序 ……………………………………………………………………………… 黎朝斌（ⅰ）
世界遗产保护中的澳门经验 ………………………………………………… 田卫平（1）
在第二届唐崖论坛学术研讨会上的讲话 …………………………………… 孟华平（3）
唐崖土司城对湖北文化的贡献——在第二届唐崖论坛学术研讨会上的讲话
　………………………………………………………………………………… 周积明（5）
在第二届唐崖论坛学术研讨会上的讲话 …………………………………… 方　铁（8）
以文化为魂，推进全域旅游发展——在第二届唐崖论坛学术研讨会上的讲话
　………………………………………………………………………………… 杨跃红（10）
唐崖土司城沿革考 ……………………………… 王炎松　刘　雪　段亚鹏（13）
唐崖土司城张王庙碑刻释文校证 …………………………………………… 罗　凌（21）
唐崖土司城遗址修复中的礼仪规制和民族性问题 ……………… 余和祥　李秀林（32）
唐崖土司城园林手法及景观环境修复治理策略研究 …… 陈　昊　张剑峰　张　娲（41）
唐崖土司文化研究献疑——基于民俗信仰的视角 ……………… 萧洪恩　侯春燕（47）
湖北唐崖土司城先民饮食结构探析的科技考古启示 ……………………… 胡　飞（59）
唐崖土司改土归流原因探析 ………………………………………………… 勾福浪（65）
生态视野的鄂西文化与唐崖土司城 ………………………………………… 王玉德（73）
施南覃氏土司墓葬遗址考 …………………………………………………… 覃章义（79）
秦良玉"忠贞侯"性质辨析 …………………………………………………… 朱　华（92）
申遗视阈下的"土司学"研究 ………………………………………………… 岳小国（98）
唐崖土司城址成功申报世界文化遗产的影响及其保护对策 ……………… 黄天一（103）
浅谈山地类古遗址保护区划的划定——以唐崖土司城址为例
　…………………………………………………… 李长盈　吴红敬　付　江（111）
试论遗址类博物馆的讲解体系构建——以唐崖土司城址为例 …………… 杨竣方（121）
世界文化遗产保护与文明传承：一种建构主义的视角 …………………… 熊　兴（129）
从清前期容美地区碑刻看容美土司的"峒居"型酋邦文化 ……………… 卢文芸（135）
容美土司穴居文化初探——以鹤峰"容阳三洞"为例 …………………… 谷　斌（147）
土司时代施州卫对土家族区域的控制 …………………………… 邓　辉　吴红敬（157）
土司时期乌江流域民族关系与社会发展研究 ……………………………… 祝国超（168）
光绪朝《实录》所见清廷土司管治述略 …………………………………… 雷　平（180）

唐崖土司文化研究献疑——漫评唐崖的三部《覃氏家谱》…………萧洪恩（192）

土家咂酒的文化价值体现……………………………………………钱国岗（203）

鄂西土家族建筑文化景观及其保护利用………………………刘 真 孙 甜（211）

世界遗产教育功能的认知与实现——以唐崖土司城址为例

………………………………………………吴尚谦 蒲元浩 徐 瑶（217）

明代荆楚藩王与鄂西土司的军事功用……………………………姜可塑（223）

后记……………………………………………………………………（230）

世界遗产保护中的澳门经验

田卫平

（澳门大学）

尊敬的各位来宾：

大家上午好！

首先要感谢会议主办方的邀请，使我能够来到咸丰参加唐崖论坛学术研讨会。下面我将澳门学者的研究成果做一些归纳，介绍给与会的各位嘉宾。

作为中国的第31处世界文化遗产，澳门历史城区是2005年被列入《世界遗产名录》的。从20世纪80年代澳门学术界提出设想，到澳门回归后特区政府的大力推动；从最初设想的妈祖庙等12处历史建筑群，到8处广场空间连成一片的历史城区，经过20年的努力，最终于2005年在南非德班举行的世界遗产大会上成功进入《世界遗产名录》。

从2005年申报成功，至今已经有11年了。在这期间，澳门特别行政区政府投入了相当大的人力、物力、精力来守护这一世界遗产。这其中有一些值得学习的经验，也有一些值得重视的问题，可为唐崖土司城址的保护和利用提供一些参考。

澳门的经验用一句话来概括，就是从最基础的角度来实现保护与利用相结合。如果加以细化，主要分为三点：第一，以"活水养鱼"的思路来保护世界遗产。特区政府每年都有专项资金投入遗产的保护与利用中。据专家统计，专项投入的资金占政府公共支出的6.5%。第二，法律法规建设与遗产保护配套。从2006年起，澳门特区政府的文化司专门设立了一个《文化遗产保护法》起草小组，专人负责对现行文化保护的法律进行修订和补充，不仅制定了《文化遗产保护法》《澳门城市概念性规划纲要》，还制定了《澳门非物质遗产申报评定暂行办法》，将遗产的保护和利用完全纳入法制化轨道。以文化遗产的导游为例，她（他）不仅要有导游的工作证，还要接受文化遗产导游的专业培训，通过考试才能获得资格证书，才能从事文化遗产的导游服务。第三，遗产保护利用与公共教育相结合。澳门特别行政区政府通过电视、报纸、网络等各种媒体不断向公众特别是青少年普及世界遗产的保护知识，宣传世界遗产的法律法规，通过市民一些喜闻乐见的方式来教育市民爱护和保护世界遗产。比如，2007年推出了"我们的家园，世界的遗产"澳门历史城区校园推广计划，活动包括推广世界遗产普及读本、澳门城区考察等，向全澳门近10万名师生宣传推广。该活动历时两年多，取得了很好的教育效果，提高了澳门居民对澳门文化的认同度。

当然，任何事情都不是完美的。列入世界遗产是一件好事，但同时也带来了新的挑战。一方面，旅游事业与城市建设和世界遗产形成一种或隐或显或明或暗的矛盾；另一方面，对管理人才、管理水平提出了更高的要求。澳门在世界遗产的保护方面取得了有目共睹的成就，有不少经验值得推广，但也有一些问题尚待解决。第一，监督管理深度不够。近几年来，澳门的世界遗产连续几次受到了人为和自然的破坏，最典型的是2016年的2月10号，妈阁庙遭遇火灾，导致神像等多处受损。经检查，引发火灾的原因是在电线上悬挂的转运灯造成短路所致。这些事件，反映了管理人员对遗产的保护深度和水平还有待提高，还需要公众来监督和社会参与。第二，景区形成了"热"与"冷"的极大反差，反映出澳门历史城区还没有完全被游客和居民所认识，需要集思广益，如何把静态的遗产进行动态的活化，使其内涵转化成旅游的经济价值，提升它的吸引力和趣味性。这既需要澳门学者建言献策，也需要内地学者思考和探索。

在第二届唐崖论坛学术研讨会上的讲话

孟华平

（湖北省文物考古研究所）

非常高兴参加本次唐崖论坛。这是唐崖土司遗址成功入选世界文化遗产后的第一次学术盛会，看到嘉宾云集的会场，我由衷地感到高兴，因为土司文化遗产的研究得到了学界的持续关注、土司文化遗产的普遍价值得到了社会的广泛认同、唐崖土司遗址的保护得到了各级政府的高度重视。当然，在高兴之余，我觉得我们面临的挑战也非常大，尤其是在世界文化遗产的背景下，如何审视、研究、保护及利用好土司文化遗产，可以说是我们必须回答的一个新课题。

记得2015年7月在德国举办的第39届世界遗产大会上，中国土司遗址入选世界文化遗产的一个重要理由就是：以唐崖土司遗址为代表的土司遗存，它们的选址特点、整体布局、功能类型、建筑风格等，既有鲜明的地方特色，也有民族交流、民族认同的共性特征，集中代表了古代中国"齐政修教，因俗而治"的管理智慧。我想，这个评价为我们下一步开展土司文化遗产的研究、保护及利用工作指明了方向，也就是围绕中国土司遗址入选世界文化遗产的这个重要理由，进一步夯实土司文化遗产的各类资料，并系统研究阐述古代中国"齐政修教，因俗而治"管理智慧的突出价值，真正保护利用好这一珍贵的世界文化遗产。

我们知道，中国的土司遗存非常丰富，仅在湖北就有大小土司遗存若干。从2011年开始，湖北省文物考古研究所选择具有代表性的唐崖土司遗址和容美土司遗址开展了系统的考古工作，希望明确湖北土司遗存的基本特征，为遗址的保护利用提供科学依据。从现状看，这两处土司遗址具有自身鲜明的特征：唐崖土司属于级别比较低的长官司，遗址分布很集中，且保存在地面的遗存非常丰富，如牌坊、石人、石马、墓葬、石板路等，但文献资料缺乏；容美土司属于级别比较高的宣慰司，遗址分布范围广，文献资料丰富，如碑帖、题刻、顾彩的《容美纪游》等都有详细的记载，但保存在地面的遗存比较少。尽管如此，这两处土司遗址也存在一些共性特点，如都未进行科学的考古工作、远离现代城镇而少受人为干预。

通过这几年的考古工作，我们对唐崖土司遗址和容美土司遗址的基本特征有了比较全面的了解。目前揭示的城墙、道路、院落、衙署、墓地、桥梁、水井等大量遗存，比较集中完整地反映出唐崖土司城址布局与结构的概貌，可以证明唐崖遗址就是当时唐崖土司的治所，也是唐崖土司的权力中心。同时，考古工作证明容美土司遗址的分布范围确实很广，保存较好的地点包括爵府遗址、南府遗址、北府遗址、万全洞、万人洞、田晴洞等，它们的遗迹现象也保存的比较完整。虽然唐崖土司遗址已经入选世界文化遗产，但我们清楚地认识到，我们的考古工作与湖南、贵州等兄弟单位相比，考古的基础工作没有他们做得那么多，还存在一些未解决的问题，如唐崖土司遗址的兴废过程、年代、功能区划等尚未进行完整的揭示与阐释，可以说，我们的工作还任重而道远。

今天，在唐崖土司遗址入选世界文化遗产的大背景下，我认为我们要抓住机遇，以唐崖土司世界文化遗产为平台，打造土司文化遗产片区，跳出唐崖看唐崖。为此，我有以下几个建议：

一是全面系统地开展土司遗存的考古调查、清理等工作，为土司遗址的科学保护提供扎实的基础材料，充分发挥"文物保护考古先行"的作用。

二是开展多学科的综合研究，包括历史学、民族学、社会学、环境景观学等，为阐释土司遗存的普遍文化价值提供广度和深度。

三是加强科学技术手段特别是一些新的信息技术手段的运用，如运用新的信息技术手段对土司遗存进行信息采集储存、运用信息技术手段对残损遗存进行虚拟复原等。

四是加强对现有遗存的文物保护与研究，如长期暴露在外的牌坊、石板路等石质遗存多有风化破损，其保护现状实在堪忧，亟待有针对性的保护研究。

我相信，在大家的共同努力下，土司文化遗产的研究、保护与利用会越来越好。

唐崖土司城对湖北文化的贡献

——在第二届唐崖论坛学术研讨会上的讲话

周积明

（湖北大学）

唐崖土司城申报世界文化遗产的成功，是中国文化遗产事业的大事，更是湖北文化的大事件。这次会议，将有很多专家从不同角度讨论唐崖土司城的价值、意义和保护，我想从另一个角度，谈谈唐崖土司城对湖北文化的贡献。

我们所说的湖北文化，是指宋代以来，尤其是明清以来，以湖北现在的行政区域为大致范围的区域性文化。湖北文化继承了荆楚文化的底蕴，但却不是荆楚文化的直线延伸。但无论是荆楚文化还是湖北文化，都是以汉族的叙事和记忆作为主导。其他民族或者族群的文化也并非毫无关注，比如土家的哭丧歌、吊脚楼、西南卡普，但是它们在湖北文化的历史叙事中，只是陪衬，只是若干章节，即使所谓的鄂西土司，在湖北的大历史叙事中，也往往只是一笔带过。

唐崖土司城申遗成功，打破了传统的湖北历史文化的叙事模式。如果说以前大家虽然知道鄂西在历史上曾有土司存在，有土司文化存在，但关注者不多，那么唐崖土司城申遗的成功，以一个巨大的文化实体，以一种独特的方式，醒目地向全世界、全中国宣示，湖北不光有武汉这样的中心城市，有武当山这样的道教圣地，有归元寺、古德寺这样的佛教丛林，还有鄂西土司。从历史文化的价值来看，唐崖土司城和武当山、归元寺这些重大文化景观比较，不但毫不逊色，而且在不少方面超乎其上。

第一，唐崖土司城是唐崖土司的政治中心。唐崖土司虽然接受中央王朝统辖，是中央王朝"因俗而治"的产物，但它又具有相当的独立性，有自成系统的一套政治文化。以唐崖土司城而论，它的面积甚至比明清紫禁城还大。明清紫禁城南北长约960、东西阔约760米，算下来不超过73公顷[①]。唐崖土司城纵横都有1千米，面积超过1平方千米。虽然，它在建筑格局上大体遵守中央王朝的官署礼制，但是它的规模以及对中央皇城的模仿，表明唐崖土司有自己的政治逻辑，有自己的政治文化观念。截至目前，湖北的世界文化遗产有三个：一个是明显陵；一个是武当山；一个是唐崖土司城。明显陵葬的是嘉靖皇帝的父亲，武当山的宫观群是永乐皇帝敕建，这两个遗产

---

① 1公顷=10 000平方米。

都属于王朝政治体系范畴，而唐崖土司城却独立于王朝政治体系之外，体现了土司政治体系的政治意识。这对湖北历史文化以中央王朝为中心的叙事模式，是一个有力的修正。

第二，从中心边陲理论来看，在全国范围内，中央朝廷是中心，咸丰土司是边陲。在湖北区域文化的文化地理上，中心虽然屡有迁徙（襄阳、荆州、鄂城、武昌、武汉），咸丰仍然是边陲。但是，在巴陵山区唐崖土司的统治范围，土司城却是中心。当地老百姓称土司城是"皇城"、土司墓是"皇坟"，说明了在他们的心目中，土司就是他们的天，就是他们的皇帝，土司城就是紫禁城。我们有理由相信，如此规模庞大的土司城，它的统治和影响一定会辐射周边地区。这样一个庞大的土司政治中心的存在，改变了以往湖北历史叙事的单一中心、单一线索视角。

第三，湖北的土家文化，本来具有丰富的内容，但是在以汉族为中心的湖北历史文化叙事中，土家文化总是碎片，总是陪衬。唐崖土司城申报世界文化遗产的成功，使鄂西土家文化得到强有力的支撑。从今往后，鄂西南的土家文化，不再以湖北文化中的陪衬、碎片出现，而是自成体系、堂堂正正地在湖北文化中占据一席之地。

第四，世界遗产委员会认为，"土司遗址"反映了13~20世纪初期古代中国在西南群山密布的多民族聚居地区推行管理少数民族地区的政治制度。唐崖土司城在湖北，对这个政治制度进行深入探讨，是湖北学者责无旁贷的义务。因此，唐崖土司的申遗成功，也给湖北社会科学界提出了一个重大的研究课题。要把这个课题研究深入，有大量的理论问题需要解决。比如，荆南雄镇牌坊，按照通行的解说，认为其体现了鄂西土司对中央王朝的认同，如果我们依据社会学和历史人类学的立场，把任何历史行为都视为在社会场域中为了获得更多资源而采取的策略，那么我们有理由把荆南雄镇牌坊的竖立，视为咸丰土司借用王朝体系的政治话语，借用中央王朝的权威来加强自己政治合法性与政治权威的策略。换言之，我们不要专一于从中央王朝的角度去看土司的归顺、认同、叛降，而要转换视野，从土司的政治策略来思考，这样或许会有新的观察和收获。

第五，唐崖土司城申报世界文化遗产成功，开拓了咸丰土司文化传统的新变。人类文化学的一个重要理论，就是指出所谓传统并非亘古不变、从来就有的，而是人类创造、发明的。陈飞县长昨天给我们讲了他和他同事围绕土司城文化开发而展开的一系列文化创意活动，比如土司四道茶、土司五等酒，还有关于当地石雕、石刻的种种解释。陈飞县长一再说，他是在"讲故事"，但是，正是在他讲的故事中，咸丰土司的文化传统得到延续、发展与更新。这样一种延续和新变，是对湖北历史文化和土家文化的丰富和发展。

从如上几点来看，唐崖土司城申遗成功，不仅是对世界文化的贡献，对中华文化的贡献，而且是对湖北文化的重大贡献。

唐崖土司城的重要文化价值决定了我们对待它的保护与利用必须慎之又慎。坦率地说，国内截至目前的文化遗产保护，教训多而经验少，问题出在地方政府和商家面对文化遗产，往往有不可抑制的冲动，急于把文化遗产当成财源，其结果是过度商业化、过度开发。而所谓的文化开发也往往不伦不类，脱离文化遗产的气质与文化本体，其结果是极大地伤害了文化遗产、破坏了文化遗产。昨晚，我十分欣喜地听到，咸丰的田秘书长一再说，唐崖土司城首先是保护，其次是合理利用，绝不能商业化，为此，将诸多准备大举介入的商家拒之门外。在刚才的会议发言中，咸丰县领导也一再重申，保护是第一位的。在这些讲话中，我看到了咸丰地方政府的远见和智慧。有了这样的远见和智慧，咸丰一定能保护、利用好唐崖土司城，让这个辉煌的文化遗址，光芒永不磨灭。

在第二届唐崖论坛学术研讨会上的讲话

方 铁

（云南大学）

唐崖土司城申遗成功是一件大好事，同时要看到，它与土司制度和土司文化有密不可分的关系。我在这里就学术界相关的研究做一些介绍。

什么是土司制度？简单地说，土司制度是元明清中央王朝在西南边疆实行的一种政治制度。土司制度实行于元明清时期，在这之前边疆地区实行的是另外一种羁縻制度，两者之间有一定的联系，但在内容方面是有重大差别的。

土司制度实行的原因，是由于其内容符合西南民族边区的社会习惯与经济形态。土司制度经历了一个漫长的演变过程。朝廷任命少数民族的首领担任土司，职级有高低之分，土司需要对中央王朝进贡纳赋，土司可以管辖一定数量的土地和百姓。土司有两个义务：一是负责所在地区的治安稳定；二是服从朝廷的外调出征，听从朝廷的调遣，国家的军事力量因此得到增强；三是土司在性质上属于朝廷的官吏，不可以随意废除。

土司制度最大的特点是土司经过朝廷批准可以世袭，同时也要接受处罚或者奖励。清代进行改土归流，朝廷罢免大部分土司改为流官，派遣政府官员来任职，把土司管理改为流官管理，这就是我们所说的改土归流，这是一个重大的变革。

土司制度与现在的民族区域自治制度是有重大差别的。今天的民族区域自治制度继承了中国历代的治理传统，比如说注意到边疆和少数民族的特点，因此一定程度上能区分内地与边疆的差异，并制定相应的管理办法。历史上的管理制度对民族地区的管理相对灵活，也具有一定的延续性。但是要看到，土司制度具有鲜明的阶级性，其剥削制度的性质十分明显。另外，土司制度是暂时性的，一旦条件成熟就会被统治者取消。我们的民族区域自治制度有非常强大的生命力，政府真心为边疆少数民族的发展服务，民族区域自治制度将长期存在，为边疆民族地区的发展长期发挥积极作用。

关于土司制度与前代羁縻制度的异同。羁縻制度与土司制度都是中央政府对边疆地区和少数民族实行的管理制度，但是两者完善的程度与实行的效果有明显差别。土司制度反映出中央王朝对边疆地区的管理思想和经营重点，都发生了重大的改变，影响十分深远。从效果来说，实行土司制度后，中央王朝对边疆的统治明显深入，并促使中国历史疆域的最终形成，同时开创了中央政府因地制宜治理边疆地区的先河。

在汉唐时期的羁縻制度之下，中央王朝的统治效果是有限的，那时中国的疆域还处于变动和不稳定的时期。实行羁縻制度并无全国区域性的差别，受封赏的官吏都是临时性的，并不属于朝廷的正式官员。另外，羁縻制度施用于边疆以及周边地区，而当时的边疆还处于形成的过程之中。因此，羁縻制度施用的范围包括境外的一些地区，实际上是朝廷外交政策的一个方面。羁縻制度也存在明显的缺陷，最大的缺陷是管理不规范，没有形成严格的制度。在中国最繁荣的唐代，安史之乱以后，边疆地区大量丧失，中国出现第二次大分裂，就是五代十国时期。导致唐朝瓦解的原因虽然有很多，但至少反映出所实行的羁縻制度是不完善的，而且实行的是初级性质大体划一的统治，未考虑到各地边疆的差异。一千多年间羁縻制度没有明显的变化，统治者将之视为亘古不变的政策，也反映了羁縻制度具有的局限性。羁縻制度对边疆的经营效果有限，而且政府基本上没有从边疆获得收益，造成了成本与效益的倒挂，在执行羁縻制度的时期，长期存在高成本、低收益的问题，也说明羁縻制度必然会被更先进的制度所取代。

实行土司制度以后，土司地区发生了明显的改变，内地的经济文化影响到土司地区，加快了边疆与内地一体化的过程。对土司制度要看到它的合理性。实行土司制度以后，在很多方面产生了影响，如实行地区群众的思想观念与衣食住行，土司制度深刻影响了当地群众的思想与文化。土司文化是中国传统文化的组成部分。土司文化与地方文化不能等同，两者在很多方面都有区别。我们要研究土司文化及其影响，因为它的影响一直延续到现在。此外，还有很多相关的问题需要研究，需要我们共同努力。

我简单讲到这里。谢谢大家。

以文化为魂，推进全域旅游发展

——在第二届唐崖论坛学术研讨会上的讲话

杨跃红

（恩施州旅游委员会）

2015年7月7日，世界第48枝文化遗产奇葩绽放于世界文化名贵花园之中，恩施州咸丰唐崖土司城遗址成为世界的唐崖土司城。

2016年2月，代表中国当下旅游业发展新模式、新方向、新路径的中国国家旅游示范区创建榜上，恩施州位列其中。

这给恩施全域旅游发展定格了主旋律：世界文化恩施之花+恩施特色旅游产业发展！

一、发展模式转变的新内涵

全域旅游如歌如诗，既婉转悠扬，又激情奔放！

（一）转型发展的进行曲

国家旅游局局长李金早两次到恩施调研，听了恩施州委的旅游工作汇报，实地调研旅游后，指出恩施旅游发展基础好，要加快转型升级，探索发展全域旅游。之后他提出了全域旅游发展的九大转变，我认为最关键的是以下几个转变。

（1）旅游，已经从奢侈品旅游时代迈向大众旅游时代，我们要跟上旅游时代的步伐。

（2）旅游，正在从传统旅游时代迈向泛旅游时代，我们要扩大旅游发展视野。

（3）旅游，正从资源型旅游目的地向服务型旅游目的地起步，我们要加快步伐，积极领跑。

（4）旅游，正在从行业旅游向全民旅游拓展，我们找到旅游惠民的真本。

（5）旅游，必须从部门旅游管理向综合旅游管理迈进，我们要学会旅游社会化管理。

（二）资源利用的协奏曲

全域旅游要求不能仅仅停留在景点景区、宾馆饭店的配置上，而是要坚持"旅游+"

模式，积极推进"旅游+农业""旅游+工业""旅游+三产业""旅游+互联网""旅游+绿色GDP""旅游+新的生活方式"，推进融合发展，弹奏出琴瑟和鸣的和声来，实现转型升级、提质增效。

（三）功能建设的大合唱

发展全域旅游要适应旅行方式、旅游主体、旅行消费领域等旅行新需求的需要，提升旅游消费水平。要构建多业态产品、多功能接待、多领域服务、多投资主体的发展格局，就必须是一首合拍和声的大合唱。

二、产业发展路径的恩施版

坚持把恩施州域作为完整旅游目的地进行整体规划布局、综合统筹管理、一体化营销推广，促进旅游业全区域、全要素、全产业链发展，构建全域共建、全域共融、全域共享的旅游发展模式，形成"产业围绕旅游转、产品围绕旅游造、结构围绕旅游调、功能围绕旅游配、民生围绕旅游兴"的全域旅游格局。

（一）"1+8+N"的布局

围绕"一心两翼"（以州城为中心，清江南线重点打造民族风情走廊，清江北线重点打造山水观光画廊），构建"1个核心目标+8个板块+N个旅游要素"的大旅游发展格局。"一个核心目标"，即建设全国户外运动健身、绿色生态文化和健康休闲养生知名旅游目的地。"8个板块"，即按照全域旅游的标准，立足资源禀赋，打破区域界限，实现抱团发展，构建以州城为核心的城市旅游板块，以长江清江为轴线的休闲观光旅游板块，以唐崖土司文化为引领的民族风情旅游板块，以高山二高山为依托的避暑度假旅游板块，以硒利用为主导的美食康体养生旅游板块，以乡村旅游为主打的乡村休闲旅游板块，以比邻重庆、湖南等为连接的旅游集散板块，以探奇览胜为主体的户外运动健身板块。"N个旅游要素"，即以市场主体为龙头，科学布局发展景区、宾馆、乡村旅游、工业旅游、旅游商品开发及购物等旅游要素，实现协调发展。

（二）打造五大产品体系

坚持找第一、求唯一，围绕世界第一峡谷（恩施大峡谷）、世界第一洞（腾龙洞）、世界第一树（水杉）、世界第一船（鹤峰屏山空中神船）、世界第一土司城（咸丰唐崖土司城）、世界第一歌（《龙船调》）、世界第一暖男（神农溪纤夫）、世界第一会（土家女儿会）、世界第一矿（独立硒矿床）、世界第一路（最高建设难度的宜万铁路）、世界第一桥（四渡河大桥）等，打造五大产品体系：①打造"世界绝版",利用地质地貌奇观的壮美山水旅游产品体系;②打造"世界民族文化巅峰",利用世界文化品牌的民俗旅游产品体系;③打造"世界硒都",利用微量元素的环境康疗产品体系;④打造"世界绿宝石",利用绿色生态的养生产品体系;⑤打造"名山大川",利用山水林田路的山地运动产品体系。

(三)全域一体化的功能布局

按照全域旅游、全域功能、全域服务的要求,推进资源型旅游目的地向服务型旅游目的地转型。强化硬功能建设,加强全域旅游的基础设施和公共服务体系建设,让游客进得来、玩得好、记得住。强化软服务建设,打造智慧旅游平台,培养高素质的旅游人才队伍,营造文明旅游、文明服务、诚信经营环境,让游客安心、舒心、放心。

三、全域旅游的恩施行动

加快旅游业转型升级,走全域旅游发展之路,必须抓综合产业、综合功能、综合管理这一关键,体现恩施特色,发起恩施行动。

(一)党政主导

全域旅游是一场革命,党政的主导作用不可缺失。要做到"多规合一""一规管总"。要大员上阵,构建从全局谋划和推进、有效整合区域资源、统筹推进全域旅游的体制和工作格局。

(二)市场主体

全域旅游,市场主体是龙头。通过政策引导、兼并重组、企业上市等方式,打造旅游航母,以大龙头带动大发展。

(三)行业自强

紧紧围绕贯彻落实旅游国标、省标,着力打造旅游标准化示范州,以标准化旅游品牌吸引游客、赢得市场、促进升级,打造旅游部门认可、广大游客认账、社会各界认同的旅游目的地。

(四)群众受益

让群众在全域旅游中当主角、当主人、得实惠,让旅游发展成果为全民共享,增强居民获得感和幸福感。

唐崖土司城沿革考

王炎松[1]　刘　雪[1]　段亚鹏[2]

（1.武汉大学城市设计学院　2.江西师范大学）

摘要：唐崖土司是鄂西历史上以军事武功著称的土司之一，明朝时势力达到鼎盛，现存的唐崖覃氏土司族谱较为详细地记载了十八代土司的历史与作为。由历代唐崖土司所建造的唐崖土司城初建于元代，明朝天启年间进行了大规模的扩建，改土归流后被废弃与破坏，至今遗存有宫殿、街道、衙门及寺庙遗址，而"荆南雄镇，楚蜀屏翰"牌坊以及历代土司的陵墓等地上构筑物依然保存较好。本文通过对唐崖土司城的土司沿袭历史、墓葬沿革的考证与梳理对唐崖土司城城池格局的发展历史进行一个推测与考证。

关键词：唐崖土司城；土司世系；墓葬；城池格局

唐崖土司城位于湖北省咸丰县唐崖河畔，俗称"皇城"，是我国土家族聚居区最大的"中国第一处保存最为完整"的土司时期的文化遗址[1]。据史料记载，唐崖土司城始建于元至正六年（1346年），扩建于明天启元年（1621年），是在当地以武功著称的覃氏土司的城寨，至今尚留存有诸多遗址、遗迹。唐崖土司城遗址作为鄂西土司时代的重要遗迹，在历史文化、城池格局、建筑形制等方面具有极高的研究价值。2006年，唐崖土司城遗址被国务院列入全国重点文物保护单位。2011年9月，湖北省文物局考古工作队入驻土司城遗址，进行考古发掘。2015年7月唐崖土司城遗址与湖南永顺老司城遗址、贵州遵义海龙屯遗址联合获准列入《世界遗产名录》。唐崖土司城是土司文化的物质载体，是一段已消失的文明的重要见证，是一座文化的宝藏，作为珍贵的世界文化遗产，值得社会各界进行学习和研究。本文将从土司的世袭沿革、墓葬的沿革、城池格局沿革等方面对唐崖土司城的发展沿革进行研究。

一、唐崖土司的世系沿革

唐崖土司城作为鄂西覃氏土司的治所，其城池格局的发展与唐崖土司的兴衰密不可分，尤其与土司城的历任最高统治者——土司的时代、政治、文化背景息息相关，因此在研究唐崖土司城的城池格局前，必须对唐崖土司的历史尤其是土司的世袭沿革有深入的了解，下面将简单介绍唐崖土司的世袭沿革，并结合史料论述与推测他们对唐崖土司城城池格局发展的影响。

唐崖土司自元代末年设立到清雍正时期因"改土归流"而走向消亡，共历经十八世土司，其中有几任土司对唐崖土司城格局的形成具有重要的影响，其中覃启处送是第一代唐崖土司，据史料记载覃启处送因平息叛乱有功，被元朝政府授唐崖宣慰使之职，封武略将军。根据唐崖土司《覃氏族谱》的记载："启祖元朝宗籍，始祖铁木乃耳，是授平肩之职，生颜伯占儿，生文殊海牙，生脱音贴儿，特授宣慰使之职……脱音帖儿生福寿不花，生覃启处送。"[2]如果这段记载属实，则可以推断覃启处送为蒙古人且为铁木乃耳的后裔，作为唐崖土司城的最初建设者与规划者，覃启处送的蒙古族背景对城池格局发展的影响因为史料的匮乏已经无从考证，但从唐崖土司城的选址可以发现，唐崖土司城并未选择一般的南北走向的地块，而是选择了东西走向的地块。这种选择与传统中原地区坐北朝南的习惯迥异，而与蒙古族在太阳崇拜下的建筑选址布局类似。根据自然地理条件和民族习俗而设计，以蒙古包为代表的蒙古族建筑朝向是东南的，这与古代北方草原民族的崇尚太阳、朝日之俗有关。但这种东南向习惯不仅是一种信仰，更多的是为抵御严寒和风雪，包含着草原人民适应自然环境的智慧和创造[3]。唐崖土司城的这种选址是否与覃启处送的蒙古族背景有关，也是值得探讨与研究的问题。

根据族谱记载二世土司覃值什用"因冒微过降级，授长官司之职"，同时根据《明史》记载"洪武七年（1374年）四月，改唐崖安抚司为长官司"，明初二世土司覃值什用由于冒犯上级致使唐崖土司的地位下降，由宣慰使降为长官司。在中国古代无论是建筑的等级还是城池的格局，在"礼制"上都有严格的规定，都与建筑使用者与城市统治者的等级息息相关，而二世土司覃值什用的降级对土司城的城池规模与形制必然有一定的影响。

从三世土司覃耳毛到十一世土司覃文瑞，唐崖土司城历经了近两百年的较为平稳的发展期，在明代末期十二世土司覃鼎统治期间走向了全盛。根据《覃氏族谱》记载"十一世祖覃文瑞，万历十六年（1588年）袭职。万历四十一年（1613年）病故。其事迹不可考。生三子，长子覃鼎、次子覃昇、三子覃星"。由此推定覃鼎于1613年后袭位。在覃鼎统治期间，其夫人田氏与覃杰对唐崖土司城的发展与繁荣也起到了举足轻重的作用。关于覃杰，在唐崖土司城据相关资料的记载上前后出现了三次：第一次出现在明朝嘉靖年间，第二次在万历辛亥年，第三次在天启年间。第一次根据史料记载，自嘉靖年间，覃杰定下族规，规定覃姓只能与龙潭土家大姓田姓女子通婚，因此在天启年间覃鼎娶龙潭安抚司田氏之女为妻，覃鼎的田氏夫人由于能力出众，成为唐崖土司城的重要管理者与建设者。第二次根据张飞庙遗址中石人、石马身上的明嘉靖年间的刻字，覃杰的儿子名为覃文仲，与覃鼎的父亲覃文瑞是同辈，由此可以推断覃杰应是覃鼎的叔祖。第三次明天启年间，据族谱记载"天启二年（1622年）奉总兵薛调授渝城，生擒樊龙、樊虎，于天启二年监军道，越具钦依峒主覃杰，分掌司权。征水西安邦彦，随军门王总兵冒进大方苗巢，兵陷，是杰冲关斩煞，势如破竹，救陷出围，毫无损失"，由此可以推断在这一时期的唐崖土司城，覃杰是地位仅次于覃鼎的重要人物，且正如文献所言除了田氏夫人，覃杰也是这一时期的重要人物，"钦依峒主覃杰，分掌司权"，作为分掌司权的钦依峒主，对唐崖土司城事务无疑具有较大的管理权。根据有关考证，覃杰为覃鼎的族弟[4]，所以关于覃杰的身份和在唐崖土司的历史地位需要进一步考证。

覃鼎的成就主要体现在军事方面，他带领唐崖土司城的军队多次被朝廷征调，东征西讨，战功赫赫，被朝廷重新授予宣慰使之职，并被册封为平西将军，天启皇帝赐建牌坊一座，并为其亲笔御书"荆南雄镇，楚蜀屏翰"。与此同时，根据族谱记载，在内政方面，覃鼎的夫人田氏与覃杰积极建设土司城，建造了大寺堂、张王庙、牌楼、街道等，使得唐崖土司城的城池格局丰富完整起来，同时城池规模达到了鼎盛。

在经历了十二世土司及其夫人统治下的繁荣之后，伴随着明清之际整个华夏大地的动荡不安与血雨腥风，在这种大时代背景下唐崖土司城也极盛而衰并最终走向了灭亡。十三世土司附逆吴三桂，十四世土司参与谭宏叛乱并纵兵劫掠黔江县，这些行为都使清朝政府加强了对唐崖土司的压制。十五世土司任上，康熙五十四年（1715年），清朝政府"赎回"唐崖司此前所侵占民屯十七处，这实际上极大地削弱了唐崖土司的势力。雍正四年（1726年），清朝政府开始大规模实行"改土归流"政策，雍正十三年，唐崖十六世土司迫于压力自请归流，虽然土司的官职依旧延续到第十八世，但由此唐崖土司名存实亡，唐崖土司城也慢慢地失落于历史的尘埃与烽火之中。

二、唐崖土司重要墓葬考略

通过上一节的论述，唐崖土司的历史轮廓与沿革已经慢慢明朗起来，在这一基础上本文从现存重要墓葬的沿革入手对唐崖土司城城池格局的沿革进行初步的推测。本文所涉及的重要墓葬包括覃鼎墓、"皇坟"以及田夫人墓，其中覃鼎墓有碑文可考、"皇坟"的墓主身份待考、田夫人墓有碑文可考。

从墓葬的沿革入手展开研究有两点原因。

一方面是因为"改土归流"后，为了确保土司制度的彻底消亡，清朝政府对土司的城池进行了有计划的破坏，地上木构建筑荡然无存，历经时光的洗礼，现存唐崖土司城中遗址较多的就是历代土司及其亲人的墓葬遗址，更为重要的是其中一些规模较大、等级较高的墓葬在唐崖土司城遗址的整体格局中占据了重要位置，是推测唐崖土司城城池格局的重要线索，而在已知墓葬中保存较好且最具研究价值的就是被当地人称为"皇坟"的无名墓和覃鼎、田氏夫人墓。

一方面这两处陵墓在唐崖土司城的山水形胜格局中占据显而易见的重要位置，同时二者位置的关系也耐人寻味，本节就结合史料与在当地的考察探访，主要对这两座墓葬的历史沿革进行梳理与推测。

"皇坟"占据皇城所在玄武山中心之突出山嘴上（神龟头），位于城内地势最高的地方，体现出其所在地理位置的重要性，而"皇坟"的封土堆后为十二世土司夫人田氏的墓葬，二者不在一条轴线上（图一）。对于"皇坟"的历史沿革、墓主人身份以及其与田氏夫人墓的奇特位置关系，本文推测，该墓主人为唐崖二世土司（第二世土司覃值什用），理由如下。

理由一：从守墓人覃国安先生的口中得知（2013年3月24日，覃先生对考察队口

图一 "皇坟"与田氏夫人墓
（作者自摄）

述，为其首次对外公开此说）。由于守墓人身份的特殊性，关于墓主人身份的信息以口口相传的方式传递下来，可以为考证墓主人的真实身份提供有价值的参考。

理由二：从该墓本身的形制推测，墓左右两侧的八字影壁上雕刻有日月形状的图案，与起源于元末明初的"日月神教"似有某种关联。雕刻日月图案可能基于土司要表达对明王朝的归顺与忠诚。同时，该墓前台（祭台）后寝，格局完整，规整大气，用材考究，石雕圆润饱满，具有明早期建筑气象，与其背后的田氏之墓以及西北100米处的覃鼎墓形制均大异其趣。故初步推测，该墓的建造时间似应为明初，与二世土司

所在的明洪武年代吻合，所以该墓存在是二世土司墓的可能性。

理由三：该墓中间开间的墓室内灵牌（图二）上是否刻有文字也非常值得关注。据实地拍摄的照片上，经过初步比照观察，疑存在类似蒙文的符号。目前由于没有条件深入分析，只是判断存在这种可能。关于该墓上呈现的土蒙结合的文化、装饰符号及墓主人的真实身份需要进一步考证。如果证实为蒙文符号，墓主人为二世土司的可能性大。至于纹样磨损的原因，或由于担心盗墓，或由于担心僭越，自将磨损？即使确定无文字，也不排除墓主人由于担心僭越而故意为之的可能。

但是，该墓背后（稍偏北）另一处墓葬的碑刻明确为十二世土司覃鼎夫人田氏之

图二　墓室灵牌
（作者自摄）

墓。后辈孙媳之墓葬在其祖墓之后，这种做法亦属不合常理（大约这位宣抚使司夫人被诰封武略将军零夫人，觉得该处地形风水为皇城最尊，自己地位高，可以盖过前人，当仁不让？这只能是猜测）。

理由四：该处有碑记的田氏之墓与"皇坟"之外的覃鼎之墓（有碑记），规制相当，风格一致（覃鼎之墓八字照壁的抱鼓与田氏之墓牌坊抱鼓如出一辙）。可以初步判断，"皇坟"之外有碑记的覃鼎之墓与田氏之墓为同一时代，且夫妻分葬，是可信的。

以"皇坟"为原点，确立早期的城市轴线，以及其对整个土司城格局产生重要影响，是有充分依据的。

在覃鼎墓附近，有覃光烈（最后一世土司覃梓椿之子）墓1座以及有同时期、同型制、同等级，但无碑记的将军墓5座。另外，土司城背后玄武山上丛林中，存有不少

不同格局的墓葬群。可以断定，这一带为覃氏的家族墓地。其中覃光烈墓墓碑很小，从侧面反映了唐崖土司的没落。

三、唐崖土司城城池格局沿革

唐崖土司城城池格局的沿革是本文研究的重点，上文通过对土司世袭沿革、墓葬遗址沿革的考证与推测，已经为对唐崖土司城城市格局的沿革的考证与推测打下了基础，进行了铺垫，通过上文的论述可以得知两个重要的时间节点：第一个是唐崖土司城始建于元代至正六年（1346年）；第二个是在明晚期十二世土司覃鼎统治时期唐崖土司城进行过大规模扩建，使整个城市的格局最终完成，基于这一历史脉络，可以将唐崖土司城的城市格局沿革按照时间顺序分为两大段：第一段是元代至明晚期的始建发展阶段；第二段是明晚期的鼎盛完成阶段。

（一）始建发展阶段

唐崖土司城建于元代至正六年，但在史料中对唐崖土司城的初建格局并无详细记载，且之前考古发掘的衙署区基本可以断定是明代晚期建设的，之前的宫殿区位置并未被发现。通过对唐崖土司城的田野考察取得两点发现：首先是从守墓人覃国安先生和当地文物工作者的口中得知，有传说中街附近的区域是元代的宫殿遗址。同时从现场的遗迹判断中街附近的区域呈现一个类似方形的场所，包含街道和场院两部分，其中街道明显变宽且有突出类似月台的石砌平台，十分平整。沿街铺设的条石，其中刻有精美的图案，等级较高，而场院部分略呈方形，左右开阔，前后稍短。现有民居均为木构，均建筑在整齐的石条地龙（地梁）上，绵延数十米，木柱下均无礅磴（柱础）。其中一幢房屋门前遗弃古代柱础两枚，初步判定为明代官式。同时如果假设之一区域为唐崖土司城始建的宫殿区，其正好与"皇坟"位于一条轴线之上，并与中街、小衙门、"天灯堡"、码头构成一个完整的空间序列，正如上文对"皇坟"主人的推测，如果"皇坟"主人为二世土司覃值什用，则在时间轴上这一布局的推断也是符合逻辑的。基于这两方面的因素可以推测在元末至明晚期的唐崖土司城的始建发展阶段，唐崖土司城的核心——宫殿区域可能并不在"荆南雄镇、楚蜀屏翰"牌坊背后，而是在中街附近区域，并以其为中心修建了衙门（现在的小衙门）、城墙、陵墓等一系列设施。

（二）鼎盛完成阶段

正如前文所述，在十二世土司覃鼎的统治期间，据史料记载唐崖土司城在明天启初年进行了大规模的扩建，其中张飞庙、大寺堂、"荆南雄镇、楚蜀屏翰"牌坊以及其背后新建的宫殿区等一系列大规模的建设活动都是在这一时期完成的。据有关记载，此时的唐崖土司城规模宏大，纵横都有1千米，面积超过1平方千米。整个城池布局基本沿袭了规整方正的特征，建有三街十八巷三十六院，衙署、官言堂、大小衙门、存钱库、牢房、月台、书院、跑马场、靶场、左右营房、御花园、万兽园、大寺堂、桓侯庙、玄武庙等一应俱全，占地1500余亩①[5]。虽然这一时期的土司是覃鼎，但主导这一系列大型工程的是田夫人与覃杰，这里以覃鼎、田夫人以及覃杰对城池格局的影响进行阐述。

1. 覃鼎对城市格局的影响

覃鼎的主要功绩体现在军事方面，由于其赫赫的战功，唐崖土司重新获得了宣慰使的官职，这也使唐崖土司城在城市规格与规模上能够进一步发展，虽然这一时期的一系列大型建设活动覃鼎并未实际参与，但包括"荆南雄镇、楚蜀屏翰"牌坊、新建的宫殿区等建筑都是以他的名义修建的，因此覃鼎虽然没有直接参与这一时期唐崖土司城的修建活动，但他以及他的战功却是这一系列修建活动的最为重要的起因。

2. 田夫人与覃杰对城市格局的影响

作为唐崖土司城内政的主要管理者，田夫人与覃杰对唐崖土司城城市格局的发展与形成起到了极其重要的作用。这种作用体现在三个方面：①田夫人的佛教信仰；②对汉文化的引进；③田夫人与儿子的关系。

（1）据史料记载田氏乐善好施，笃信佛教，曾游历峨眉山，回唐崖后与覃杰共同主持修建了大寺堂这座规模较大的宗教建筑。

（2）田夫人也极其重视对汉文化的引进，其女婿张云松就为汉地书生，因博学多才被覃鼎招为女婿，并为其在土司城中建立书院。

（3）《覃氏族谱》记载，天启年间，为了纪念覃鼎的战功，田夫人与覃杰共同主持修建了张飞庙，现在张飞庙的遗址上尚存一对石人、石马，其上分别刻有"万历辛亥岁季夏月四日良旦印官田夫人立"，"万历辛亥岁季夏月廿四日良旦峒主覃杰同男覃文仲修立"。

过去常常认为这是覃鼎时期的覃杰与田夫人为纪念覃鼎战功建庙的佐证，其实不然。万历辛亥岁为1611年，而覃鼎成为土司最早在1613年，其建功立业更是在天启年间。即使覃杰这一姓名存在重名的情况，万历朝纪念天启朝，也显然是不可能的。石马上所刻"覃杰同男覃文仲修立"，这里覃杰的儿子为覃文仲，与覃鼎父亲同为"文"字辈，说明覃杰应为覃鼎叔祖。

（4）据史料记载覃鼎之子覃宗尧袭职后，"肆行不道，田氏绳以礼法"。由此猜

---

① 1亩≈666.7平方米。

测田夫人与其子覃宗尧可能有矛盾,在这一时期旧的宫殿与新建的宫殿有可能同时并存,田夫人与其子存在分别居住的可能性。

综上所述,该城由于历经元代和明代两个时代的始建和扩建,可能存在两个宫殿区(衙署区)。至于为什么明朝要另辟城池的核心区域。从宏观角度看,由于中国历朝历代的更替都要舍弃前朝的东西重新再建,以示新王朝的统治力量,国人骨子里有这种"革新"的传统。从当时的时代背景看,唐崖土司城到明朝中期进入繁荣鼎盛时期,有充足的财力物力重新大兴土木。从微观角度看,从地形和当时修建宫殿的文化背景看,明朝开始崇尚三朝五门的礼仪制度,宫殿需要向纵深方向延展,并更靠近万兽山(园),符合明代的建筑思路。元代的宫殿基址没有足够的空间进行前后拓展,所以另辟基址重新建造新的宫殿。

四、结 语

改土归流,土司制度灭亡后,土司城也被废弃,到今天地面木构建筑已荡然无存,只有牌坊、陵墓等石构留存下来。木构建筑中保留时间最长的是玄武庙,曾经长期作为唐崖的小学,后在"文化大革命"中被毁。而其他如大寺堂、书院、院落等已经变为农田,而在疑似元代宫殿遗址的区域中,其遗存的基址已经被民居占用,而在唐崖土司城的范围之内则散布着许多具有元明两代特征的建筑遗构。沧海桑田,物是人非,唐崖土司城的历史在今人孜孜不倦地探索中正慢慢从历史的迷雾中走出来,成为一片研究元明清三代土司制度、土司城池格局、土家文化的热土。近两年来,伴随着申报世界文化遗产的机遇,唐崖土司城进行了全面的考古发掘,遗址内众多重要遗迹展现出来。城池格局完整、城内遗存类型丰富,保存有城墙、城门防御设施、牌坊、桥梁、石人、石马等构筑物,完善的道路系统和排水系统等,是土司城中保存较好的典范。唐崖土司城遗址作为重要的国家级土司遗产之一,与永顺土司城遗址和播州海龙屯遗址共同反映了13~20世纪土司统治时期西南少数民族地区的社会文明和文化特征,是珍贵的世界文化遗产。

注 释

[1] 咸丰县政协文史资料委员会:《咸丰的中国第一》,中国文化出版社,2003年,第61页。
[2] 《覃氏族谱》,民国时期的手抄影印版。
[3] 玉杰:《浅谈蒙古包的建筑艺术》,《内蒙古艺术》2011年第2期,第98~100页。
[4] 王希辉、杨杰:《唐崖土司覃氏世系及其征调述略》,《三峡大学学报》2009年第6期,第11~16页。
[5] 咸丰县党史县志办公室:《唐崖土司概略》,1987年,第9页。

唐崖土司城张王庙碑刻释文校证*

罗 凌

（三峡大学文学与传媒学院）

摘要：张王庙碑刻是湖北恩施州咸丰县唐崖土司城遗址中保存至今的为数不多的石刻文字材料，对论证寺庙兴废包括唐崖的历史社会生活甚至土司城的建置等皆有极为重要的原始文献价值。因为碑刻本身的漫漶剥泐，对张王庙碑刻的整理，目前已经发表的释文成果，难以尽如人意。结合张王庙原碑刻实物，参照唐崖土司的历史背景，在原有释文的基础上进行语言文字和历史文献的校证，寻绎出数十条值得商榷之处，予以校释辩证，尽可能扫清阅读障碍，以求文从字顺，则可以更好地继承并推介土司文化遗产，且有利于后来学者做引据之用。

关键词：唐崖土司城；张王庙碑刻；释文；校证

湖北恩施唐崖土司城遗址是武陵少数民族地区保存较完整的一处土司城遗址，其作为重要组成部分参与"中国土司遗产"项目的申遗成功，使之成为中国拥有的第48处世界遗产。相比较而言，作为世界文化遗产，唐崖土司城遗址在碑刻文献遗存方面相对不足，只保存下来为数不多的石刻文字，其中石刻文字比较集中的地方是土司城内的张王庙。有学者评价："这是有关张王庙的兴废及土司城建置、社会生活等问题的重要资料，但这批资料以往仅零星见于地方志和族谱的著录，对文字的识读及考述亦多有错讹。"[1]因此，如何准确释读这些石刻文字，在唐崖土司城遗址的学术研讨和对外推介的进程中，是当务之急。从研究层面来看，作为"新出"的原始文献材料，对解读唐崖土司的历史社会发展，也有其学术价值。

张王庙碑刻现存七方重修庙宇碑刻，为配合"中国土司遗产"申遗，湖北省文物考古研究所和中国人民大学等学术研究机构曾经对唐崖土司城张王庙基址进行过考古清理，并对所存石刻文字予以拓录及释文。相应的研究成果有李梅田、方勤所撰《唐崖土司城张王庙石刻考述》、咸丰县政协文史资料委员会等所编《唐崖土司城址》[2]以及梁厚能所撰《湖北唐崖土司城遗址书法遗存初考》[3]。《唐崖土司城张王庙石刻

---

* 基金项目：国家社科基金项目"武陵少数民族地区碑刻文献集成与研究"（项目编号：15BMZ089）。

考述》收录了比较完整的具体释文，有整理的先造之功。但是笔者仔细考察释文，发现有很多地方难以读通：一则因为碑刻本身的漫漶剥泐，文字难以识读；二则碑文上石时，刻工因过失致误；三则在于研究者本身，整理释文时间可能仓促了一些，故而留下一些文字错讹甚至标点断句的偏差，而《唐崖土司城址》则多因仍前之释文。既然是"有关张王庙的兴废及土司城建置、社会生活等问题的重要资料"，那么，碑刻文字的校释则是最基础的文献整理工作，其与考据结论应该息息相关。因此，唐崖土司城张王庙碑刻释文，有重新校证的必要。

张王庙所存七方重修庙宇碑刻中含三方姓名功德碑，其文献价值不如其他记叙颂功碑刻，本文以《唐崖土司城张王庙石刻考述》中的释文为底本，结合碑刻实物，进行细致的文字释读并重新标点断句，以期整理出张王庙碑刻更规范的释文文本。

一、"公颂重新碑"原释文

原释文字体繁简俗三体杂糅，今原样载录。

碑额为"公颂重新"四个大字，首题：

特授湖北施南唐崖粮捕分府加二级紀録三次又軍功紀録一次岑

公諱映奎，字凌山，西粤鼎族也。名震海內，先業簪纓相継，照耀史册，無容贅述。計□赴楚候補，幾及十載，凡承委办公，靡不竭尽心力。更持身廉潔，謙厚慈祥，兼樂善好施，蹟難僂舉。于壬戌之秋，奉簡命分守唐岩。緣是地處極边，山僻壤，戶口零星，不敵大都之一。綏內制外，措置甚苦。前之歷官于斯者，非不設法兴除，而土俗民情，尚未畫一。公涖任後適奉□□郡篆，兼顧兩地，辦理頗勞。癸亥八月，甫獲從署，專司廳務。下車之始，即敬肃恭谒漢張侯廟。目擊上下二殿，尽属傾圮。四周測之，爰是樂捐清俸，鳩工庀材，裝塑营建数月，而上下先後次第落成，庙貌煥然一新。復又捐俸，設立义学，諸童咸□向□鼓舞，爭自湮磨。至賑孤而枯魂沾惠，鮮之施济渡，而往來受履平之福。即此数節，夫渡前未有之勝舉，其有关于世道有堡□□，足以銘金石而垂久遠也。他若嚴保甲而醜類絕，謹鎖鑰而舉跡潜，懲賭博而口惰惕，課農桑而怠夫奮，禁訏告而善良安，慎□□而曲直剖，化披里淳，風清俗美，文武協恭，其民交善，悉由学道愛人以致之，雖卓、魯、龔、黃不过是也。且素守清白，淡泊自□，飲水茹藥，甘之如饴。其日用必需，悉照时俗，現價一草一木，從未妄取絲毫。綏边靖地，潔己愛民，是以上召天和雨暘。时若大有□□，常屬救乎者，雖曰仰賴神靈之默佑，实惟公誠所感耳。守寺敢忘其所自哉？勒之貞珉以誌。公之施德政于唐崖口朽也，後之君子亦得有感于斯文。
　　黎廣、覃鈉
　　□□□□年庚午歲孟冬月日吉[4]

校证如次。

1. 公諱映奎，字凌山，西粤鼎族也

校证："映奎"，结合前之碑额"特授湖北施南唐崖粮捕分府加二级纪录三次又军功纪录一次岑"，则所谓"公"，指岑映奎，清初广西凌云县岁贡生，多年居楚为官。

"字凌山"，同治庚午（1870年）吴葆仪编《郧阳府志》卷五《官师志》之三"宦迹"有载："号凌山，凌云人，乾隆三年（1738年）以通判借补。时邑加赋倍于旧，少核减，格不以上。会抚军崔纪莅楚，士民陈情，令映奎同竹山令议详，得减十之四。民至今德之。"[5]《郧阳府志》以为其"号凌山"，而碑文则以为其字。广西《岑氏族谱》有录其名，但是不及字号。古人名和字之间多有意义之关联，"映奎""凌山"之间，"奎"一般指二十八宿之奎宿，主文章，故其命名有关文章、文运之事，"凌山"有超迈山岳之意，二者立意高远，颇有相关。碑刻为难以剜改之文献，似可以证《郧阳府志》之讹误。但文献不足，不必强作解人，此处文献出现异文，当揭出，以备后来考证。

凌云属广西泗城府，与碑文所云"西粤鼎族也"之"西粤"相符合。泗城岑氏则是桂西的名门望族，岑氏土司自宋皇祐年间开始统治泗城，时间延续近700年。岑映奎是泗城府清代第二任土知府岑齐岱的第四子，其长兄岑映宸雍正元年（1723年）世袭父职。《岑氏族谱》卷一记载岑映奎"举明经，仕至湖北施南府建南同知"[6]，另卷四"泗城府岑氏支派记"又云"映奎岁贡，授湖北施南分府"[7]，其人乾隆十年还当过东湖（今宜昌夷陵区）知县，主持修建宜昌天然塔，故岑氏是唐崖土司城的重要历史见证人。

2. 計□赴楚候補，幾及十載

校证："计□"，核查原碑，"□"字之右侧，有一小洞贯穿碑刻，然左侧仍存留笔画痕迹，明显有一"工"字旁，结合上下文，当为"功"字之残泐。古代官员赴任，"计功"指按功劳的大小给予奖赏，所谓计功行赏，是当时常例，而且计功候补，语意亦通畅。

3. 于壬戍之秋，奉简命分守唐岩

校证："壬戍之秋"，"壬戍"不成词，当为"壬戌之秋"，且下文"癸亥八月"，天干地支皆承"壬戌"而来。《唐崖土司城址》所录释文则已改正。岑映奎乾隆时期任职湖北郧阳和宜昌东湖，故此"壬戌"，当为乾隆七年（1742年）。

"唐岩"一说，似可注意，也就是说，当下所定之"唐崖"，历史上曾称"唐岩"，甚至还写作"堂厓"等。唐崖土司城定名从唐崖长官司而来，唐崖长官司之名承唐崖河而来，然"唐崖"究竟是什么意思？与土家语抑或苗语等民族语言是否相关？目前似无定论。根据土家语研究专家陈廷亮教授的意见，土家语"石头"读作$a^{21}pa^{21}$，可以简称a^{21}，则对应的是"岩""厓"以及"崖"的汉语方言发音。同时，土家语"大"读作$t'e^{35}pa^{53}$，与"唐""堂"之方音有近似之处。因此，"唐崖"，土家语当指大石头或者石头大，而唐崖河，则指石头大的河，或可以备为一说。

4. 緣是地處極边，山僻壤，戶口零星，不敵大都之一

校证："山僻壤"，前后皆是四字格，明显有脱文，则当补一空□。根据上下文，此处缺字，疑为"穷"字，不敢妄断。

5. 公蒞任後適奉□□郡篆，兼顧兩地，辦理頗勞

校证："公蒞任后"之后，当置一逗号，以免影响句意。

又，"郡篆"，似无此一说，当为"郡篆"。摄篆一般指代理官职，掌其印信。则前之"□"，当为"摄""视"或"署"等，"摄郡篆""视郡篆""署郡篆"为明清常语。结合原碑，第二个空□上部有一"罒"偏旁结构，故疑当为"署郡篆"，且其他碑文多次提到"施南协署"，当有相关。后之"兼顾两地"，则指既"特授湖北施南唐崖粮捕分府"，又"署郡篆"，前后文意即可一致。

又，"辨理颇劳"，不成句，实当为"办理颇劳"，"办"之繁体"辦"，与"辨"字形似致讹。

6. 癸亥八月，甫獲從署

校证："从署"费解，勘查原碑，字形较为清晰，"从"字当为"旋"，释作"从"，当为原释文误释。"旋"有返回或归来之意。"旋署"或涉上文"署郡篆"，即返回官署之意。

7. 爰是樂捐清俸，鳩工庀材，裝塑營建數月，而上下先後次第落成，廟貌煥然一新

校证："装塑营建"当与"鸠工庀材"相对成文，故"数月"二字当下属，否则容易理解为"装塑营建"的时间有数月，影响句意表达。

又，"营建"之下，"数月"之上，有四点，原释文不予校录，实当为"不"字草书体，且宜下属，"不数月而上下先后次第落成"，乃极言其落成时间之速。

8. 至賑孤而枯魂沾惠，鮮之施濟渡，而往來受履平之福

校证："枯魂沾惠"与"鲜之施济渡"，皆极为费解，当断句为"至赈孤而枯魂沾惠鲜之施，济渡而往来受履平之福"，前句指"设立义学"之事，后句指"济渡"之事，语义明晰，而且句式整齐工稳。

9. 即此數節，夫渡前未有之勝舉，其有關於世道有堡□□

校证："夫"字，勘原碑，当为"矣"字，则不能置于句首，实当上属，与"即此数节"成句。

"胜举"之"举"字，原碑从"文"从"子"，实为"学"字之俗体。"胜学"不成词，释文断句有误。此句当断为"即此数节矣，渡，前未有之胜；学，其有关于世道，有堡□□"，仍接叙前之"设立义学"和"济渡"两事。

10. 謹鎖鈅而舉跡潛，懲賭博而口惰惕

校证："谨锁钥"之"钥"，查原碑，实为"鈅"字，指钥匙，二字古音同但今音变异，可通假，并非繁简字关系。

"举迹"，发迹义。《北齐书·文宣帝纪》："自举迹藩旃，颂歌总集，入统机衡，风猷弘远。"但与此处上下文文意不协。原碑"举"字，字迹涉漫漶，且与前之"举"字刻法大异，上部存"臼"字之右半部，下部存"儿"之形，中存一"干"甚为明晰，则当隶定为"鼠"字。且"鼠迹"与上句之"丑类"相对，与前之"谨锁鈅"相关。"鼠迹潜"指鼠辈之行迹潜藏，文意明允。

又，"口惰惕"，考察原碑，空口当为"游"字，"游惰"本指游手好闲的懒惰之徒。

11. 文武協恭，其民交善

校证："其"字，查原碑，实为"兵"字，原释文误释。且"文武协恭"与"兵民交善"，相对成文。

12. 雖卓、魯、龔、黃不過是也

校证："虽卓、鲁、龚、黄不过是也"，"卓、鲁"指汉代卓茂、鲁恭，"龚、黄"为汉循吏龚遂与黄霸，皆泛指循吏，碑文以此类比岑映奎。但是"龚、黄"之后，当施一逗号，作"虽卓、鲁、龚、黄，不过是也"，则节奏感更强。

13. 且素守清白，淡泊自□，飲水茹藥，甘之如飴

校证："药"字"艹"头稍清晰，然下部已比较模糊，下左之"氵"以及"木"部依稀尚存，疑当作"藻"字。"饮水茹药"，常用语似无此说，通作"饮水茹藻"，指喝冷水吃淡味食品，比喻处境艰难，适与上下文义一致。

14. 其日用必需，悉照时俗，現價一草一木，從未妄取丝毫

校证："悉照时俗"，原碑"俗"作"值"，"时值"即当时价格，与下之"现价"相应。

又，"现价一草一木"费解，当断句为"其日用必需，悉照时值现价；一草一木，从未妄取丝毫"，中间用分号间隔。

15. 是以上召天和雨暘。时若大有□□

校证：此句断句大误。"雨暘时若"指晴雨适时，气候调和，语出《尚书·洪范》"曰肃，时雨若；曰乂，时暘若"，后定型为成语，不宜强行断开。故当断句为"是以上召天和，雨暘时若"。

16. 常屬敉乎者，雖曰仰賴神灵之默佑，实惟公誠所感耳

校证："常属敉乎者"费解，查原碑，"属"字当为"庆"字，字形较明晰，"乎"字当为"宁"字，轮廓尚在。"敉宁"，意为安抚安定，同样语出《尚书·大诰》"民献有十夫，予翼以于，敉宁武图功"。且"大有□□"当与"常庆敉宁"衔接，后承辅助性代词"者"字相续成文。"□□"两字剥泐，疑为"八方"，待考。

17. 勒之貞珉以誌。公之施德政于唐崖□朽也，後之君子亦得有感于斯文

校证："亦得"之"得"，原碑为"将"字，甚为清晰，当校正。

此句当断为"勒之贞珉，以志公之施德政，于唐崖□朽也。后之君子，亦将有感于斯文"。

18. □□□□年庚午歲孟冬月日吉

校证："日吉"，原碑即此，殊为特殊，通作"吉日"。

故全碑文字当释为：

  公讳映奎，字凌山，西粤鼎族也。名震海内，先业簪缨相继，照耀史册，无容赘述。计□〔功〕赴楚候补，几及十载，凡承委办公，靡不竭尽心力。更持身廉洁，谦厚慈祥，兼乐善好施，迹难备举。于壬戌之秋，奉简命分守唐岩。缘是地处极边，□山僻壤，户口零星，不敌大都三一。绥内制外，措置甚苦。前之历官于斯者，非不设法兴除，而土俗民情，尚未画一。公莅任后，适奉□□〔署〕郡篆，兼顾两地，办理颇劳。癸亥八月，甫获旋署，专司厅务。下车之始，即敬肃恭谒汉张侯庙。目击上下二殿，尽属倾圮。四周测之，爰是乐捐清俸，鸠工庀材，装塑营建，不数月而上下先后次第落成，庙貌焕然一新。复又捐俸，设立义学，诸童咸□向□鼓舞，争自濯磨。至赈孤而枯魂沾惠鲜之施，济渡而往来受履平之福。即此数节矣，渡，前未有之胜；学，其有关于世道，有堡□□，足以铭金石而垂久远也。他若严保甲而丑类绝，谨锁鑰而鼠迹潜，惩赌博而游惰惕，课农桑而怠夫奋，禁讦告而善良安，慎□□而曲直剖，化披〔被〕里淳，风清俗美，文武协恭，兵民交善，悉由学道爱人以致之，虽卓、鲁、龚、黄，不过是也。且素守清白，淡泊自□，饮水茹藻，甘之如饴。其日用必需，悉照时值现价；一草一木，从未妄取丝毫。绥边靖地，洁己爱民。是以上召天和，雨旸时若，大有□□，常庆敉宁者，虽曰仰赖神灵之默佑，实惟公诚所感耳。守寺敢忘其所自哉？勒之贞珉，以志公之施德政，于唐崖□朽也。后之君子，亦将有感于斯文。

二、"丁卯年立碑"原释文

碑额题"丁卯年立"四字，首题：

特授湖北施南協左營唐崖汎軍功加三級紀錄五次龔諱宏基

末题：

特授湖北施南協左營活龍坪汎軍功加三級紀錄五次譚諱永祿

碑文皆为捐资人名，161位捐资人分别捐资40～320钱。

"特授湖北施南協左營唐崖汛"校证："唐崖汛"，殊无义，当为"唐崖汛"，"汛""汛"二字，方言音同，且字形相近，易致讹。汛地，清代兵制中，凡千总、把总、外委所统率的绿营兵均称"汛"，亦作"讯"，其驻防巡逻的地区称"汛地"。

又，下之末题中"活龙坪汛"，亦当为"活龙坪汛"。

其他捐资人姓名功德钱款，语涉繁碎，不予校证。然其于社会学亦有研究价值，可以待诸有兴趣之方家。

三、"万古不朽碑"原释文

夫計利之心未懲，不堪與論，義徇私之見未化，不足與言。公徵諸往事，豈不皆然？曩者於桓侯廟前後所施錢文，共計一百七十七千，其每年所存之谷，亦不下十餘石。有此公本，不知歸於何所，使不一為振理，後悉徒有名而矣。其實今清所施項，僅剩錢八拾貳千，用是再刻碑記，將所剩之錢交與住持執掌。□年出谷二石半，作灯戲之用，半作廟會之用。在於每年會期，請施主、首人清算，明白以碑修於，豈窮非敢□，好善樂施，聊以明不至磨滅云尔。

光緒四年孟秋月朔八

1. 夫計利之心未懲，不堪與論，義徇私之見未化，不足與言。公徵諸往事，豈不皆然？

校证："不堪与论""不足与言"似为相对成文，而且"公征诸往事"之"公"，似有所指，实大谬。本处当断句为"夫计利之心未惩，不堪与论义；徇私之见未化，不足与言公"。"不足与言公"与"不堪与论义"相对，则前后文意一以贯之，文通理顺。此段文字本为论世之常理，并无"某公"之嘉言懿行。

又，"岂不皆然"之"岂"字，原碑为"无"字之草体，故当为"无不皆然"，为一般性双重否定句，则后之问号当改作句号。

2. 共計一百七十七千

校证：前一"七"字，殊无根由。勘察原碑，字形作"乙"，旧时账册之类数字书写，"一"多作"乙"，于碑刻中，亦可以视作为前之"一"字变体，故当隶定为"一"。

3. 後悉徒有名而矣。其實今清所施項

校证："而矣"终句，于古籍中甚为少见。细检原碑，"矣"字实为"无"字，则原释文字形、断句皆有误，当作"后悉徒有名而无其实"，其后终句。

又，"今清所施项"，原碑"施"字之后脱一"之"字，当补。

4. □年出谷二石半，作灯戲之用，半作庙會之用

校证："□年"之空□，字形模糊，但仍存大概，上之"⺊"形和中间一长横较为清晰，当为"每"字，且与碑刻下文"在于每年会期"之"每"字形近似。

又，"作灯戏之用"与下文"半作庙会之用"，明显不对称。实为上句"出谷二石半"之"半"字误置，应下属，则本为"出谷二石，半作灯戏之用，半作庙会之用"，即一石充作灯戏费用，一石充作庙会费用。

5. 請施主、首人清算，明白以碑修於，豈窮非敢□，好善樂施

校证："明白以碑修于"，明显表意不清。"明白"二字当上属为"清算明白"。

又，"以碑修于，岂穷非敢□"，亦费解。细考碑刻，"岂"实为"无"字繁体草书，"□"之笔画依稀可见，当是"云"字。则全句当点断为"以碑修于无穷，非敢云好善乐施"。

6. 光緒四年孟秋月朔八

校证："朔八"，古人行文纪日，绝无此种说法。原碑"朔"字形斑驳，但仍可略辨，当为"廿"字，且碑刻"八"字下尚有一"日"字，则"光绪四年孟秋月朔八"当为"光绪四年孟秋月廿八日"，光绪四年即1878年。

故全碑文字当释为：

> 夫计利之心未惩，不堪与论义；徇私之见未化，不足与言公。征诸往事，无不皆然。曩者于桓侯庙前后所施钱文，共计一百一十七千，其每年所存之谷，亦不下十余石。有此公本，不知归于何所，使不一为振理，后悉徒有名而无其实。今清所施之项，仅剩钱八拾贰千，用是再刻碑记，将所剩之钱交与住持执掌。每年出谷二石，半作灯戏之用，半作庙会之用。在于每年会期，请施主、首人清算明白。以碑修于无穷，非敢云好善乐施，聊以明不至磨灭云尔。
>
> 光绪四年孟秋月廿八日

四、"名垂万古碑"原释文

重修張王廟碑記

唐崖司城所有張王廟由來久矣，雖前有殿宇樓臺，半為風蝕雨敗，因咸豐十二年爍髮賊擅入黔邑，我境震恐，咸聚禱於神，祈為護佑，遂見神之金身及兩石馬，均汗流不息。寺僧揩之，入夜方止。賊至現壩場，大風吹倒賊旂者，三日如是，因此未敢入境。及同治元年春，賊由湖南來咸邑，直抵兩河口岸。所見對面山上人馬紛擾，疑懼不敢渡河，擁衆而去，其實並無人迹。我境兩次得免賊害者，皆由神威所致。自是以後，欲報無由，祇得募衆捐助，整飭樓台，培修殿宇，三年之中，衆心踴躍，功成告竣，遂成今日之巨觀。所以酧神恩于萬一，更祈神之長垂護佑于无窮也。爰敘其原委以識之。

欽賜藍翎特授湖北施南協左營唐崖汛司廳儘先分府陳（官印）大福

起募首人欽賜藍翎特授湖北施南協左營唐崖汛司廳陞用分府可（官印）觀富

次募首人欽加理問銜特授湖北施南府咸豐縣張家坪左堂張（官印）鵬翰

捐錢五串唐崖本城老人始終募化總理監修鳩工首士羅（篆）高（時年七十餘，前同治三年六月初七夜，偶得急病，祝神当愈，灵感以致不息。）

碑末題款：

大清光緒六年七月上浣之二日唐崖本城紳耆同衆首士公議立

光绪六年即1880年。

1. 唐崖司城所有張王廟由來久矣

校证："唐崖司城所有张王庙由来久矣"，中间施加一逗号，节奏感更强，且语意已经完结，句尾当断句，作"唐崖司城所有张王庙，由来久矣"。

2. 及同治元年春，賊由湖南來咸邑，直抵兩河口岸。所見對面山上人馬紛擾，疑懼不敢渡河，擁衆而去，其實並無人迹

校证："直抵两河口岸"语意未完，"直抵"与其后之"所见"，属于连续陈述，不当截句，故"直抵两河口岸"之后，当为逗号。

3. 欽賜藍翎特授湖北施南協左營唐崖汎司廰

校证:"唐崖汎",当为"唐崖汛",见前之校证。下文之"唐崖汛"亦同,不烦校证。

本碑释文错讹较少,不烦重释全文。

张王庙所存七方重修庙宇碑刻的保存情况不容乐观,这是造成原释文讹误的最主要原因。但是作为世界文化遗产中少有的石刻文字材料,其隶定字形以及点校,态度上也应该特别慎重。本文结合原碑,对原释文予以重勘,检出四十多条不同意见,或有补于张王庙碑刻的传承和唐崖土司城的推介。

注　释

[1] 李梅田、方勤:《唐崖土司城张王庙石刻考述》,《三峡论坛》2013年第5期,第6页。
[2] 咸丰县政协文史资料委员会等所编:《唐崖土司城址》,湖北人民出版社,2015年,第98~100页。
[3] 梁厚能:《湖北唐崖土司城遗址书法遗存初考》,《中国书画报》2016年第19期。
[4] 李梅田、方勤:《唐崖土司城张王庙石刻考述》,《三峡论坛》2013年第5期,第7页。
[5] 吴葆仪编:《郧阳府志》卷五《官师志》之三"宦迹",清同治庚午年刻本。
[6] 广西岑氏族谱编纂委员会:《岑氏族谱》,1997年,内部出版,第21页。
[7] 广西岑氏族谱编纂委员会:《岑氏族谱》,1997年,内部出版,第492页。

唐崖土司城遗址修复中的礼仪规制和民族性问题

余和祥　李秀林

（中南民族大学民族学与社会学学院）

摘要：随着湖北唐崖土司城作为中国"土司遗产"之一成功申报世界文化遗产，土司城的修复工作逐步提上日程。作为具有代表性的土司皇城之一，唐崖土司城是元代以来土司制度的物质载体，亦体现元、明、清三代中央政权对西南民族政权的统治特色。因此，在该遗址的修复过程中应当着重关注其礼仪规制和民族特色问题。基于此，本文主要着眼于元、明、清三代唐崖土司皇城建设的礼仪规制和民族特色，结合历史文献中相关记载论述，就遗址修复过程中应关注的建筑风格、规制、级别和特点等问题展开探讨，以期对唐崖土司城的修复工作提供必要的史料支持。

关键词：唐崖土司遗址；礼仪规制；民族特色

一、引　言

土司制度存在于我国封建社会元朝至清朝时期，是西北和西南少数民族地区特有的政治制度。唐崖土司作为鄂西十八著名土司之一，因其卓越的军功和恢宏的皇城建设而独具代表性。唐崖土司城遗址地处湖北省恩施土家族苗族自治州咸丰县尖山乡境内，城址始建于元至正年间，其依山就势，东西长1200、南北宽700米，总面积约74万平方米，历经元、明、清三朝，承袭18代，延绵400多年。唐崖土司城遗址是西南地区重要的土司文物遗存，其建筑特征和民族特色是研究西南土司政治、经济、社会和文化的重要材料。近年来，咸丰地区为促进地方经济文化发展、发掘区域有利资源，针对唐崖土司城遗址展开了卓有成效的发掘修复工作，其核心区域已于2013年基本发掘完毕，目前正处于修复阶段。

唐崖土司城体现出了元、明、清三代中央政权对西南少数民族的统治政策，作为土司皇城，其集政治统治中心、经济中心、文化中心为一体的特点决定了唐崖土司城具有"地方化"和"国家化"两个显著特点，因此遗址的考古修复工作也应当基本还原土司统治下的整体社会风貌，而其中皇城的礼仪规制和民族特色便是两项重要内容。

二、唐崖土司的授官情况

元时，中央政府正式授职唐崖土司，标志着唐崖土司正式得到了中央政府的认可。元末时局动荡，朝廷无力控制，加之明玉珍据蜀时对鄂西诸土司大力笼络，唐崖土司乘机发展。附明后，唐崖土司基本延续了元时的势力范围。洪武后期，因参加湘鄂西土司叛乱，唐崖土司遭废置，发展一度受重挫。永乐初年复置，势力逐渐恢复，其后两百余年间，唐崖土司稳步发展，政治稳定、经济、文化逐步繁荣。清雍正年间，随着中央政权改土归流政策的实施，唐崖土司时代最终终结。

唐崖土司共经历十八世祖，其中十六世祖覃梓椿袭职时正值唐崖土司终结，后十七世祖覃梓桂、十八世祖覃世培皆在省内他处袭千总、把总等军制，其余十五代世祖袭职授官情况如下：

一世祖覃启处送，元代"因边夷南蛮屡叛，奉旨征剿，招安蛮民镇守司地"[1]，被元廷授予唐崖宣慰使之职，封武略将军，自此开唐崖覃氏设土司之始。

二世祖覃值什用袭父职，明洪武四年（1371年）开始追随左将军廖永忠征蜀，"因冒微过降级，授长官司之职"，后在军营病故[2]。据《明史》载："洪武七年（1374年）四月，改唐崖安抚司为长官司。"

三世祖覃耳毛袭职，洪武十三年病故，其事迹不可考。

四世祖覃忠孝袭职。据《明史·湖广土司传》载："明洪武初，土司长官来降，皆以原官授之。"后经苗吴面儿之难，诸土司皆废弃。永乐四年（1406年），复设长官司。覃忠孝于宣德二年（1427年）死于任上[3]。

五世祖覃斌袭职，授世袭宣慰之职，景泰三年（1452年）亡故。其事迹不可考。

六世祖覃彦实、七世祖覃文铭相继袭职，因在职期间并无军功过错，因此职级未发生变化。

八世祖覃富，正德九年（1514年）袭职，奉旨征剿川寇麻六儿身故，功授安抚使职[4]。

九世祖覃万金袭职，"蒙兵部奏请，敕准仍给钦依宣慰任事"。于嘉靖二十五年（1546年）奉调征讨麻阳苗变。因功奉旨颁给其弟覃万璋、覃万巡钦依峒主各一员[5]。

十世祖覃柱，隆庆四年（1570年）袭职。次年奉旨征讨金峒土司覃壁叛乱，"斩功九十三颗，功赏大小二村，赏田土两分，赏银三百余两。回司身故"[6]。

十一世祖覃文瑞，万历十六年（1588年）袭职。万历四十一年（1613年）病故。其事迹不可考。

十二世祖覃鼎袭职。覃鼎"朴勇善战"，其任职期间为唐崖全盛时期。唐崖人民在田氏夫人与覃杰的主持下，积极建设土司皇城，使其规模空前。天启三年复征讨四川永宁奢崇明、奢社辉。"军威显赫，血战报捷"，蒙四川右布政使朱燮元题奏，授宣慰使之职，以平西将军参军事。皇令四道：钦赐大宝十两；敕赐大方平西将军"帅府"二字；赐建牌坊一座，书"荆南雄镇，楚蜀屏翰"八个大字。覃鼎于天启七年（1627年）病故，葬于唐崖司玄武山。

十三世祖覃宗尧袭职。奉调征剿荆州流寇，后病故于任上，年仅29岁。

十四世祖覃宗禹承堂兄职袭位，任内随四川巡抚邵捷春征讨张献忠，因立有战功，崇祯五年（1632年），邵捷春奏给宣慰司新印。康熙十八年（1679年），宗禹病故。葬于手扒崖。

康熙四年（1665年），唐崖司归顺清廷更换印篆："将宣慰使司印篆，并同知金事、左右二副司官坊，共四颗。"[7]上缴到兵部，清廷仍颁给宣慰使司印，官授原职，唐崖土司势力基本得到保全。

时值三藩叛乱，吴三桂"勒逼各土司缴换印信"。唐崖迫于其威逼而附之，吴三桂授予其"唐崖长官司印"一颗。十四世祖覃鉉袭职后，委托通判熊继坤上缴吴三桂所授伪"唐崖长官司印"，清廷复授唐崖长官司印[8]。后由于康熙十九年唐崖又叛清廷而附李自成旧将谭宏作乱四川，之后复降复叛，最终被清廷降为长官司级别。

十五世祖覃溥泽，康熙四十九年（1710年）袭职，康熙六十年（1721年）身故。

雍正四年清廷开始在云南、广西等地实施改土归流，湖广总督迈柱也迅速对鄂西地区土司发起改土归流活动。雍正六年（1728年）题设恩施县；十年（1732年）东乡土司改流；十一年（1733年）忠建土司改流；十二年（1734年）迫使容美土司田旻如畏罪自缢身亡，容美改流；十三年（1735年）施南土司改流。迫于形势，忠峒土司田光祖于十三年纠集十五土司自请改流，唐崖司也位列其中。延续了四百多年的唐崖土司遂告结束。唐崖辖地并入新设的咸丰县[9]。

从上述发展过程中不难看出，十八代唐崖土司起兴自元，鼎盛自明末，终结于清。从授官情况来看，三代中央政权分别以宣慰使司、安抚司、长官司授之，其中宣慰司最高、安抚司次之、长官司又次之，而著名的唐崖土司城，是在十二世祖覃鼎时期修建完成并达到空前规模，因此本文对唐崖土司城遗址修复过程中的礼仪规制研究重点从明代谈起。

三、唐崖土司城修复中应关注的礼仪规制问题

（一）土司官式建筑的规制

修复过程中遵循当时的礼仪规制，是唐崖土司城修复工作中需要关注的重点问题

之一,明代对于土司的设置分为文职和武职两种,文职土司的设置分为土府、土州、土县,"射官如府州县","其品轶一如流官"[10];而武职的设置分为六等,即宣慰使司、宣抚使司、安抚司使、招讨使司、长官使司、蛮夷长官使司。明代只在唐崖土司设置了武职,十二世祖覃鼎时设宣慰使司,覃鼎授宣抚使。明代宣慰使司之级别大约在省与郡县之间,但只在少数民族地区设立。《明史·职官志》记载,宣抚使为从三品,但"凡土司之长官九级,自从三品至从七品,皆无岁禄"[11]。

唐崖土司城规模宏大、纵横超过1千米,面积超过1平方千米,据史料记载,唐崖土司城鼎盛时占地1500余亩,建有三街十八巷三十六院,衙署、官言堂、大小衙门、存钱库、牢房、月台、书院、跑马场、靶场、左右营房、御花园、万寿园、大寺堂、桓侯庙、玄武庙等一应俱全[12]。由于时代变迁和清代改土归流后唐崖土司的消亡,目前除"三街十八巷"还依稀可见之外,其他设施建筑已然了无踪迹。因此,地上建筑的修复是整个唐崖土司城的复原工作中的重点。

虽然目前并无文献直接记载唐崖土司皇城的建筑规格,但根据《明史》《明会典》中对品官宅第建筑等级制度的明确规定,唐崖土司虽为民族首领,但由于朝廷授官在先,作为朝廷命官,建筑的规制上也应当遵守中央政权的规制而不能有所僭越。明代《思南府志》中载有"蛮夷长官司署图",图中按照中轴线以此布置有牌坊、仪门、司厅、三间小堂、后宅,思南土司城据唐崖土司城约200千米,考古发掘中唐崖土司城遗址按照中轴线以此布置"荆南雄镇,楚蜀屏翰"牌坊、仪门、大衙门、罩亭、官言堂、后宅的布局也与思南土司城相符[13]。此"蛮夷长官司署图"是明代中央政府授权的"官制",也体现了西南土司衙署应遵循的标准范式。

具体建筑规制方面,明清时期官署建筑规制基本可以概括为三点:一是坐北朝南,居中对称。《明会典》和《钦定大清会典·工部》中都有规定,官署主体建筑应当集结在一条南北中轴线上,自南向北依次为照壁、大门、仪门、戒石坊,坊左右为六房,主体建筑有大堂、二堂、三堂并配以相应的厢房,衙署长官及所属人员在此办公,其他佐贰官、属官均不得居于中轴线上,只能居于东西副线。从唐崖土司城遗址发掘情况来看,在建筑过程中,除因地理位置原因导致东西建城外,其他规格应大致与规制契合,由东向西自中轴线分别坐落牌坊、门坊、大衙门、罩亭、官言堂、内宅。以牌坊为中轴线各建筑成空间对称分布,建筑等级依次升高。二是左尊右卑,明清文献中关于官署建筑的规制中,有"左文右武"之规定,体现出中央政权重文轻武、重道轻器的观念。唐崖土司城在建筑过程中,吸收了中原政治文化因素,在建筑中也秉承了左尊右卑的观念。因而在修复过程中,需要对该问题进行关注。三是前堂后室。明代各地方衙门均以大堂、二堂为主管官员行使权力的治所,二堂之后则为官员及家眷内宅。我国古代地方官衙都是官府与私第相结合的模式,大堂、二堂为官员办公之所在,二堂之后为私宅,明代称私宅为"廨",清代称为"三堂",从目前唐崖土司城的发掘情况来看，唐崖衙署前殿称为"大衙门"，中殿空间狭小称为"罩亭"，后殿称为"官言堂"，官言堂之后为土司内宅。一方面，此种建筑模式与中央政权皇城宫中的"三殿式"构造类似，满足了土司皇模仿中央政权建筑风格表达自身尊贵地位的目的；另一方面也基本遵循了朝廷对地方政府官署建设的规定。

此外，《明会典》中对衙署单体建筑的面阔、进深和装饰有明确的等级关系"一品二品，厅堂五间九架，屋脊许用瓦兽，梁栋斗栱檐桷，青碧绘饰；门屋三间五架；门用绿油；及兽面摆锡环。三品至五品，厅堂五间七架，屋脊用瓦兽，梁栋檐桷，青碧绘饰；正门三间三架，门用黑油摆锡环。六品至九品，厅堂三间七架，梁栋止用土黄刷；正门一间三架，黑门铁环"[14]。按照明廷所授唐崖土司之官职，宣慰使司宣尉使为从三品，对照衙署厅堂，五间七架，屋脊用瓦兽，梁栋檐桷，青碧绘饰，司长官为正六品，衙署厅堂不可超过三间七架，"梁栋止用土黄刷"。唐崖土司皇城即便在鼎盛时期，其官言堂等宫殿区正殿大衙门也不能超过五间七架，其后二殿（罩亭、官言堂）规格不能超过三间四架，因此，在宫殿区的修复中，应当严格按照这一标准执行。

（二）土司任命中的礼仪规制问题

明代对土司的任命有严格的规范，各类印信、器物的赏赐皆遵循一定的规格。《明史·土司列传》中有言："迨有明踵元故事，大为恢拓，分别司郡州县，额以赋役，听我驱调，而法始备矣。"[15]明廷长期按照中原习俗赐予西南土司官爵、印信、冠带、服色、敛具等，对西南土司的汉化影响深刻，因此，在对唐崖土司皇城建筑内部器物、生活模式进行复原时，也应有所关注。

有明一朝，土司一经任命，朝廷即赐予诰敕、袍服冠带、印信等器物。由于所任命的土司级别不同，所赐予的上述物品亦有所差异。就诰敕而言，《土官底簿》记载，明王朝规定："凡诰敕等级，一至五品，皆授予诰命，六至九品皆授予敕命。"[16]据《大明会典》卷六记载，不同级别官员授予诰敕时，诰敕的样式、质地也有所区别，一品官员用玉雕成的卷轴，二品官员用犀牛角制成的卷轴，三品、四品官员用抹金涂成的卷轴，五品以下的官员用普通动物角制成的卷轴[17]。此外，不同级别官员的诰敕轴数不同。按照标准，明正统十二年之前授予的诰敕轴数分别为一品五轴、二品三轴、三品二轴、四品至七品一轴；明天顺元年之后授予的诰敕轴数为一品四轴、二品三轴、三品三轴、四至七品二轴。因此，唐崖土司皇城内唐崖土司在有明一朝，或因战功授予从三品宣抚使，或因叛乱降至六品长官，因此，各时期所获得的朝廷诰敕皆不相同，在收集、修复、复原、复制过程中应当注意关注明代不同时期的不同官职品级。

就印信而言，明王朝规定，正三品以上官员为银质，从三品以下为铜制，因此唐崖土司所得到的明廷授印皆应为铜印，但铜印的厚薄应当按照不同时期授官的不同而有所区别,如结合《大明会典》卷七十九中,《明史》卷六十八《舆服志四》和《万历野获编》的记载可知,明代官印制度严格,按照不同品级授予官员的印信大小、材质有所不同,其中从三品宣慰司印方二寸七分,厚六分;从四品宣抚司印方二寸五分,厚五分;从五品安抚司印方二寸四分,厚四分五厘;正六品长官司印方二寸二分,厚三分五厘;除此之外,自土司长官以下各类官员也多有授印,因此可止,按照明代规制,唐崖土司皇城内所应保留的最大明代官印应当为覃鼎所获的铜制二寸七分方印。其他规制大于此的铜印或银印,其来源需要进一步查证。

就袍服冠带而言,明廷对唐崖土司授予的袍服冠带按照级别可以从表一中依次获知。

表一 明代官员服饰等级制度[18]

品级	朝冠	带	绶	笏	公服颜色	补子	绣文
三品	五梁	金花	云鹤	象牙	绯袍	虎豹	孔雀
四品	四梁	素花	云鹤	象牙	绯袍	虎豹	云雁
五品	三梁	银鈒花	盘雕	象牙	青袍	熊	白鹇
六品	二梁	素银	练鹊、三色	槐木	青袍	彪	鹭鸶
七品	二梁	素银	练鹊、三色	槐木	青袍	彪	鸂鶒

明代唐崖土司皇城之内,从三品宣慰使司至从七品长官司文武官员的袍服冠带应当与表一相合,这也是唐崖土司城在修复工作中需要注意的一点。

四、唐崖土司城的民族性特征

(一)建筑空间布局中的民族性特征

唐崖土司城建筑空间布局中的民族性特征体现在两个方面。

首先,土家族建筑热衷于将居位的天意、地像和自身的发达紧密联系在一起,形成一种居位空间的神话现象,唐崖土司城同样不例外。该城址背靠玄武山、面向朱雀山、左视青龙山、右仰白虎山,前后左右四座山脉全部以四方神明命名,使土司城安于神的庇护之中,体现了土家先民对自然的崇拜。此外,土家族有"崇东"的原始信仰,土司城在空间布局上也是"坐西朝东"。"崇东"之信仰本是鄂西人民聚落的传统规矩,唐崖土司城放大了这一"规矩"的规模[19]。

其次,在土司皇城的布局上,唐崖土司城的建设既参照汉族皇城建设为"前朝后寝""三进四路"的空间格局,同时又具有明显的民族特点。例如,作为土司贵族的议事之所,官言堂设置于大衙门和罩亭之后,内宅之前,这与汉族王朝皇城办公机构的位置设置有明显的差别,说明唐崖土司城中贵族与土司之间的关系远比汉族君臣之间亲密,土家贵族与土司之间的地位也更为接近。

(二)"荆南雄镇,楚蜀屏翰"牌坊的民族特色

"荆南雄镇,楚蜀屏翰"牌坊高7.15、宽8.4米,石质构件、仿木构造,三门四柱、一斗三开,门前立有石狮一对,临街面阴刻"荆南雄镇"四字,背面阴刻"楚蜀屏翰"四字,牌坊为明代皇帝敕建,雕刻有"槐荫送子""哪吒闹海""渔樵耕读"和"土王出巡"等图案。其中"土王出巡"为明显的土家族图像。牌坊金柱件额枋雕刻的大象头部形象,据传是覃鼎夫人田氏在峨眉山拜佛时受到佛教文化影响而设置的。整体而言,"荆南雄镇,楚蜀屏翰"牌坊体现出的是唐崖土司城内土家文化与汉文化之间的交流融合之特征。

(三)墓葬区的民族特色

唐崖土司城王墓区遗址位于土司皇城宗庙区以西的上坡上。墓葬区内据传藏有第二世土司、覃鼎土司、末代土司以及地位等同于土司的田氏夫人。与汉族墓葬区设置位置远离于中心城区的传统不同,唐崖土司城的土司王墓地在城址的核心区域内,距离皇城行政区和生活区很近。这体现出明显的土家地方特色。墓区内,土司王的王墓建筑多是由一到四个面积不等的方形石砌墓室组成,外为石板墓门,其中二世土司王覃值什用的王墓建筑最为精美,规模也最大。墓室前设有八字形雕花影壁,墓门前部分石栏上设有石狮。但除二世土司王的王墓外,其他多数土司的王墓较为简陋,即便是战功显赫、富贵等身的土司王覃鼎的墓穴,其结构也十分简单。由此可以看出,鄂西地区土家族文化中,对于墓穴的建筑要求尤其是民族性特征,并不同于汉族的诸侯贵族,具有显著的民族特色。

此外,土司王墓在外部建筑程式上,采取圆坟尖顶,坟外方形环墙,坟前梯形祭祀台的形式,构建一种"天圆地方"的形象,以高耸的尖顶强调一种"向上冲"的姿态,以此体现灵魂归天的宗教情绪。在土家族传统思想中,坟顶越高,意味着子孙后世越兴旺发达。而梯形祭祀台,具有瞻仰拜谒之功能,表达出一种肃穆崇敬的氛围。这也是土家族文化与汉文化的区别之一。

(四)建筑技术的民族特色

建筑技术的民族特色主要体现在两个方面:一是城内民居建筑具有典型的鄂西土家族民居建筑特征,建筑结构、建筑墙体、楼地板等皆采用木质材料,屋面小青瓦,堂屋对外开敞,坡地建筑采用吊脚楼形式,体现出明显的土家族地域文化特征。二是城内各类建筑、桥梁、道路、坟墓等大多采用石材建造,如土司城墙与衙署区的城墙主要为石包土结构,即条石砌制墙体,中间以土填充。部分城墙利用天然石块直接砌筑,道路、桥梁则用平整的石块铺设。王墓则广泛使用石材,如石质墓室,祭祀石

台，墓前的石马、石狮。一方面，大量石材的使用体现了土家族先民的石文化——在"地无三尺平"的鄂西山区，因山多石多，土民祖祖辈辈与石头打交道，因而对"石"情有独钟，认为石材意味着"不朽""长生"，进而形成了独具鄂西土家族文化色彩的"石"崇拜；另一方面，大量石材的使用也体现了土司贵族模仿中央王朝建筑形制和权威的心理——元、明、清时期的中央王朝皇陵营造、雕刻多以石为材，土司皇为显示其权威，从形式、材料、格局等各个方面刻意模仿中央王朝礼制。因此，作为一种集特权、优质为一体的建筑材料，一般土民无力也无权享用。

五、小　　结

综上所述，随着鄂西唐崖土司城遗址发掘、修复工作的不断深入，唐崖土司城即将向世人展示其恢宏、庞大、庄严而独具特色的面貌。作为一座历经381年风雨，见证三朝羁縻制度的历史文化遗址，关注礼仪规制的目的在于体现其历史发展进程中的"国家性"特征，而关注其土家族特色的目的在于体现其作为鄂西少数民族文化代表的"地方性"特征。因此，为了更好地还原唐崖土司城的历史原貌，修复工作中需要更多地从史料出发，对礼仪规制和民族特色进行全面的把握。由于时间有限，本文在写作过程中未能深入搜集相关历史文献资料，很多地方只是笼统而言，未能进行全面的分析和阐述，这些工作还有待于笔者在今后的研究中予以落实改正。

注　　释

[1]　《覃氏族谱》复印件，民国六年抄本，第14页。

[2]　鄂西土家族苗族自治州民族事务委员会：《鄂西少数民族史料辑录》，1986年，第156页。

[3]　王希辉：《唐崖土司覃氏系及其述略》，《三峡大学学报（人文社会科学版）》2009年第6期，第12页。

[4]　《覃氏族谱》复印件，民国六年抄本，第27页。

[5]　《覃氏族谱》复印件，民国六年抄本，第28页。

[6]　《覃氏族谱》复印件，民国六年抄本，第30页。

[7]　《覃氏族谱》复印件，民国六年抄本，转引自王希辉：《唐崖土司覃氏系及其述略》，《三峡大学学报（人文社会科学版）》2009年第6期，第14页。

[8]　《覃氏族谱》复印件，民国六年抄本，第16页，转引自王希辉：《唐崖土司覃氏系及其述略》，《三峡大学学报（人文社会科学版）》2009年第6期，第14页。

[9]　鄂西土家族苗族自治州民族事务委员会：《鄂西少数民族史料辑录》，1986年，第158、236、237页。

［10］《明史》卷七十五，转引自吴永璋：《中国土司制度渊源与发展史》，四川民族出版社，1988年，第160页。

［11］《明史·职官志一》。

［12］王炎松、段亚鹏、何继明：《唐崖土司城宫殿遗址复原初考》，《建筑与文化》2013年第10期，第58页。

［13］刘辉、康豫虎、李梅田等：《湖北咸丰唐崖土司城址调查简报》，《江汉考古》2014年第1期，第129页。

［14］《大明会典》卷六十二。

［15］《明史》卷三百六十一《土司》，中华书局，1974年，第7991页。

［16］《明史》卷三百十《湖广土司》，转引自陈晓敏：《明代土官于土司制度》，复旦大学硕士学位论文，2012年，第39页。

［17］参见《明会典》卷六《吏部》五诰敕条，台湾新丰出版公司影印本第一册，第128页。

［18］参见《明史·舆服志》，中华书局，1974年，第1616页。转引自程佳：《论明代官服制度与立法文化》，山西大学硕士学位论文，2008年，第11页。

［19］王晓、祝笋：《唐崖土司城规划与建筑特色分析》，《三峡论坛（三峡文学·理论版）》2014年第4期，第59页。

唐崖土司城园林手法及景观环境修复治理策略研究

陈 昊[1]　张剑峰[2]　张 娲[3]

（1.湖北省古建筑保护中心　2.武汉市农业科学技术研究院　3.中南民族大学美术学院）

摘要：唐崖土司城遗址拥有丰厚的文化底蕴和超凡的历史魅力，是我国宝贵的文化遗产。2015年7月正式列入《世界遗产名录》。本文旨在通过对现有遗址及史料的研究，探索唐崖土司城的典型造园手法，为唐崖土司城景观环境的修复整治工作提供方向，为后人留下关于唐崖土司城园林研究的宝贵文献资料。

关键词：唐崖土司城遗址；土司园林；土司园墅；土司城景观环境；修复整治

唐崖土司城遗址拥有深厚的文化底蕴和超凡的历史魅力，是全世界宝贵的文化遗产。2012年，唐崖土司城遗址作为"土司遗址"被列入《中国世界文化遗产预备名单》。2013年，由湖南、湖北、贵州3省联合申报的世界文化遗产"土司遗址"正式进入申报程序。2014年9月，"唐崖土司城址"接受了联合国教科文组织的现场评估考察。2015年7月，正式评选为世界文化遗产。然而，唐崖土司城遗址由于受当地居民的生产生活影响，其内的景观现状令人担忧，综合考虑遗址的保护和文化遗产面向社会的文化宣传展示作用，对遗址的园林景观环境修复整治必要且可行。

当前，学术界对唐崖土司城遗址的研究主要集中在建筑方面，如宫苑、庙宇、墓葬等重要遗址及城墙、道路、牌坊的建筑构架和砖石结构研究。园林是土司城址的重要组成部分，但完整遗留下来的园林实物资源少之又少，导致深入研究唐崖土司园林困难，亦令土司城遗址的保护、环境整治及景观修复工作无章可循。本文旨在通过对唐崖土司城中保留下来的园林景观遗址及现有的文献、碑刻等史料典籍着手，以此发掘唐崖土司城的园林景观特质，为唐崖土司城遗产保护、环境整治与景观修复提供依据，亦为后人研究唐崖土司城留下宝贵的文献资料支撑，以填补关于唐崖土司园林研究的空白。

一、唐崖土司城的营造特征

唐崖土司城址位于湖北省恩施州咸丰县唐崖镇，主要遗存年代为明代中期至清初期（17~18世纪初），为恩施土家族覃氏土司治所。唐崖土司城位于土司辖域东南部，坐落在天然近三角形独立台地上，台地面积约80公顷，海拔510~670米，唐崖土司城遗址西靠玄武山，东临唐崖河，西高东低，坡度5°~20°，为辖域内少有的沿河平缓开阔地带。天然开阔的河谷与陡峭的山体地形为土司城的生产、生活、管理、交流以及军事防御等方面提供了保障和支撑。土司城在这种背靠山林，层层叠嶂，又方便排水的临河缓坡进行选址建设，反映了土家民族聚落因地制宜、随形就势的特征。唐崖土司将体现自己统治权力的衙署区布置在城址的核心区域，用来区别于一般性聚落，彰显土司权威。与城内其他的功能区相比，衙署区具有格局严整、建筑体量大、形制较高的特点，尤其是衙署区入口处的"荆南雄镇，楚蜀屏翰"牌坊，更反映了土司其中央授权统治的身份地位，也体现出在本土原有的社会文化基础上，因土司制度而强化的社会秩序和组织管理模式，是少数民族地区树立国家认同的标志。故衙署区规划建设吸收中原汉地的形制，建有"御花园"；在衙署区附近开辟有土司专属狩猎苑囿——万兽园[1]。

二、唐崖土司城的园林遗址

根据对唐崖土司城遗址的考古研究，并结合文献记录、民间传说等史料记载，唐崖土司城的建筑格局大概可分为衙署区、苑囿园林区、坛庙区、墓葬区、生活居住区、兵营区[2]。其中衙署区作为土司城的核心，主要由土司衙门、官言堂和内宅等组成。其中，内宅南侧后院为土司的游憩场所，当地老百姓称之为"御花园"，为土司园林遗存的重要组成部分。关于土司御花园的文字资料流传甚少，史料中涉及衙署御花园自然景观一处，名为"胸有成竹"——在土司城古巷道的一片竹林，其中生长有一株高约20米的厚皮香树，一棵茅竹从厚皮香树的腹中长出，因而得名。此外，在衙署区以西与城墙之间，还专门开辟有土司"禁苑"——"万兽园"，土司在万兽园饲养鸟禽，用于土司阶层娱乐狩猎。唐崖的土司阶层不仅在城市营建上通过宏大精美的建筑来维护统治，彰显地位，同时也利用当地的山形地貌、清泉古潭打造环境优渥的园林景观，满足亲近自然的精神需要。

三、唐崖土司园林手法的分析

由于位置封闭以及限于人力物力，唐崖土司城的园林营建不多。有记载提及，部分品阶较低的土司，其土司司署虽然没有完整的园林布置，但是也会在衙署的营建中布置各种花草鱼池点缀其间。卯洞安抚司的司衙大堂设有养鱼池，忠路安抚司的司署后则建有后花园，旁临郁江，供土司及其家眷莳花休憩。土司衙署在布局上也吸收了汉族前朝后寝的规制，因而建筑形态会表现出多样性及园林化，生动活泼，如保靖宣抚司的衙署内修建有梳妆楼，又名"太乙亭"，"杂植各色花卉"。即便在司署被废后，还是被后人看作"古来胜迹"，到清末还有题诗形容此处"至今香草色"。

虽然土司阶层没有接受过成熟的造园理论，但是在土司城址的修建中，往往表达出唐崖土司"齐政修教，因俗而治"的政治抱负，其园墅景致的营造也与《园冶》中"因借体宜"的思想互相印证。总体来看，唐崖土司城址园林造园手法及营造效果主要可以归纳为以下五个方面：因地就势、因水构园、因地造屋、因地取材、因景借景，从而达到倚天工，少人工，情由景生、境由心生的效果。

（一）因地就势

土司城几乎都因形就势选址于背山面水、地形稍缓之处。这首先要得益于云贵高原武陵山区丰富的自然环境，可依、可造者多且特色鲜明；其次，防御及生产等实用功能是土司园墅选址的首要考虑条件。在土司城园墅的营造中，"因地就势"更是较突出的理景手法。

清代诗人顾彩在其《容美纪游》中以"结庐傍丘壑"来形容土司园林的营建特色，非常鲜明地勾勒了土司园林建筑与地形的关系，进一步证明"因地就势"是土司园林营造的重要手法。

就唐崖土司城址而言，其土司衙署的布局，往往利用台地地形的层层起伏，由低而高地将各种功能的建筑"顺势"布置于各层平台之上，各个院落再设阶梯串联。城址衙署区及"荆南雄镇，楚蜀屏翰"牌坊共同构建出中央政府的权威和儒家文化的教化，以显示土司衙门的庄严感和统治性。

（二）因水构园

土司的"行宫"园墅，多选林泉之地，略施人工建筑，如永顺土司彭明辅晚年，嘉靖六年，致仕后建谢圃公署，退居林下，园墅风格"脱俗"。

唐崖土司城址东临唐崖河外，还有打过龙沟、碗厂沟、贾家沟及大小印塘分布其中，在衙署区以东布置的大印塘，茶园遍布期间，靠山临崖，山明水秀。唐崖河东岸则"崖岸高峻",四周林木逐渐葱郁,雄秀两兼。土司阶层优游林泉其中,悠然自得,园墅体现出"朴实"和"野趣"的意境和情调。

(三)因地造屋

唐崖土司城址号称三街十八巷三十六院,通过对台地的自然选择、构筑内外有别的聚落及城防体系,承载了政厅、兵营、民居、寺庙、墓葬、城墙等多种功能,同时也清晰地凸显了其环境景观格局。依据地势的分布,通过街巷、横道,界定其功能分区,土司城址被划分为衙署区、宗庙区、军事区,以及御花园、万兽园等。土司衙署是城址的核心,由衙署、言官堂及内宅组成。内宅南侧为土司御花园,是土司游憩的场所。在衙署以西还建有万兽园饲养动物,供土司狩猎娱乐。于唐崖土司阶层而言,不仅通过严谨的布局及森严的衙署来彰显自己的地位,对游、赏、嬉的园林环境也按照功能的不同进行营造。

(四)因地取材

土司园墅中的山水多为真山真水,园林建筑的营造大多采用点景的形式,因此植物往往是园中景致的重要背景环境。土司阶层在植物的选择和应用上,或借用自然生长的原生植被群落,或通过人工莳花栽木以造园,始终保持着朴实天然的态度。

借用自然生长的原生植被品种,多以野生草本及藤本植物为主。例如,永顺老司城的碧花庄就是借助园内大面积的原始森林及两侧野生花草自然成景;再如容美土司的乐天园,根据清代顾彩《容美纪游》的记载,正是借助野生花草营造了"百合戎葵,烂如云锦"的景致。

人工造园时,土司阶层在树木花卉品种的选择上则偏爱于当地适宜的植物种类,且以阔叶植物为主。根据史料记载,桃、柳、杏、楠木、松等都是较普遍的选择,此外,松、竹、梅之类的高雅植物亦颇受土司阶层青睐。万全洞、宜沙别墅、中府附园等处都种有"修竹""长松"之类植物。在应用形式上,常见同种植物大量片植以形成独特景观,如容美沁雪园以大片梅林为其主要特色,而南府遗址则"种竹数十亩",又形成另一种不同风格的景致。另外还有一些土司园墅,主要植被为农作物,以园内农田菜园为景,如容美燕子坪行馆"瓜畦野色宽"的景象,这类园墅中的田园菜圃自成一景,兼食用与观赏的功能于一身,也别有一番风味。

总而言之,土司园墅中多以群体景观来表现其园林特质,有的是天然去雕饰的"朴野"花草,有的是稍作设计的"纯"木为林,成景简约素雅,意境天成。

(五)因景借景

由于土司园墅较少有确切的院墙界限,也没有成熟的园林营造理论,因此土司园林的借景，往往并非遵循构图原则和外延景观的引入，而是将自然之景通过实借、虚借相结合，达到因景借景，由景生情的园林效果。土司园墅最常见的借景手法是恃高地而俯借，永顺老司城碧花庄对岸为其八景之一"晴岚翠窟"，石窟位于山壁之上，四周杂树丛生，绿藤垂吊，碧花庄通过将翠窟远借入园，再虚借"朝云""曛日""暮霭""映霞"，山庄与石窟隔岸相顾，或强或明，使山川之间呈现出一片清灵秀美之气。容美万全洞内有一处太士阁，其景实借"拂枕生"的竹木，虚借旦夕不停的潺潺流水，而土司则于其中稳居集社，获得迥不同于人间的悠然气度。

四、关于对唐崖土司城遗址景观环境修复的思考

唐崖土司城址是世界文化遗产，是土司文化的瑰宝，它包含的文化底蕴、历史遗产资源都非常宝贵，需要走出咸丰，面向全国、全世界推广。因此，唐崖土司城遗址的对外展示是必要的，但唐崖土司城址景观环境现状无法满足展示和推广需求，亟待修复性整治。

《唐崖土司城址文物保护规划（2014—2030）》《唐崖土司城址保护管理规划（2013—2030）》均指出，应结合当地农业结构调整、遗址景观规划要求和历史植被恢复进行作物品种种植专项设计；遗产区内的绿化配置应采用本地植被品种，避免几何化现代园林设计手法。景观设施形象应正确把握审美标准，符合遗址武陵山区土家族土司的历史文化价值和内涵；为保护遗产分布范围内地下遗存的真实性和完整性，保护范围内所有保护、展示工程、植被种植、农业耕作、村庄建筑和基础设施建设等各类涉及破土作业的干预行为，不得超过地下遗存的埋藏深度。

为此，我们应从以下几个方面出发，对唐崖土司城的园林景观环境进行合理整治。

（一）种植手法

为保护唐崖土司城址内地上、地下遗存的真实性和完整性，城内绿化改造以自然形式栽植，以恢复其原生、自然、质朴的园林景观风貌。此外，适度减少规划范围内影响历史风貌的景观植物，且以多年生植物为主要考虑范围，以减轻年度管理工作，并减少一年生植被每年重新翻土栽植对土司城遗址的破坏。

（二）树种选择

绿化景观植物的选择以本土植物树种为主。武陵山区植物资源丰富，能突出地方特色的乡土树种多样，如紫薇、梅花、桃、李、桂花、海棠、野樱桃、山茶、栀子、杜鹃、杉、柏、楠木、银杏、蜀葵、朱槿等，为凸显土司园林中典型的植物造景手

法，亦可在城内适度植入"梅、竹、松"以彰显土司园林造景中关于"雅"的历史特色与文化内涵；植入"牡丹"，彰显富贵吉祥，增添游园景观趣味。

（三）环境修复

《园冶·相地》中说道："园地唯山林最胜，有高有凹，有曲有深，有峻而悬，有平而坦，自成天然之趣，不烦人事之工。"山林野趣作为土司城址最大的特点，在城址的环境修复中一定要最大限度地减少人工的造作，还原最接近自然的园林。土司城址靠近唐崖河沿线，区内遗址主要为张王庙及古城墙遗址，现状多为农地。在环境修复中，应对农田层叠的梯田风貌保留，对现状杂草进行清除，对少量有坍塌的梯田台地进行修补。对土司城址内各院落遗迹进行植草保护。

衙署区作为整个土司城址的中心，其中轴对称的布局，展示了整个遗址的核心轴线。要做到"极目所至，俗则屏之，嘉则收之"，达到"因借无由，触情俱是"，应对现状进行"斩弱扶强"，即砍掉长势弱、凌乱的树种，保留并加强长势较好的植被，维护轴线视线通透，通过"远借""邻借""仰借""俯借"，远近衬托，互相沟通，形成具有层次和美感的唐崖盛景。

五、结　　语

湘鄂西地区的土司园林，生于山明水秀、不染尘烟的自然环境中，巧于因借，善用自然而灵活的布局，时时刻刻保持着对大自然的回应，在整体上展示出朴雅的自然特性。本文的研究正是试图在唐崖土司遗址世界遗产保护中，借研究土司城园林，勾勒复原土司园林的真实风貌，使土家族地区优秀的园林文化得以传承和发扬。

注　释

[1] 李梅田：《观念认同与文化同化》，《唐崖土司学术研讨会论文集》，科学出版社，2014年，第117~133页。
[2] 邓辉、黄永昌：《唐崖土司城址调查报告——兼论唐崖土司覃氏的历史问题》，《三峡论坛》2013年第5期，第10~16页。

唐崖土司文化研究献疑

——基于民俗信仰的视角

萧洪恩[1]　侯春燕[2]

(1.华中农业大学文法学院、农村社会建设与管理研究中心　2.华中农业大学文法学院)

摘要：本文基于民俗信仰的视角对唐崖土司遗址进行文化研究，提出了五个值得探究的文化疑点。通过分析发现：从谱学中世代间的时间合理性来看，唐崖覃氏不可能是蒙古族遗裔，正史、地方志及民间传说也都未曾提及唐崖覃氏是蒙古族遗裔；田氏夫人墓的位置布局体现了田氏牺牲小我的担当精神，寓意后世昌盛，唐崖土司田氏夫人墓要成为"万古佳城"；唐崖土司城的"采石场"的停工具有突然性，具体原因值得探究；玉皇大帝是恩施民间信仰中至高无上的天神，"玉皇庙"是基于覃氏此类信仰所建，并不是为了破坏唐崖土司城之风水所建；唐崖土司城遗址的"井"数与民间信仰的文化参数无关，而是适应人们生活的自然产物。

关键词：民俗信仰；世界文化遗产；唐崖土司遗址；土司文化

唐崖土司城遗址虽然是2015年7月才被确认为世界文化遗产的，但对其的研究却很早就开始了，其中有文献学的，有考古学的，也有民族学等多学科的研究成果，研究成果丰富、研究水平也较高。但是，在诸多研究成果中，也逐渐形成了一些文化争论。这些争论一般被认为是学术观点的问题。但是，一个值得关注的问题是：作为民俗学、宗教学等研究对象的民间宗教信仰却很少直接进入研究领域。为此，本文直接从唐崖土司城遗址所反映的民俗信仰来加以阐明，提出我们的一些疑问，并结合相关学科而为此文，以求教于大方之家。

一、唐崖覃氏是蒙古族遗裔吗？

生活在唐崖土司城及其周围的主要姓氏是覃氏，后来由于招驸马、避难等原因迁来了张姓、罗姓和陈姓……

有人说唐崖覃氏出于蒙古人[1]，如中华民国时期的唐崖《覃氏族谱》[2]即对覃氏的早期世系列出：铁木乃耳→颜伯占尔→文殊海牙→脱音帖儿→福寿不花……覃启处送→覃值什用→覃耳毛→覃忠孝→覃斌→覃彦实→覃文铭→覃天富→覃万金→覃柱→覃文端→覃鼎→覃宗尧→覃宗禹（尧弟）→覃鋐→覃溥泽→梓椿→梓桂（椿弟）。由此，部分学者认为唐崖土司是蒙古族后裔[3]。不过，这是值得讨论的。首先，从时间上看，这是有问题的。你看，整个元朝对全中国的统治仅99年（唐崖族谱说是88年），而历史记载的恩施最后被元军攻下的时间是1276年，到覃启处送→覃值什用时期，据民国《咸丰县志》之《舆地志·沿革》[4]和光绪《湖北舆地记》[5]之《施南府》的记载：至正十五年（1355年）"又于施州南境蛮地置龙潭安抚司、木册安抚司。唐崖长官司，寻改为唐崖军民千户所……元末明玉珍据有其地……改唐崖军民千户所，为唐崖宣抚司"，由此可以确认覃启处送在元至正十五年（1355年）正式就任土司，初为长官司长官。由至正年间上溯至元军攻下恩施的至元年间，即使按1276年始算，到1355年，仅79年，不到80年，而按《覃氏族谱》的记载，这段时间经历了铁木乃耳、颜伯占尔、文殊海牙、脱音帖儿、福寿不花、覃启处送，有六代人，平均年龄不到14岁；若是算至1284年，则仅71年，平均不到12岁，仅从谱学的角度，这就是不可能的。而覃启处送之后的17代共历时元、明、清三代共381年，几为22.5岁，考虑到长子继承制的通例，或可勉强说得通。其次，我们在民间还发现有另外两本唐崖的《覃氏族谱》，可以看成是早于民国版唐崖《覃氏族谱》的二修、三修谱，该二谱都明确肯定唐崖覃氏为巴人之后（将专文论述）[6]，笔者曾根据所见的三个抄本进行比对研究，根据三个版本有一个从"混沌"到"有序"的日渐清晰之世系，有一个从"巴人"到"蒙古"的祖源转化以及从"信仰"到"建构"的日趋完善的谱系。所以，除其他学者的考证理由之外，仅从谱学的角度看，对于唐崖土司为蒙古人之后一说，就可以肯定地说："这不可能。"事实上，这也已有学者申论[7]。所以，新近出版的《中华覃氏志·湖北卷》[8]即清理了唐崖土司的一般世系：在总体上属覃汝先宗支，以恩施市柳州城的始迁祖覃汝先而得名。覃汝先宗支的起源有"源于宋代"和"源于唐代"两种说法。对于唐崖世系来说，其直接世系祖即覃汝先（1098～1186年），祖籍为陕西汉中南郑，原居重庆瞿塘关（今重庆奉节一带），妣向氏，夫妇卒葬"施州柳城"（即今恩施市柳州城，下同），生子：伯坚、伯圭。唐崖司所属为伯坚后裔。伯坚为汝先长子，妣唐氏，生仕普（即普诸）、仕谙、仕觉、仕鳌四子，夫妇卒葬"施州柳城"，唐崖司所属为普诸后裔；普诸为伯坚长子，因抗金和镇抚峒蛮有功，被封为镇国大元帅，后从柳州城迁往宣恩，任施州镇边万户总管府总管，妣田氏，封一品镇国夫人，生子：尔毛、野毛（后改散毛）、化毛，唐崖司所属为化毛后裔；化毛为普诸三子，元至元二十年（1283年）奉长兄覃尔毛之命，领兵三千，攻打马化龙取得唐崖五峒地（今咸丰唐崖司镇一带），置唐崖军民千户所，以化毛为千户，覃化毛为唐崖土司首任司主，化毛治理唐崖深得苗蛮的信任与诚服，称化毛为"启处送"（土语，意为上天赐予的仁主），化毛后裔属"唐崖土司属宗支"，曾用

"金陵堂"堂号,生子:值什用、值指用,其中值什用为化毛(启处送)长子,袭父职任唐崖土司主,生子耳毛,唐崖司所属即其后裔。不过,经过谱学对比,从覃汝先(1098~1186年)经四世至覃耳毛袭职(约1284年),世均20多年,与后续世系基本一致,基本上可以说具有确定性。

上述谱学证据也得到民间传说的证明:

> 土司皇是不是蒙古人我就不清楚了。我只清楚他就是这一块儿的人。覃家的人就在这一块儿住。来的时候是"覃挑担、向牵狗、田黄二姓打摆手",覃家跟(与)向家跟(给)田、黄二姓帮忙挑担,田、黄二姓空着手在前面走,他们是一路来的。唐崖村也有姓田的,在10组。姓黄的在河那边,万兽园这边没有。皇帝土司是覃家的人……以前蒙古人和张家来唐崖土司拜唐崖司,唐崖司的丞相是唐崖司的人,领导是蒙古人……[9]

另外,其他正史与地方志在介绍唐崖土司及其世袭时,都从未提及覃氏是蒙古族或者蒙古人的后裔。由此可见,中华民国时期的唐崖《覃氏族谱》所记载的覃氏是蒙古人后裔的说法值得慎重推敲。

二、是"佳城""唯城"还是"隹城"?

坟墓不仅是让人敬畏的地方,也是让人思考的地方。走进土司墓、走进田氏夫人墓,即让人兼具了这两种心态。

按照古代的惯制,筑土垄起而形成高出地面的土堆即为坟,凡葬掘入穴地,不堆土植树者谓之墓,可见坟、墓本有原则区别,但后来埋葬死人的穴和垄起的坟头均被统称为"坟墓"了。对照之下,土司墓、田氏夫人墓等被称为坟墓也算是名副其实了,因为从形制上看,既有入地之穴,又有封土为丘。在土家族地区,入地为穴叫"挖井",封土为丘叫"垄坟",生者在生时的一些禁忌,就有属于此例的,如吃饭不能换饭碗,一是忌在生时把饭碗搞丢了;一是忌死后入地为穴时入不了地——挖井挖不下去……显然,土司墓、田氏夫人墓属于土家族地区的坟墓通例,不过规模较大、内涵更丰而已。

据考古资料分析及相关传说,唐崖土司城内总共有两处较大的土司墓地:一处位于城内西北的官坟山,现存有覃值什用墓、覃鼎墓、覃鼎夫人田氏墓、覃光烈墓和数座无名墓;另一处位于衙署右侧的御花园内,现存覃梓椿夫妇墓和数座无名墓,土司后裔称覃宗禹墓亦在此处。覃宗禹是根据"兄终弟及"原则承袭土司的,在位期间正处明、清世运交替之际,因而也是一个具有转折意义的墓葬,其墓的位置不仅是唐崖

《覃氏族谱》的唯一有介绍性记载的墓,而且其墓葬的形式也与官坟山完全不同。因此,可以推断,覃宗禹之前的土司主要集中安葬在官坟山,他及之后的土司均集中安置于御花园。两处墓地均设有风水池,俗名大印塘、小印塘。所不明白的是,这种坟山的转移,是否关涉明、清的世运之变?因为在这一世运之变时,土家族土司都很是矛盾纠结,这从容美田氏土司《甲申除夕感怀》的四十首诗即可看出。这一墓位的转移,前面是尊明,后面是拥清?还是有其他的原因?只能靠更进一步的研究了。

从文化学上看,唐崖土司的墓葬都值得研究,如从"印塘""堰塘"等一类研究唐崖司方言,甚至可以直接认为是"月塘"之误读;从大、小堰塘作为唐崖土司墓地的风水池而均呈半月形,研究唐崖土司的风水信仰或月亮崇拜抑或风水惯制;抑或是佛教以月亮象征慈悲和白色菩提心露的增长及神灵顿悟力的不断增强……结合土家族的神话故事中太阳为女性(妹妹)而月亮为男性(哥哥)的说法,这是否是男性崇拜、父权思想的表现,而同时又符合了风水学上的弧线标准,且与佛教以太阳金色代表阴性(女性)"智慧"、月亮白色代表阳性(男性)"方便"之思想统一呢?在这里,土家族文化传统、中域文化的风水信仰与来自异域的佛教文化得到了高度契合。

在所有墓葬中,覃值什用墓无疑是值得认真研究的。该墓位于官坟山,它不仅是唐崖土司城中体量最为庞大、雕刻最为精美的墓葬,也是西南地区现存等级最高、规模最大的土司墓之一,是现存所见的唐崖覃氏真正可以考见的祖墓。从朝向上看,它坐西朝东,兑山震向,占地面积达400平方米,属半地穴式石室墓,由封土、祭台、墓室构成。在祭台栏板、石壁、墓室内部等处,均雕刻有花草、瑞兽、团花、云纹等异域风格的图案。其封土平面呈半圆形,前高后低,底径约20、厚0.5~2米。基本形制符合土家族地区的墓葬形制,但规模巨大。在祭台两侧设有高约1.8米的八字形石墙,墙心饰以麒麟图案;祭台周边围以高约1米的石雕望柱、栏板,内石板铺墁,正面前设有三级踏步;祭台后即为墓室,墓室外观为石雕仿中域四开间殿堂式,通高4米,通面阔7、柱间宽1~1.1米,重檐庑殿顶;墓室设有前廊,进深约1.8、高2米,廊顶雕刻有藻井,廊前设门八扇,中间两间为开启式,门已散失,两侧两间为仿木隔扇石门;外立面以石头雕刻出柱、枋、斗拱、屋檐、鸱吻等仿木仿瓦构件;内部对应四开间建筑形象,有石砌椁室4个,长3、高1.5米,两中室宽1.3、侧室宽1.25米;各有石棺床,长2.7、宽0.9米。后有壁龛,龛高0.5、跨0.4、深0.15米,雕饰有灵牌式图案。室间以整块石隔开,厚0.15米左右。中雕小格窗,宽0.58、高0.9米,窗眼为钱纹图案。室顶雕刻藻井,饰莲花纹。根据土司后裔的介绍,结合外廊藻井的龙纹图案位置以及棺床的体量判断,中间左右两间分别为覃值什用及其夫人的墓室,两侧两间应为其妾的墓室。据传,该墓清末时曾被石达开部开掘。为加强保护、便于参观,20世纪80年代,在墓两侧铺筑有石台阶及排水沟,墓外围砌石护墙[10]。

覃值什用是一个标准的土家族人名。至少在明代中期以前,不少土家族土司头人的名字都还带有较深的土家语印痕，如墨谷什用、驴谷什用、徒刺什用、答谷什用、南木什用、大虫什用、谭成威送等，此外还有墨来送、沟达什用、驴蹄什用、田耳毛送、向贵什、向喇喏、向墨铁送、向麦、向坐海乐俾、田墨施什用、田先什用、阿具什用、谋者什用、谋谷什用、田驴什用、墨奴什用、墨得什用等，由此可知当时土家族民众的语言、称谓的语言状态。不过，这些土王的土家语名字，在宋元以后即逐渐消失而改用汉名了[11]。从土司世系来看，覃值什用之名之时，也恰好处在中域文化大规模传入时期，此前即覃启处送，此后即覃耳毛，前为土家语，后即有所汉化，这是一个明显的转折。

在诸土司墓葬中，田氏夫人墓最耐人寻味。该墓建于明朝崇祯三年（1630年），亦坐西朝东，兑山震向，由墓冢、墓碑、"万古佳城"牌坊三部分组成。墓冢呈圆形，直径约2、高约1.5米，底部采用石板围护；墓碑采用砂岩雕凿而成，高1.9米，由碑座、碑身和碑帽三部分组成，座为长方形，高约0.45米。碑身由整块砂岩凿成，宽约1、厚约0.2米，额题"日月"两字，每个字外饰圆圈纹。碑文楷书阳刻"明显妣诰封武略将军覃太夫人田氏之墓"，前记"孝男印官宗尧记"，后题"皇明崇祯岁庚午季夏吉旦立"。受自然风雨侵蚀，碑身风化剥落现象严重，碑文漫漶不清。碑帽为单檐庑殿顶式。碑身两侧及碑座正面饰有卷草纹。"万古佳城"牌坊造型简单，无雕饰花纹，为四柱三门式仿木石构，四柱两侧均设有抱鼓石。牌坊通高约3米，明间宽约2、次间宽约1.4米。中门横额正反面分别楷书阳刻"万古佳城"和"乾坤共久"八个大字，是墓主生前的希望与价值观的体现。

说田氏夫人墓耐人寻味，是因为该墓位于覃值什用墓之左后方，与之紧邻而位置略高，从祖墓的角度，这于体例不合——既是后人，又是女人，何以还高于祖墓（位置偏高）、尊于祖墓（方向偏左）？从风水的角度，覃值什用墓已略显高悬，而田氏夫人墓则位置更高，影响后人的时代气运；从文化理想的角度，额题"日月"与"乾坤共久"，又分明是一种有意为之的文化统一性，因为在《周易》而言，"乾坤，阴阳之主也"。《系辞传》说："乾坤，其易之门邪？乾，阳物也；坤，阴物也。"《易纬》说："乾坤者，阴阳之根本，万物之祖宗也……离为日，坎为月，日月之道，阴阳之经，所以终始万物……"可以看出，田氏夫人墓诉求包统乾坤、含蕴日月（离坎），是想象在唐崖司有"乾坤共久""日月同辉"之望。也就是说，这是自汉代以来的"乾坤相并俱生"思想、晚明以来的"乾坤并建"思想在田氏夫人墓上的体现。田氏夫人墓是否想据此阻断覃氏土司的衰退之势？是否是一种敢于担当的牺牲精神？从田氏夫人生前的所作所为，这是可以确定的。不过，从其夫覃鼎为唐崖土司鼎盛时期的首领，然其墓形制简单，规模比田氏夫人墓小得多，与其身份明显不符，因而更耐人寻味。还有，唐崖土司城内的墓葬，有单室、双室、三室和四室等多种类型，其中双墓、三室、四室墓一般都是夫妻合葬墓。但按当地人的习俗，夫妇去世后是否合葬是要请风水先生看八字的，如八字合则合葬，八字不合则要分葬。至今土家族地区依然有这样的习俗。覃鼎与田夫人不合葬的原因，据土司后裔称是因为八字不合，但在方位设定上，依然采用"男左女右"。笔者的解释则是田氏牺牲小我成就覃氏，因而是一种担当精神。

更值得思考的是"万古佳城"。一般都把"佳城"识读为"佳城"或"唯城"。事实上，通过我们对该字的观察，从字形上看，田氏夫人墓牌坊上的"佳"字是一个没有偏旁的整体构架，并不是左右结构（单人旁外加两个土）的"佳"，而是一撇一竖外加一点且配以四横一竖，四横中的第二、三横较短，第四横较长，因而不应是"佳"；有学者告诉我，近来有人把"佳城"释为"唯城"，也可从字形上证明我们的判断不误，但要释为"唯城"，无论是"唯一"之"唯"，还是"维护"之"维"，都于史不合；从墓地看，"佳城"一般指平陆的墓地，如"佳城"典出之《西京杂记》卷四所载："佳城郁郁，三千年，见白日。吁嗟滕公居此室。"《博物志·异闻》指明其在东城门外，应即平地上："汉滕公（夏侯婴）薨，求葬东都门外，公卿送丧，驷马不行，踏地悲鸣。踏蹄下地，得石有铭，曰：'佳城郁郁，三千年，见白日，吁嗟滕公居此室。'遂葬焉。"这里，"佳"即美好之意，"佳城"一般都不在山地，如人称"佳城"的孔子墓地、汉滕公墓地等，均非山地。相比而言，言"佳城"者如"赵氏佳城""骆氏佳城""钟氏佳城""万古佳城"等，则并为山地。所以，我们认为，"佳城"，特指墓地位于较高处，"佳"音cuī，旧有"畏（wèi）佳"之词，意即"巍崔"。根据《辞海》"佳"通"崔"之说，并引用《庄子·齐物论》"山林之畏佳"语，知"畏佳"即"嵬佳"即指高峻貌，是"佳城"即有石头之高峻之地的墓地[12]。田氏夫人墓地在玄武山的高处，风水不错，且希望后代繁衍昌盛，更加上田氏夫人墓还处于覃值什用墓之上，要成为"万古佳城"，自然非常适合[13]。

三、"采石场"为何突然停工？

一座城市，如果是活的，就一定有其生产、生活的相应设施。自然，唐崖司也不例外。根据唐崖土司城的规模判断，当年城内的生产生活设施不在少数，目前除了遗址内的院落遗存外，能够确认的有采石场、水利设施和水井等遗存。其中的采石场引起研究者的沉思。

采石场永远是活的历史，公与私、大与小、粗与细、技与艺、生与死……可以说，生产、生活中的一切思想、情感、观念、智慧……都可从中捕捉。一块石头，为钱者可以点石成金，如今的众多采石场即如此意；为学者可以点石成经，如今的不少石雕、历史上的不少石制品即如此意；为神者可以点石成鬼成精、成仙成道、成佛成怪……一句话，石头会被人们赋予生命的意义、文化的价值！

唐崖土司的采石场又是如何被赋予意义与价值的呢？从唐崖土司的石刻建筑可以看出，在这里应该以点石成经、点石成精者居多。

唐崖土司的采石场位于唐崖土司城的中部偏北，地处大寺堂与覃氏宗祠这两大宗教建筑前沿，东西长约20、南北宽约50米，总占地面积逾1000平方米，被认为是唐崖土司建筑材料的主要来源地。不过，从建筑工艺、人际关系的层面，这个说法值得讨论。

从材质的角度说，该采石场的石材为青灰砂岩，结构紧密、质地坚实、耐腐蚀、耐风化，有利于制作成各种形制的建筑材料和雕饰构件，且易于长久保存，因而选址于此，也是为了"万古佳城"一类建筑，犹如田氏夫人墓之"万古佳城"愿望一般，因而民间有"永生石"之称，建城墙、筑坟墓、修寺观……人们希望永久的建筑，都可用此类石材，因此，这是一种无声的希望、永生的决心。于此可知，临时性建筑是不会用此材料的，甚至还有此类禁忌。

从技术的层面说，根据现存基岩形状、石块上较明显的开凿痕迹及其残留的烟熏痕以及錾窝……分析判断，采石场体现的采石工艺相当科学，这种民间采石技艺直到20世纪70年代还可在当地见出，具体技艺是先对基岩进行火烧，然后用冷水浇注使石头受热不均匀炸裂后，用楔子嵌入裂缝进行锤击，将石料剥离，再用錾子在石料上开出楔眼，塞入楔子，通过锤击开出所需石材。这种采石方法，完全可根据建筑的具体需要来确定，像筑墓用的条石、修磨用的块石等，均须用此种技艺，若是一般的修造石墙房屋，则是按照"石头石头，总有一头"的原则，用较"粗暴"的爆破方法，也就是说，从该采石场所使用的技艺，可知其石材主要是用于宗教建筑、坟墓建筑、街面建筑等规范性建筑，而不是一般的用于民房修建，甚至也不是用于衙署修建，从其位于大寺堂与覃氏宗祠这两大宗教性建筑前沿，从唐崖司境内较广泛的存在这种石材的环境来看，这座采石场的石材，主要应是大寺堂与覃氏宗祠这两大宗教性建筑建设之用，但并不仅此。这种工艺的关键在于烧火、注水的技巧，犹如铁匠的注水技术直接关系铁器的成败一般。

根据现存采石场随处可见的开采后的废料、根据残留下来的孤立岩石等来判断，采石场应该是被突然下令停止采石的，其显著特征是所留痕迹表明该采石场还要继续开采，但却还是停止了。因此，才有那些孤立的岩石没被清理、开采后的废料未作他用。这是一个值得深思的问题——为什么会突然停止？是因为田氏夫人的突然离世而将工匠调用？还是有其他原因？或许是采石场附近通向"两口锅"的地下通道（此类通道通常会被论为是神道或龙道）的发现，更抑或是开采过程中发现了灵异之物？这或许是一个永远的谜案！

在民间，有谚语"一根錾子一路火""石匠不钻碑和磨，手艺很差火"的说法，能在唐崖司城的建设中做石匠，肯定手艺不错；而且，在诸民间工艺中，"石木瓦匠三兄弟，原是鲁班师傅封"，从鲁班信仰的角度说，在未清理役口（工作现场）时，一般是不会随意停工的，更不要说这大批石匠的突然停工；从职业道德的角度说，民间复有"岩匠进屋有岩挑，木匠进屋有些烧。岩匠进屋骂一场，木匠进屋哭一场"的说法，也说明清理役口是匠人的基本职业道德，而此采石场则未有此义，可见其停工的确具有突然性。再者，根据民间"石匠大，瓦匠小，木匠师傅是二老"的说法，根据各工匠相互之间的工程依赖性，这个采石场的停工，肯定地说明唐崖土司的某项原有建筑计划的停止，于是作为基础的石匠停止了工作。

或说是因为"生公说法，顽石点头"之故。因其就在大寺堂的正前面……

事出有因，查无实据，何时、何人能为我们解开这个历史谜案？任凭大家去思索吧！

四、"玉皇庙"是风水建筑吗？

唐崖土司城遗址的"玉皇庙"（也称"玉皇殿"）还没有进行考古发掘，但玉皇庙的遗存却较丰富。多数传说玉皇庙并不是唐崖覃氏所建，而是他人为了破坏唐崖土司城的风水所建。根据传说及相关研究人员介绍，我们可以确认关于玉皇庙建筑的一些基本信息。

建筑主体——唐崖覃氏土司之外的人（非唐崖覃氏建）。

建筑性质——为破坏唐崖土司城的风水而建。

建筑类型——道教信仰以区别于唐崖土司覃氏的佛教信仰。

建筑位置——玄武山的最高处，以道教最高神断唐崖土司城龙脉。

……

这些说法明显站不住脚。因为：①于土地制度上讲，当时的唐崖土司属农奴制度向封建制度转变的初始阶段，玄武山属唐崖覃氏的祖山，覃氏不可能允许他人随意在自己的祖山上建筑，更不用说事关宗教信仰的建筑了，何况该建筑紧靠着覃氏所植"夫妻杉"呢？②从信仰上说，上述说法是假设唐崖覃氏只信奉一种宗教——佛教，但这是不正确的，我们从其所存观音殿、玄武观、桓侯庙等为代表的"八大寺庙"也可见出其信仰的非单一性；何况还有土地神信仰一类，如在小衙门西北角即建有一石块垒砌的土地庙，用较为规整的石块修砌，边长约1.3、高约1米。③从唐崖土司城建设的整个风水格局来看，该城的各个环节都严格遵循着风水规则，说明其本有风水高人指点，不可能允许此类破坏风水之事的发生，何况这是一种永久性的宗教建筑呢。④最直接的证据还来源于玉皇大帝信仰本身。

道教的高级天神有"三清""四御"等，但真正为中国老百姓妇孺皆知的无疑是玉皇大帝。在《西游记》中，玉皇大帝是万神之王，全称叫玉皇大天尊玄穹高上帝，管辖着一切天神、地祇、人鬼；他住在天宫，其办公室是金碧辉煌的金阙云宫灵霄宝殿；他手下有许多文武仙卿，武神有托塔天王、哪吒太子、巨灵神、四大天王、二十八宿、九曜星官、五方揭谛、四值功曹、千里眼、顺风耳等，文神有太白金星、文曲星、丘弘济真人、许旌阳真人等，管辖着四海龙王、雷部诸神、藏菩萨、十殿阎罗等各路神仙。

玉皇大帝神位的确立，可以推至唐代的转折性变化。从神源的层面看，玉皇大帝信仰是源于上古的天帝崇拜，而天帝崇拜又根源于原始宗教即对日、月、星辰、风、雨、雷、电及山川、河流的自然崇拜。到了殷商时期，已形成最高神帝、上帝等观念；西周以后有了皇天、上天、旻天、天帝、皇天上帝、昊天上帝等多种神目，《诗经·周颂·时迈》《周书·康诰》《周书·泰誓中》《商书·仲虺之诰》等中均有反映；到了东汉，随着道教产生，道徒们邀请天帝加盟，并成了神仙界的皇帝，总管三界、十方、四生、六道，并有了玉皇、玉帝、玉皇大帝、昊天金阙玉皇大帝等名称，直到发展为中国全民（主要是汉民族）崇拜的最高神，并流传到东南亚广大地区[14]。

不过，直到唐代以前，这位诸神之王的玉皇大帝都还没有形成完整形象。最直接的证据就是南朝齐梁时陶弘景编的《真灵位业图》，虽有"玉皇""玉帝"之名，但却地位低下。"玉皇道君"列于玉清三元宫右位的第11位，"高上玉帝"在第19位。

道教的造神运动是玉皇大帝神位确立的关键步骤，在《高上玉皇本行集经》（简称《玉皇经》）中有一个元始天尊命太上道君亲自到人间送子的故事，从中说明这位玉帝出身显赫，是王太子，后来修成了"如来"，或并驾于如来佛；再后来又经亿劫而修成了玉皇大帝，其地位则超过了如来佛。同类道教造神书还有《老子化胡经》等，从而把佛陀贬为道教"三清"的后辈。唐代的两个因素助推了玉皇大帝神位的确定：一是李家天子与太上老君攀上了亲戚，使"玉皇""玉帝"之名称大量出现于唐人作品中，如唐人诗词中；二是与"玉"崇拜相关。道教信奉食玉可以长生，且为纯洁清静的象征，故道教所称神仙，多与玉相关，如侍曰玉女、玉郎，域曰玉京、玉清，居曰玉阙、玉楼，动物曰玉兔、玉蟾，植物曰玉树、玉芝……

玉皇大帝之名似确立于宋代。赵氏统治者的造神表明自己与玉帝有关，赵家天子乃得玉帝护佑，并载于正史。于是宋真宗在宫内滋福殿恭设玉皇像，并于大中祥符七年（1014年）封为"太上开天执符御历含真体道玉皇大天帝"，宋徽宗后又加封玉帝为"太上开天执符御历含真休道昊天玉皇上帝"。此后，即使唐宋时道教造出了最高层神团"三清"和"四御"，玉帝地位在三清之下而位列四御之首，但世俗民间的玉皇大帝却属于古今天下第一神。除道教设观而外，民间也多设庙宇，于是全国各地有许多著名的玉皇庙、玉皇观、玉皇阁、玉皇庵等，还定正月初九为"玉皇诞"、腊月二十五日为玉皇大帝出巡日，及至影响到各少数民族，如羌族以七月十九日有"玉皇会"……

玉皇大帝信仰在土家族地区也是全民信仰,在土家族的民间传说故事中,随处可见。例如,《马桑树的传说》(来凤、咸丰)、《神杉》(咸丰)、《苦与乐》(咸丰)、《人间谁最苦》(巴东)、《蕨粉的传说》(恩施)、《牛》(恩施)、《天赐孙真人》(建始)、《红沙梁子》(建始)……我们从上列资料看,作为恩施民间神的玉皇大帝,其结构与人有别,他有"七脉"。虽在天宫,但主宰的却是人事及万物。他可以赐人的尊号,他可以叫蕨粉入地三尺。他说什么就是什么,是真正的金口玉言。因此,恩施民间的玉皇大帝,实质上是一个至高无上的天神。正是这种全民信仰的特性,说明唐崖土司的玉皇庙只能是覃氏土司根据自己的信仰而建立的宗教设施,并基本上位于玄武山的最高处,显示其神位的至上性。

五、唐崖土司城遗址的"井"数究竟有多少?

中国传统社会是一个以水为生、以农立国的农耕文明社会,"井"即成了一种最重要的生存与生活方式。作为一种用于从地表下取水的装置,在一些地方甚至是古代人民家家户户都具备的东西。

在中国文化中,"井"与社会的关系十分重要,可以看成是人类生活的中心,以至于刑罚也与"井"相关。"井"的重要性使其成为许多文化现象的直接描述对象,早在先秦时期,《世本》即把"井"的发明权归结到黄帝时代,称黄帝时"伯益作井",说明当时人们已不仅依靠江河湖泊取水,而是改造自然,从地下取水,扩大了生存空间和广度,而发明"井"的人则成了文化英雄;形成了一系列与"井"相关的语词,借以反映人们生活的方方面面,如用井灶借指家园、故居,用井疆表示井邑的疆界,用井庐指井田和房舍,用井树借指饮食休息之所,用井间表示市井、里巷、村落,用井养指谓井水供养于人、源源不尽或比喻受到别人的好处、恩惠,用井肆表示井市,用井遂或井隧以代称田地,用井然表示整齐、有条理……其他复有井落、井闬、井渠、井捽、井径、井乘、井屏、井屋、井泉、井陌、井牧、井甸、井邑、井里……可以说,"井"已成为中国人的一种"文化模式",一种关于人的生活态度,一种井喻人生。

在《周易》中专门有一"井"卦,并强调"改邑不改井"。因此,在《易经》的六十四卦中,井卦可以说即是表示以"井"来比喻人生的"井喻人生"之卦。其卦辞即讲了四层意思:第一,即强调,可以迁移邑落但不能移动水井,按照现在的话说,建设村落等是可以选择地方的,具有建构性,邑可以改变、可以搬迁,但是"井"就不一样,它更受自然条件限制,因而井搬不了,改的难度更大,这就是为什么会强调"改邑不改井"的原因。第二,水井的特点是因为有源头活水,因而会始终保持平衡，既不因有人打水而枯竭，也不因无人打水而外溢，这就是"无丧无得"。第三，人们至水井是有秩序的，我们现今还说"井然有序"，其实说的是打水的人来来往往而井然有序。第四，但尽管如上，如果汲水时，真发现水井干涸、衰竭或堵塞，而又不进行掏井工作，甚至到了碰坏吸水工具的程度，那就一定会有凶祸。从卦象上说，井卦是下巽而上坎，亦即"水风井"，《象传》说木上出现水就是井卦。君子由此得到的启示是要慰劳百姓、鼓励助人。即是说，君子通过考察水井的作用，所获得的启示是"劳民"而不倦，并劝导百姓助人。在井卦的六爻中，根据具体的社会情势设定了不同的"井"的场景或要求，初六爻讲的是井里有了淤泥而至井水不能饮用，好井变成了废井，连鸟也不来饮水了，实在是难以为继了；九二爻说井底生了小鱼，而且小鱼还在水里互相追逐，打水的瓮也漏了而不能盛水了；九三爻说的是井掏干净了而不去食用，说明人们已失去了信任；六四爻更进一层，说的是整修水井之内壁以防止坍塌；到了九五爻即有了效果：井中有甘洁清凉的泉水，可以食用了；更至上六爻则说明井口收拢而不要加盖，有诚信而最为吉祥……要之，井卦以井喻人，以小喻大，寓意很深，令人深思……

"井"卦所描写的这些状况，直到20世纪80年代，都还是土家族聚落中最重要的文化现象之一，唐崖土司时代自然也不例外。例如，按照民间传说，一说唐崖土司城当年共筑有48口井，或说共筑有72口井，目前已调查确认的即有十余口，且大多还可继续使用；另据调查，至少已发现50多处适宜作"井"之地。

经调查确认的"井"一般位于道路的尽头或道路内侧的陡坎处，平面形状基本为方形，底部铺砌石板，四壁均用规整的石块砌成，"井"的沿外一般有一个石砌平台。其中以位于小衙门西北角的水井体量最大，最为完好。该"井"为长方形竖穴井，井口平面略呈方形，边长约1、深0.7米。沿井口设有台阶便于打水。为保障水源的卫生，外围有一圈石墙，边长约2.8、高约0.5米，根据形制判断，原应设有井亭。为保持水位，避免丰水期井水四溢，井口底部有一近长方形排水孔与外部暗沟相连。这种水井结构在利川大水井也有发现，说明这是土家族地区的普遍形制。

不过，从民俗信仰的角度说，即使在现有唐崖土司城的整个区域，不可能有48口井，更不可能有72口井，而是根据需要和自然地理因素形成10余口井。①根据唐崖司城周边的历史习惯考察，水井都只是生活设施，而不是灌溉设施，不需要那么多的水井，这可以说是历来的生活常识，且一直延续到20世纪80年代，有的地方现在还如此；②唐崖土司城的地理位置及土壤结构决定其不可能具有取水的随意性（山势的走向），因而不可能按照某种既定的规划掘井而饮，这是基本的自然常识；③根据土家族地区的传统生活品质，唐崖土司城周围的水源也极为丰富，从生活需要的角度不需要有那么多的水井，造成不必要的浪费；而且还应看到，唐崖土司城也不同于干旱地区有水源即掘为水井的自然地理条件，不需要即水而井；④土家族地区对于水井有众多的信仰、禁忌，水井太多即不具有生活的自由性、自在性。加上唐崖土司城的居民应基本为覃氏，井神祭祀也应有统一的场所，以利于神权的统一。要之，根据我们对唐崖土司城自然地理与文化信仰的考察，唐崖土司城的水井只是适应生活的自然常数，不具备形成信仰意义的文化参数之条件。

注　释

[1]　王平：《唐崖覃氏源流考》，《贵州民族研究》2001年第3期，第133～139页。

[2]　民国《唐崖覃氏家谱》。

[3]　王希辉、杨杰：《唐崖土司覃氏世系及其征调述略》，《三峡大学学报（人文社会科学版）》2009年第5期，第11～16页。

[4]　徐大煜：《咸丰县志》。

[5]　（清）光绪《湖北舆地记》。

[6]　待刊稿：《唐崖土司文化研究献疑——漫评唐崖的三部〈覃氏族谱〉》。

[7]　曾超：《唐崖土司覃氏"蒙古人"疑议》，《唐崖土司学术研讨会论文集》，科学出版社，2014年，第76～90页。

[8]　覃太智等：《中华覃氏志·湖北卷》，中国文史出版社，2004年，第15、55页。

[9]　湖北省文物局等：《唐崖土司学术研讨会论文集》，科学出版社，2014年。

[10]　刘辉、康豫虎、李梅田等：《湖北咸丰唐崖土司城址调查简报》，《江汉考古》2014年第2期，第21～53页。

[11]　萧洪恩：《土家族哲学通史》，人民出版社，2009年。

[12]　风水学上有专门的关于高俊之穴位的论说，此不细列。

[13]　田氏夫人墓的位置恰在玄武垂头之上停位，且于穴状入首星顶耸立如人，气浮于上，为葬天穴。相较而言，其下首的覃值什用墓则入首星顶身仰如人睡，气在下而为地穴。位居田氏夫人墓左侧的其夫覃鼎墓，入首星顶则身屈手抱如跌坐地上，气入于中，实为人穴。虽然三穴本身皆有佳位，但从三墓的气势来看，高下自然分明。

[14]　马书田：《华夏诸神》，北京燕山出版社，1990年。

湖北唐崖土司城先民饮食结构探析的科技考古启示*

胡 飞

（中南民族大学民族学与社会学学院）

摘要：近些年，科技考古学的方法与技术发展迅速，分别在史前考古以及历史时期考古研究中发挥着重要作用，其中在饮食考古方面也发展出多种科技手段。民以食为天，湖北咸丰唐崖土司城先民的饮食结构与其地理环境、气候环境以及民俗文化等方面息息相关。本文试图阐述关于利用科技考古方法与技术来探析咸丰唐崖土司城先民饮食结构的思考，需要利用植硅体、古代淀粉粒、微量元素、碳氮同位素、古寄生物等方法分别来分析湖北咸丰唐崖土司城遗址出土的陶瓷器、金属器、人骨（包括牙齿、头发等）与动物遗骸以及与饮食相关的遗存（如厨房、厕所等相关遗存的样品），并将其分析结果与土家族相关的人类学调查和研究的饮食资料相结合，综合展现湖北唐崖土司城先民的饮食结构，并为该区域土司制度时期的饮食文化演变过程以及唐崖土司兴衰史提供科学资料，也为史前饮食考古的科技分析提供参照。

关键词：湖北；唐崖土司城；饮食结构；科技考古；人类学

一、引　言

湖北唐崖土司城遗址是我国西南土家族区域著名的元、明、清时期土司城址之一，2015年7月4日，湖北唐崖土司城遗址又作为中国"土司遗址"的代表之一成功列入《世界遗产名录》，这充分说明唐崖土司城遗址的研究对了解武陵山区土司的兴衰史及其制度的变迁至关重要。

唐崖土司的研究开启于20世纪80年代初，主要是为了恢复土家族民族成分和实施民族区域自治。1989年编写了《咸丰土家族简介》[1]，1987年编印了《唐崖土司概略》[2]，1991年出版了《土家族土司简史》[3]和《土家族土司史录》[4]，1996年咸

---

* 基金项目：中央高校基本科研业务费专项资金项目（CSQ16012）。

丰县民族事务委员和咸丰县政协文史资料委员会合编《咸丰县文史资料·民族史料专辑》[5]，2000年出版了《土家族土司兴亡史》[6]，2001年出版了《唐崖土司概观》[7]。近些年，邓辉、黄永昌先生发表的《唐崖土司城址调查报告——兼论唐崖土司覃氏的历史问题》[8]，湖北省文物考古研究所等发表了《湖北咸丰唐崖土司城址调查简报》[9]、《咸丰唐崖土司城址衙署区发掘简报》[10]等相关学术著作。到目前为止，学术界对唐崖土司的研究主要涉及唐崖土司基本情况的介绍、综合研究、族属和世系、政治经济、文化艺术、土司城遗址以及遗址保护利用等方面的研究成果。

总体来看，唐崖土司流传于世的文献资料有限，且主要集中于历史学、民族学的调查与研究。伴随唐崖土司申报世界文化遗产工作的推进，进一步推动了唐崖土司及其相关研究，特别是配合申遗的考古发掘和田野调查，但考古学研究尚处于资料整理阶段，未对考古学材料进行更进一步的分析与研究，尤其是利用科技考古的方法与技术对唐崖土司城遗址出土的实物遗存进行分析与研究。因此，本文试图抛砖引玉，阐述利用科技考古的方法与技术在唐崖土司城遗址先民饮食结构方面的研究，这对揭示唐崖土司城遗址先民的饮食结构及其与土司制度变迁之间的关系也具有重要的学术价值。

二、揭示唐崖土司城先民饮食信息的科技考古方法

土司制度是我国元朝至清朝时期西北、西南少数民族地区特有的政治制度，土司文化也一直备受学者们的关注与研究。湖北唐崖土司是恩施州十八大土司之一，始建于元至正年间，历经元、明、清三朝，承袭18代，绵延400余年。但相比其他土司文化的研究，湖北唐崖土司仍有较多学术空白，如唐崖土司城先民的饮食结构。

本文通过对唐崖土司城遗址出土实物资料的科技考古学研究，以求揭示出更多的考古学信息，完善唐崖土司城遗址的相关研究成果。可利用科技考古学的方法与技术对唐崖土司城遗址出土的陶瓷器、金属器内残留物以及人骨与动物骨遗骸及其与饮食相关的遗存（如厨房、厕所等相关遗存的样品）分别进行植硅体、古代淀粉粒、微量元素、碳氮同位素以及古寄生物等方面的分析与研究，揭示湖北唐崖土司城先民的饮食结构。通过对古人饮食相关的遗物和遗迹进行科技分析的常用方法如下。

1. 植硅体分析

植硅体是指某些高等植物从地下水中吸取可溶性二氧化硅而后沉淀于植物细胞内或细胞外部位置，由此形成的含水非晶态二氧化硅颗粒。植硅体分析就是利用植硅体的原地沉积及其形态上的种间差异等独特优势，对比分析土壤中所含植硅体的大小、形状、种类及丰度，并依此推断其母源植物的种类和（或）产量，复原古代植被环

境、农业活动以及探索人类活动对环境的影响[11]。此方法在考古学领域应用时间较长，可以揭示古代人类的植食性饮食信息。

2. 古代淀粉粒分析

淀粉是葡萄糖分子聚合而成的长链化合物，以淀粉粒的形式储藏在植物的根、茎及种子等器官的薄壁细胞细胞质中。不同种属的植物淀粉具有不同形态特征，因此可以利用偏光显微镜观察古代人类使用的陶器、石器以及古人牙结石等考古样品中古代淀粉粒的形态特征来推断当时先民的食物加工与饮食信息[12]。

3. 微量元素分析

微量元素的食性分析主要是以动物骨骼无机成分——羟磷灰石所包含的锶钙比值（Sr/Ca）和钡钙比值（Ba/Ca）作为指标[13]。动物体内锶和钡大部分都分布在骨骼的无机质中，在肌肉组织内几乎没有，而食草动物和食肉动物骨骼中的锶和钡的获取量明显不同，其差异表现在羟磷灰石的浓度上。多年研究发现，通过古代人骨中的锶钙比值和钡钙比值的差异可以反映当时先民肉食食物的相对获取量。

4. 碳氮同位素分析

同位素食性分析是通过研究人骨中碳氮同位素的含量以获得古代先民较长生活过程中的饮食情况。研究发现，C_3类植物，如稻米、小麦等，其$\delta^{13}C$值范围为$-23‰ \sim -30‰$，平均值为$-26‰$；C_4类植物，如玉米、小米、高粱等，其^{13}C值范围为$-8‰ \sim -14‰$，平均值为$-11‰$；CAM类，如菠萝、甜菜等，其^{13}C值范围为$-12‰ \sim -23‰$，平均值为$-17‰$[14]。因此，古代先民骨骼中^{13}C分析可提供当时先民的C_3类植物与C_4类植物的饮食情况。一般情况下，豆科类植物的$\delta^{15}N$值相对较低，为$0‰ \sim 1‰$；非豆科植物的$\delta^{15}N$值较高，为$3‰$左右；陆相食草动物的$\delta^{15}N$值为$6‰$左右；海洋动物的$\delta^{15}N$值约为$15‰$。人体骨胶原对食物分馏效应的$\delta^{15}N$值差别约为$3‰$，陆相食肉动物与食草动物之间的差别约为$3‰$，每一营养级之间的差别约为$3‰$。而海相或陆相动植物之间，其$\delta^{15}N$值一般与食物链长度和营养级有关。由此可见，如果人类长期以植物为主食，其体内$\delta^{15}N$值相应较低，而食用较多的肉类或鱼类，体内$\delta^{15}N$值就会相应较高。因此，对古代先民骨骼中^{15}N的分析可推断当时先民肉食食物的饮食情况（图一）。

5. 古寄生物分析

古寄生物的研究主要是通过对遗址中粪土、粪化石、古尸肠内遗物、墓葬腹土等遗存进行分析，获得古代寄生物的有关信息，为探索古代人类健康状况、饮食结构和

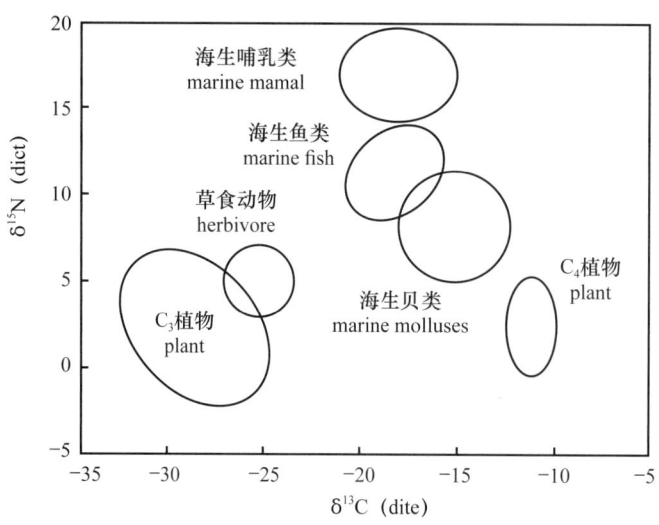

图一 植物、动物的$\delta^{13}C$值和$\delta^{15}N$值分布范围示意图[15]

行为模式及其所处的自然环境提供科学依据[16]。

三、科技考古与人类学相结合

近些年，科技考古解决了很多史前考古学的难解之题，它是现代考古学的"眼睛"，让考古学家看得更远更细，也是现代考古学的"翅膀"，让考古学家更容易地穿梭远古聚落。然而，科技考古的方法与技术在民族考古学中的应用还有所欠缺，亟待科技考古与少数民族地区的传统考古加强合作，以便更好地解决我国少数民族地区的考古学、历史学以及民族学等方面的问题。

湖北唐崖土司城址是我国西南土家族区域元、明、清时期著名的土司城址之一，而与其相关的历史学、民族学以及人类学等方面的研究成果也较为丰富。为了更加准确地揭示唐崖土司城先民的饮食信息，本文试图将科技考古的方法与技术所揭示的唐崖土司城先民的饮食信息与土家族相关的人类学田野调查和研究饮食资料相结合[17]（图二），以便更准确地获取唐崖土司城先民的饮食信息，共同构建湖北唐崖土司城先民的饮食结构，也为了解我国西南土家族区域的饮食文化变迁以及唐崖土司兴衰史提供科学资料。同时，科技考古与人类学相

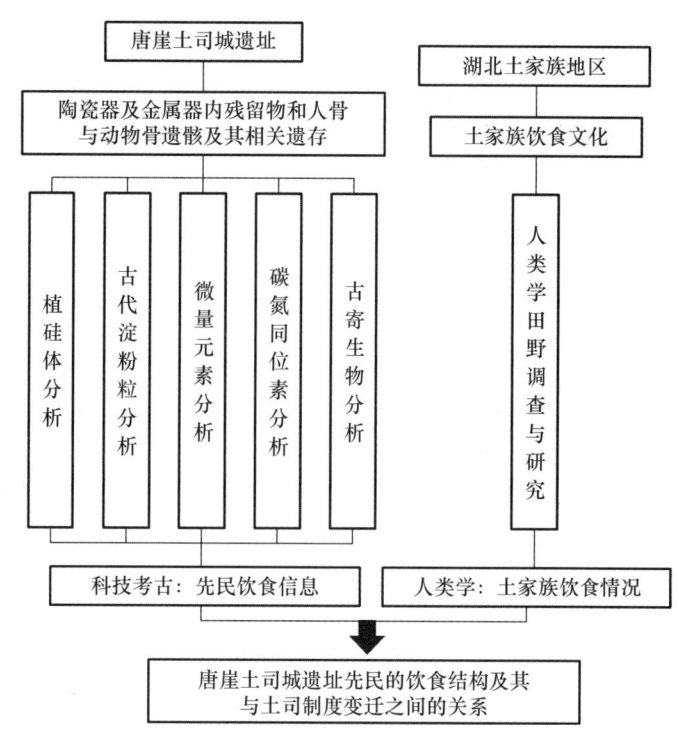

图二 湖北唐崖土司城先民饮食结构探析的技术路线

结合的研究方法，也可为史前饮食考古的科技分析提供参照，以便日后更加准确地利用科技考古方法与技术来揭示史前人类的饮食信息，共同推动人类学、考古学以及科技考古学的发展。

综上所述，本文从科技考古学中常用的植硅体、古代淀粉粒、微量元素、碳氮同位素以及古寄生物等分析方法得到启示，并欲将以上科技考古的分析方法应用到湖北唐崖土司城先民饮食信息探析之中。同时，还将科技考古手段所揭示唐崖土司城先民的饮食信息与人类学、民族学调查与研究的结果相结合，综合展现湖北唐崖土司城先民的饮食结构及其饮食文化。

四、结　　论

本文阐述利用科技考古学的方法与技术对唐崖土司城遗址出土的陶瓷器、金属器内残留物以及人骨遗骸、动物骨遗骸及其与饮食相关的遗存（如厨房、厕所等相关遗存的样品）分别进行植硅体、古代淀粉粒、微量元素、碳氮同位素以及古寄生物等方面的分析与研究，并将其分析结果与土家族饮食相关的人类学资料相结合，以便更准确地获取唐崖土司城先民的饮食信息，共同构建湖北唐崖土司城先民的饮食结构，也为了解我国西南土家族区域的饮食文化变迁以及唐崖土司兴衰史提供科学资料。同时，科技考古与人类学相结合的研究方法，也可为史前饮食考古的科技分析提供参照，以便日后更加准确地利用科技考古方法与技术来揭示史前人类的饮食信息，共同推动人类学、考古学以及科技考古学的发展。

注　　释

［1］　《咸丰土家族简介》编写组：《咸丰土家族简介》，内部印刷，1980年。

［2］　咸丰县统战部、民族事务委员会、党史县志办公室编：《唐崖土司概略》，内部印刷，1987年。

［3］　王承尧、罗午：《土家族土司简史》，中央民族大学出版社，1991年。

［4］　王承尧、罗午、彭荣德：《土家族土司史录》，岳麓书院，1991年。

［5］　咸丰县民族事务委员会、咸丰县政协文史资料委员会：《咸丰县文史资料·民族史料专辑》，内部印刷，1996年。

［6］　田敏：《土家族土司兴亡史》，民族出版社，2000年。

［7］　刘文政、吴畏：《唐崖土司概观》，国际文化出版公司，2001年。

［8］　邓辉、黄永昌：《唐崖土司城址调查报告——兼论唐崖土司覃氏的历史问题》，《三峡论坛》2013年第5期，第10～16页。

［9］　湖北省文物考古研究所、中国人民大学历史系考古教研室、咸丰县文物局：《湖北咸丰唐崖

土司城址调查简报》，《江汉考古》2014年第1期，第21~53页。

[10] 湖北省文物考古研究所、咸丰县文物局：《咸丰唐崖土司城址衙署区发掘简报》，《江汉考古》2014年第3期，第37~60页。

[11] 王永吉、吕厚远、衡平等：《植物硅酸体的研究及在我国第四纪地质学中的初步应用》，《海洋地质与第四纪地质》1991年第3期，第113~122页。

[12] 杨晓燕、吕厚远、夏正楷：《植物淀粉粒分析在考古学中的应用》，《考古与文物》2006年第3期，第87~91页。

[13] 齐乌云、王金霞、梁中合等：《山东沭河上游出土人骨的食性分析研究》，《华夏考古》2004年第2期，第41~47页。

[14] 蔡莲珍、仇士华：《碳十三测定和古代食谱研究》，《考古》1984年第10期，第949~954页。

[15] 张雪莲：《碳十三和氮十五分析与古代人物食物结构研究及其新进展》，《考古》2006年第7期，第50~56页。

[16] 张居中、任启坤、翁屹等：《贾湖遗址墓葬腹土古寄生物的研究》，《中原文物》2006年第3期，第86~90页。

[17] 彭绪林：《土家族居住及饮食文化变迁》，《湖北民族学院学报（哲学社会科学版）》2000年第1期，第6~13页；杨洪林、郭心：《土家族古代饮食文化体系与阶层性特征》，《江西社会科学》2015年第5期，第144~150页。

唐崖土司改土归流原因探析

勾福浪

（华中师范大学历史文化学院）

摘要：唐崖土司，始建于元至正年间（1341~1368年），历经元、明、清三朝，于雍正十三年（1735年）自请完成改土归流。关于其改土归流的原因，主要涉及朝廷所推行的改土归流策略以及唐崖土司自身的发展两个方面。朝廷推行改土归流的方法是以"计擒为上，兵剿次之；令其自首为上，勒献次之"，具体实施则是打击重点，进而威慑四周，唐崖、忠洞、龙潭等十五土司的自请改流就是受到容美土司田旻如被逼自缢的影响。另外，唐崖土司自身在其发展过程中，因依附于反清势力与朝廷对抗以及对其周边地区的大肆掠夺、侵略，逐渐失去中央朝廷的信任，并最终顺应历史发展潮流，走上改土归流之路。

关键词：唐崖土司；改土归流；朝廷政策；自身发展

"土司"一词，最早起源于宋代，但是土司作为统治阶级封授的少数民族部落首领还要推到元朝，土司制度是统治阶级用来统治少数民族地区的民族政策，是中央和地方各民族统治阶级相互联合、斗争的一种妥协形式。在土司统治下，土地和人民都归土司世袭所有，土司在其统治领域上拥有绝对的领导权；同时，土司也对中央朝廷承担着一定程度的军事和纳税义务。而改土归流，则是随着专制主义中央集权的加强，中央朝廷为终结这种妥协方式而推行的一种政策，即改土官制为流官制，废除少数民族地区的世袭土司，改行临时任命流官来进行统治。

目前，学术界关于唐崖土司改土归流原因的研究成果较少。著作方面只有刘文政和吴畏的《唐崖土司概观》有所涉及。在论及唐崖土司改土归流的原因时，该书作者认为：一是土司对人民残酷的政治统治和繁重的经济剥削，引起广大土民的强烈不满，改土归流是广大土民人心所向；二是土司制度与中央王朝日益尖锐的矛盾是改土归流的直接原因；三是封建地主经济的发展，为改土归流提供了条件[1]。另外，湖北民族学院中国少数民族史硕士研究生毛茜在其硕士学位论文《唐崖土司时期土司社会生活研究》中对唐崖土司的改土归流也有所提及，作者认为：唐崖土司发展到康熙雍正年间，由于清朝中央朝廷不断推进改土归流政策；加之唐崖土司对广大人民的残酷统治和压迫，动摇了朝廷的统治，最后走向了衰败和没落[2]。

唐崖土司位于今湖北省恩施土家族苗族自治州咸丰县唐崖镇唐崖司村，南临唐崖河，北靠玄武山，风景优美，地势险要。始建于元至正年间，历经元、明、清三朝，于雍正十三年（1735年）自请改土归流，期间一直被覃氏一族所管辖，据唐崖《覃氏族谱》记载，唐崖土司从第一世覃启处送开始到最后一世覃梓春结束，期间共承袭十八世，延续了近400年。

在鄂西众多的土司之中，唐崖土司处在一个非常重要的位置，尤其以武功见长，是恩施州十八大土司之一，也曾是咸丰境内众多土司中实力最为强大的土司。在明朝时期因受征调，立军功，一度发展到鼎盛，清同治《咸丰县志》就记载："明季唐崖土司最倔强。"[3] 现存于唐崖土司遗址中的"荆南雄镇、楚蜀屏翰"牌坊就是其鼎盛的最好见证，《覃氏族谱》就有记载：

> 覃鼎承袭父职于天启元年，奉总兵薛调授渝城，生擒樊龙樊虎，即于天启二年监军道越其钦依峒主覃杰分掌司权捷征水西安邦彦，随军门王总兵冒进大方苗巢，兵陷，是杰兵冲关斩煞、势如破竹，救陷出围，毫无损失。又于天启三年复征奢从明，奢明辉血战，功报大捷。蒙总制巡抚朱燮元准奏，钦依功部宣慰使司，体行参将事，恩给皇令四道，钦赐大宝十两，钦赐大方平军"帅府"二字，牌楼"荆南雄镇、楚蜀屏翰"八字，永垂万古。[4]

到康熙、雍正年间，唐崖土司的发展又从明季时期的鼎盛逐渐走向了衰败和没落，并最终于雍正十三年改土归流，结束了近400年的统治。

一、唐崖土司改土归流的过程

《覃氏族谱》记载：

> 土民俱告东乡分司，覃楚昭问诛，容美司田旻如逼迫自缢，幸忠峒官田光祖与王柔有交情，设计公恳改流，与巡宪奉督抚委察边江至恩施县诸土司，齐侯议呈改图。[5]

当时，湘西地区的永顺、保靖、桑植等土司已经完成了改流，而鄂西最大的容美土司也被朝廷武力改流，容美的末代土司田旻如被逼自缢身亡，鄂西其他诸土司不知所措，十分惊恐。于是，忠峒土司、散毛宣府司、龙潭安抚司、唐崖长官司等十五司于雍正十二年（1734年）四月八日到省城总督衙门呈请改流，其呈词是：

弁等世袭土职，一切用度皆取资土民，而办事舍把亦素无工食，难免需索；且弁等山野不通律例，凡办理土务，陋习相沿，违悖国典，即如上年施南土司覃禹鼎干犯重罪……公恳据词提及早改土归流。[6]

当时的湖广总督迈柱在接到这个呈词后，便上奏雍正帝：

今忠洞处十五土弁齐集省城，公恳改流，实有不得已之请，非由汉奸之布弄，亦非土民怂恿也，缘各土司鲜知法纪，所属土民滥行科派，甚至取其牛马，夺其子女，生杀任性，无所不至，土民敢怒而不敢言，今土民见永、保、桑诸处改土以来，抚绥安辑，……土弁自知性命难保，所以激切呈请改流。[7]

对此，雍正帝批阅道："准其一并改设。其设官职，移营安汛，并一切善后事宜著总督迈柱详筹妥酌，定议具奏。"[8]不仅准许了这十五土司改土归流的请求，而且将一切善后事宜都交给了总督迈柱来筹划安排。

在迈柱的安排下，"雍正十三年，土司改流，乾隆元年，特设知县一员、通判一员，旧驻唐崖"[9]，并于雍正三十七年设"把总二员，一在城内，一在唐崖"[10]，又设"唐崖汛把总，奉薪与城守同"[11]。另外，呈请改流的十五土司也被调至汉阳、孝感等地安插，给予千把总职，准许世袭。据清同治《咸丰县志》记载："雍正十三年改流，是世袭长官司者，为覃梓椿改世袭把总，载其地入咸丰县。""乾隆二年，梓桂隶汉阳县籍，世袭把总，梓桂无嗣，以兄子光烈袭，乾隆十三年，光烈故，子世培袭。"至雍正十三年改土归流完成，历时近400年的唐崖土司便消失在了历史的长河中，尽管如此，它仍存在于我们唐崖河畔世世代代土家儿女的心中。

二、雍正朝改土归流政策与唐崖土司的改土归流

在论及雍正朝改土归流政策时，首先要提及的就是鄂尔泰。他曾任广西巡抚，于雍正四年（1726年）调任云贵总督，兼辖广西。雍正六年（1728年）改任云南、贵州、广西三省总督，可以说是雍正朝在西南地区进行土司治理的"第一人"。

雍正四年八月初六，鄂尔泰上奏雍正帝，阐述了他对于土司问题的认识，他认为：

流土之分，原以地属边徼，入版图未久，蛮烟瘴雾，穷岭绝壑之区，人迹罕到，官斯地者，其于猡俗苗情，实难调习，故令土官为之钤制，以流官

> 为之弹压，开端创始，势不得不然，……自有明以来数百年，中外一体，流土同官，既有职衔，宁无考察，乃仍以夷待夷，遂致以盗治盗，徒令挟土司之势以残虐群苗，随复逞群苗之凶以荼毒百姓，横征苛敛，贡之朝廷者百不一二，而烧杀劫掳扰我生民者十常八九。[12]

这是鄂尔泰调任云贵总督之后的上奏，他认为之所以有流官、土官之分，首先是因为这些地区地处偏远，纳入版图不久，而且自然环境险恶；其次是因为当地的少数民族"猓俗苗情"，难以直接进行管理，所以实行"流土之分"。另外，自明以来数百年，中央朝廷缺乏对土司官职的考察，一直实行"以夷待夷"的政策，因此导致了"以盗治盗"的现象，当地土司凭其势力"残虐群苗""荼毒百姓""横征苛敛"，可以说是无恶不作。

一个多月后，鄂尔泰再次上奏雍正帝，正式提出了要进行改土归流，他说道：

> 苗猓逞凶，皆由土司，土司肆虐，并无官法，恃有土官土目之名，行其相杀相劫之计，汉民被其摧残，夷人受其荼毒，此边疆大害，必当剪除者也，……若不尽改土归流，将富强横暴者渐次擒拿，懦弱昏庸者渐次改置，纵使田赋、兵刑尽心料理，大端终无头绪。[13]

鄂尔泰认为"土司肆虐"的问题已经到了非常严重的地步，汉人、夷人均受其害，必须从根本上进行改土归流，将其"剪除"。但是，对于土司，也要根据情况的不同而区别对待，"富强横暴者"需将其"擒拿"，"懦弱昏庸者"进行"改置"即可，而且都是使用"渐次"的办法。对于推行改土归流的具体原则，鄂尔泰根据各地土司的不同情况及其战略地位的重要性，提出了如下原则：

> 有应改者，有不应改者，有可改可不改者，有必不可改、必不可不改者，有必应改而不得不缓改者，有可不改而不得已竟改者，审时度势，顺情得理，庶先天成心而有济公事若不论有无过犯一概勒令改流，无论不足以服人，兼恐无以善后，如果相安，在土原无异于在流，如不相安，在流亦无异于在土。[14]

这是鄂尔泰于雍正六年二月初十日上奏给雍正帝的奏折中提出的一个改土归流的总的原则，是他根据在云贵地区进行改土归流的实践经验而提出的。鄂尔泰认为，根据各地土司的不同情况，可分为"应改""不应改""可改""可不改""必改"以及"不得已竟改者"等不同类型。对于如何进行改土归流，必须"审时度势，顺情得理",不能"一概勒令改流",必须以其"有无过犯"作为依据,达到使土民相安的目的。如果土民相安,在土和在流就没有什么区别,可不必改流;如果土民不相安,那就必须进行改流。

唐崖土司为湖广众多土司中的一处,湖广土司的改土归流是由湖广总督迈柱主持的,但其依据的也是鄂尔泰所制定的策略,按照鄂尔泰指定的"改土之法,计擒为上,兵剿次之;令其自首为上,勒献次之"[15]的方法进行。同时,鉴于湖光土司势力强大,地广人多,且处于全国腹心地带,为稳固统治,改流采取的也是逐步推进的方式。对于唐崖土司所处的鄂西地区,朝廷是以打击容美土司为重点,以此来杀鸡儆猴,威慑周围众土司。事实也确实如此,唐崖、忠洞以及龙潭等十五土司的自请改流,很大程度上是因为容美末代土司田旻如被逼自缢身亡后,感到不知所措,十分惊恐,进而联合商议,向朝廷自请改土归流。于朝廷而言,也只需顺势批准即可,不费一兵一卒便完成了对这些土司的改流。

三、唐崖土司自身逐渐与朝廷相背离

清朝康熙年间,受吴三桂、谭宏反清势力的影响,西南各土司被威逼上缴由中央朝廷颁发的印信,以表示其归顺之心。《覃氏族谱》记载:

> 吴王作叛,逼令各土司交换印信,其后吴王兵叛诛奉都督部院,祭给示招安随将伪印,呈缴止蒙给长司印信一颗。[16]

关于唐崖土司依附于吴三桂和谭宏势力,在清同治《咸丰县志》中也有记载:

> 唐崖安抚司(郡志阙),雍正年间修《会典》,唐崖长官司,国朝康熙三年,咸始归顺,十三年,吴三桂据云南叛,咸入于逆,至十九年归顺,后谭宏据四川叛,咸又陷于逆,次年归顺。[17]

在这个形势下,唐崖土司上缴印信于吴三桂势力,但吴三桂、谭宏的反清之举均因不敌中央朝廷而被镇压,以失败告终。而唐崖土司也因上缴印信依附于吴三桂、谭宏势力,逐渐与中央王朝关系疏远,失去了朝廷的信任。另外,唐崖土司转投反清势力,没能参与朝廷的军事征调活动,因而亦无军功可立,由此便带来了土司级别的下降,进而影响到政权根基。

除因依附于反清势力而与中央朝廷关系逐渐疏远之外,唐崖土司也因在周边一带强占土地、掠夺人口而招致朝廷不满,据明嘉靖《四川总志》记载:

> 昔年唐崖长官侵万舍等夷，出劫黔江等七州县，众议动调官军，将首领擒获监卫又受财朦胧卖放。[18]

另清同治《咸丰县志》中也记载：

> 施南、唐崖又侵黔江之夹口，夫侵轶其地，其贪未厌，而收土之不畏，势可畏也，宜先事制之。[19]
> 窃唯吾于丙戌夏赴任以来，目睹地方情形，民生疾苦，甚为惨恻，以有限贱弱之民，处诸土司环绕之中，焉有不被侵略者乎？所以边境田地为木册、散毛、腊壁、唐崖、侵占不下数百处，前任入牧日与之争，而强梗莫献，已自愧力薄，午夜以思，既身任地方，安可作废，是以不惮烦剧，就于侵田，尽行退赎，有约者计价值，无据者量开垦，而诸土司俱各乐出，毫无嫌怨。[20]

唐崖土司的这一系列活动不仅违反了中央朝廷利用土司"以夷制夷"，加强对少数民族控制的目的，而且直接侵犯了中央朝廷的利益，因此也逐渐为朝廷所不容。

唐崖土司在其自身发展过程中，不管是依附于反清势力，脱离朝廷，还是加强对周边一带的掠夺、侵略，动摇朝廷统治，都使其逐渐失去朝廷的信任，与朝廷的关系渐渐疏远，甚至到最后为朝廷所不容。因此，唐崖土司的改土归流也是其自身发展逐渐与朝廷相背离所致。

四、小　结

综上所述，唐崖土司于元至正年间建立，历经元、明、清三朝，于雍正十二年（1734年）四月八日联合忠洞土司、散毛宣府司、龙潭安抚司等鄂西十五土司赴省城总督衙门呈请改流，并于次年（1735年）顺利完成改流。笔者认为，唐崖土司的改流虽是自请改流的和平方式，但其改流的原因并不仅仅是受到朝廷对容美土司打击的震慑，还与朝廷改土归流的策略以及唐崖土司自身的发展情况密不可分。土司制度本就是朝廷用来统治少数民族地区的一个民族政策，其实质则是中央和地方各民族统治阶级之间的一种妥协，伴随着专制主义中央集权的发展，中央朝廷势必不能容忍这种妥协的继续，因此，这种由中央和地方相妥协而形成的政策必将为历史所取代。雍正朝实行改土归流的总的方法是"计擒"与"令其自首"为上，"兵剿"与"勒献"次之，具体的实施方法则是打击重点，杀鸡儆猴，重在威慑四周。唐崖土司自身的发展逐渐与朝廷相背离也是其最后改土归流的一个重要原因：首先是依附于反清势力，不仅失去了朝廷的信任，与朝廷的关系渐趋生疏，还因此失去参与受征调的军事活动的机会，从而无军功可立，致使地位下降；其次则是对周边地区的掠夺、侵略，招致朝廷的不满。总之，唐崖土司的改土归流并不只是一场偶然发生的事件，它既是在朝廷推行改土归流政策的大背景下发生的，也与其自身的发展与朝廷相背离密不可分。

注　释

[1] 刘文政、吴畏：《唐崖土司概观》，国际文化出版公司，2001年，第27~29页。

[2] 毛茜：《唐崖土司时期土司社会生活研究》，湖北民族学院硕士学位论文，2015年，第16、17页。

[3] （清）张梓修、张光杰撰：（同治）《咸丰县志》卷十七《土司志》，江苏古籍出版社，2001年影印本，第421页。

[4] 覃国安印：《覃氏族谱》，民国六年抄本，第31~33页。

[5] 覃国安印：《覃氏族谱》，民国六年抄本，第48页。

[6] 中国第一历史档案馆编：《雍正朝汉文朱批奏折汇编》，第26册第280条，雍正十二年五月十五日，江苏古籍出版社，1989年影印本，第369页。

[7] 中国第一历史档案馆编：《雍正朝汉文朱批奏折汇编》，第26册第280条，雍正十二年五月十五日，江苏古籍出版社，1989年影印本，第370页。

[8] 中国第一历史档案馆编：《雍正朝汉文朱批奏折汇编》，第26册第280条，雍正十二年五月十五日，江苏古籍出版社，1989年影印本，第370页。

[9] （清）张梓修、张光杰撰：（同治）《咸丰县志》卷十三《官师志》，江苏古籍出版社，2001年影印本，第318页。

[10] （清）张梓修、张光杰撰：（同治）《咸丰县志》卷十三《官师志》，江苏古籍出版社，2001年影印本，第319页。

[11] （清）张梓修、张光杰撰：（同治）《咸丰县志》卷十二《武备志》，江苏古籍出版社，2001年影印本，第309页。

[12] 雍正四年八月初六日鄂尔泰奏折——《分别流土考成，以专职守，以靖边方疏》，《朱批鄂太保奏折》第1册，中华全国图书馆文献缩微复制中心，2005年，第167页。

[13] 雍正四年九月十九日鄂尔泰奏折——《剪除夷官清查田土以增租赋以靖地方事》，《朱批鄂太保奏折》第1册，中华全国图书馆文献缩微复制中心，2005年，第197页。

[14] 中国第一历史档案馆编：《雍正朝汉文朱批奏折汇编》，第11册第541条，雍正六年二月初十日，江苏古籍出版社，1989年影印本，第646页。

[15] 赵尔巽等撰：《清史稿》卷五百十二列传二百九十九《土司一》，中华书局，1977年影印本。

［16］ 覃国安印：《覃氏族谱》，民国六年抄本，第16页。

［17］ （清）张梓修，张光杰撰：（同治）《咸丰县志》卷一《疆域志》，江苏古籍出版社，2001年影印本，第97页。

［18］ （明）刘大谟、杨慎等撰：（嘉靖）《四川总志》卷三十二《全蜀艺文志卷之十六》，北京图书馆书目文献出版社，1998年影印本，第426页。

［19］ （清）张梓修，张光杰撰：（同治）《咸丰县志》卷十九《艺文志》，江苏古籍出版社，2001年影印本，第502页。

［20］ （清）张梓修，张光杰撰：（同治）《咸丰县志》卷十九《艺文志》，江苏古籍出版社，2001年影印本，第508~509页。

生态视野的鄂西文化与唐崖土司城

王玉德

（华中师范大学历史文化学院）

摘要：本文从生态文化的新视野，探讨了鄂西文化与唐崖土司城文化之间的关系，对唐崖土司城的生态元素、圈层、链接、内涵做了铺陈，建议加强发掘其思想内涵，从生态文化角度保护好、利用好唐崖土司城文化遗产。

关键词：生态文化；鄂西；土家；唐崖土司城

21世纪是生态文明的时代，应当多用生态的视野解读历史文化。任何一个地方的生态环境都影响着其文化，湖北西南的恩施地区亦莫能外。恩施的生态是如何影响着其文化呢？读读当地的"立体地图"就知道了。

从区位看，恩施介于楚地、巴地、黔地、湘地的交界处，必然受到四地文化的影响，是四地文化的边缘文化、蓄存文化、交融文化、变形文化。

从地势看，恩施北部有大巴山和巫山作为天然屏障，阻挡着南侵冷空气势力。最高处在东北部，有海拔3000米以上的山地。显然，恩施文化是背靠大巴山与巫山的文化，也是大巴山与巫山文化的一部分。由于东北形成天然险阻，使得恩施容易得到西南传来的文化，向东北方向渗透文化是渐进的、缓慢的、艰难的。

从地貌看，恩施呈阶梯状，依次分布着海拔1700~2000、1300~1500、1000~1200、800~900、500~700米等五级面积不等的夷平面，于是形成文化的不同层面。

在恩施地理的大势小形之中，山体宏大，河谷深切，形成文化的差异、突变、坚韧、宏阔。

在这样的宏观背景下，不难解读唐崖土司城。

唐崖土司城在2015年7月4日成功列入《世界遗产名录》。在笔者看来，唐崖土司城在生态意蕴方面也有独特之处。众所周知，世界遗产分为文化遗产、自然遗产、文化和自然混合遗产三大类。其中文化遗产可分为三类：第一类为文物，第二类为建筑群，第三类为遗址。迄今为止，我们对唐崖土司城从文物、建筑群、遗址的角度解读较多，而对其生态环境的解读较少。

文化多是生存于河流边。唐崖土司城遗址位于咸丰县尖山乡唐崖河畔，没有这条河,就没有唐崖土司城。唐崖河的河道蜿蜒,水流清澈,流速缓慢,在丘谷中、绿丛中穿行,发出轻轻的波漪声,似乎讲述着古老的故事。

文化需要时间滋润。唐崖位于土家族居住院区的中心地带。此地汉代属于"巴人",唐、宋是"羁縻州",元、明、清是土司领地。土司城始建于元至正六年(1346年),明天启初年(1621年)进行扩建。清雍正十三年改土归流,废唐崖司。1986年,当地农民在衙院后发现3颗铜印。文物考古工作者在城址内还发现石火盆一个,石马槽一个,石兽一尊,花卉、草叶纹石刻等,还有以花草为饰的花纹砖、青花钱纹瓷片。1986年列为县第一批文物保护单位,1989年列为州级文物保护单位。1992年列为省级重点文物保护单位,收录入《中国名胜辞典》。2005年列为全国第六批文物保护单位。这说明其价值被不断提升认识,受到各级政府的高度重视。唐崖土司城在2015年列入《世界遗产名录》,成为"国际品牌"。任何文化都不过是时间的过程而已。

生态文化强调元素的存在性。唐崖土司城有帅府、官言堂、书院、存钱库、左右营房、跑马场、花园和万兽园、牢房、阅书院、靶场、箭道、左右营房等。在土司城内外还修建有大寺堂、桓侯庙、玄武庙等八大寺院。当我们徜徉在景区,触摸那石墙、石兽,油然而生历史的情思,脑海中想象出当年土司城内的欢乐盛况:穿着五颜六色衣裳的人们,有一轮明月之下,围着篝火,翩翩跳起摆手舞,高亢的歌声回荡在山谷之中。

生态文化形成文化圈。圈有大有小,有内有外。唐崖土司城有城墙。城的东面、北面和南面大部分地方修建了城墙(又称外城墙),在其北面和东北面还修建了内城墙。城墙以自然石块稍微加工后垒砌而成,现大多可见,并保存在1米以上。其中,临河一面保存最好,高达2.5米,现存城墙基宽3.2米。在城的东门处,原有的城楼基础墙体远远大于城墙的宽度,现残宽6～7米,可明显看出是城门楼的基础,现东城墙残长150米。土司城是个有形的文化圈,城外还有无形的文化圈,周边方圆几百里全是土司文化圈,圈外有圈,圈圈相连,圈中有圈,鄂渝黔湘的几十个土司,共同构筑了独具民族特色的文化大区。

生态文化有标志符号。土司城遗址保存着地标性建筑,明天启三年(1623年)修建的最为完整的石牌坊。牌坊为全石结构,一斗三开亭阁式斗拱建筑,飞檐翘角,三门四柱。从楼基到楼顶收放自然,坚固协调。中门坊额下以象鼻装饰,寓意万象更新。牌坊的正面刻着"荆南雄镇",反面刻着"楚蜀屏翰",两面镌有"土王出巡""渔南耕读""云吞雨雾""哪吒闹海""槐荫送子"等浮雕图案。这些文字都有生态意蕴,表达了区位与自然、生态与人文。图案是生态文化的具象化。传说,当初石牌楼怎么也立不起来,正在工匠们无可奈何之时,来了一个乞丐,立牌楼的人就给了他一碗饭。但乞丐并没有马上吃饭,而是将筷子插在饭碗中间。工匠们受到启发,逐采用"堆土法"(即在石柱两旁堆土)将牌楼立起。由于"荆南雄镇"是皇帝御赐授书,石牌坊成为唐崖土司城遗址的"镇城之宝"。

生态文化强调元素的联系性、整体性。唐崖土司城鼎盛时期有3街18巷36院,占地1500余亩。现存的遗址东西长770、南北宽750米,总面积57.75平方米。整体建筑分政治、宗教、军事、文化、经济、综合、娱乐和墓葬八大组成部分。

生态文化是人类的选择性文化。人类的家园,最喜欢的格局是傍山依水。唐崖土司城遗址距县城30千米,普通人步行一天的距离。城池是藏风得水之地,西高东低,西面倚玄武山,东面是唐崖河,南北两面有溪沟,天然形成一整片向东倾斜的缓坡;四周有充沛的水源,城墙沿山脊和河沟的内岸砌置,城外有辽阔的良田平坝,成为天然粮库。今天的游客置身其中,能明显感受到青山环抱,绿水缠绕的聚气场景。

生态文化的主体是人,人是文化的创造者、享受者、传承者。唐崖土司,覃姓,世代居宦,相沿18代,延续近400年。元时建制,功授宣慰使司。1621年,四川永宁宣抚司奢崇明在重庆起兵,围成都100多天,贵州水西宣慰司安邦彦在贵州起兵,围贵阳200多天,伺机发动反明战争。两年后,唐崖土司覃鼎奉旨征调奢崇明、奢社辉,平定叛乱,战功卓著。《覃氏族谱》里记载:"复征奢明,从奢明辉血战,功报大捷。"明熹宗朱由校连颁四道皇令,并授书"荆南雄镇、楚蜀屏翰"八个大字以示嘉奖。"奢安之乱"波及面广、持续时间长,震撼了当时的西南各省,使明代朝廷处于三线作战、腹背受敌的境地。覃鼎随调出征,参与平定叛乱,维护了安定,在历史上留下了浓墨重彩的一笔。蒙四川右布政使朱燮元提奏,明熹宗朱由校颁布皇令两道:敕建平西将军"帅府",兴建功德牌坊一座,并授书"荆南雄镇,楚蜀屏翰"八个大字以示嘉奖。覃鼎因此成了唐崖土司的一代天骄。这座矗立在唐崖司村中央的"荆南雄镇"牌坊,就是一代土司战功显赫的标志。虽然竖的是碑,其实是竖的人,是人的故事与精神!

生态文化以强势文化为龙头。唐崖覃氏是铁木真后裔率领的一支蒙古族与当地土著大姓融合演变而来,是鄂西历史上民族融合的典型例证。唐崖土司是我国西南民族地区以武功著称的土司之一,在巴蜀和荆楚大地形成一定势力,曾触及贵州和云南,先后14次被朝廷征调,多次褒奖,赐建土司王城。唐崖土司系著名"九溪十八峒"土司之一,咸丰县四大土司之最,所辖范围方圆近二百里,可以用"鹤立鸡群"界定其文化。

生态文化有变迁。唐崖土司的木质建筑于20世纪70年代失去最后轮廓,城址内随处可见残缺砖瓦,以及残陶、瓷器碎片,文化层最厚处可达1米,条石铺设的街巷、土石垒砌的城墙仍清晰可见。

生态文化有文化流。唐崖土司有上、中、下三街,呈不规则形状,全长880米。三街自城东入,城西出。中街以石牌坊为中心,街面以青石铺砌而成,条石长2、宽0.3

米，横向顺街镶嵌，宽阔而整齐。沿大衙门而下，称上街；沿小衙门而上，称下街。36条巷道皆以石块铺砌，随地势连接街道，四通八达。当下，每天都有数以千计的游客涌入唐崖土司景区，这种文化流的影响力也是不可低估的。

生态文化有景观点缀。在唐崖河西岸昔日土司城的进口处，有恒侯庙。有两尊石人石马，高2、长3米，对峙山门。石人、石马分别是用一大块整石做成的，根据测算，它原石的整石重量要超过100吨。现在我们看到单纯的马体的重量，超过10吨。无论是整个马身和人的造型，还是马上的配饰，包括人的装饰，都做得栩栩如生。传闻此马是明万历辛亥（1611年），印官田氏夫人和钦依峒主覃杰为纪念覃鼎出征功绩而刻。石马为公母二马，马体雄健，肥壮而不高大，应为南方马。马做提腿欲行状，前有执辔石人两名，皆武士装束，侍立马旁。石人"执辔其旁，如控驭状"，左右并立，栩栩如生。有诗云："石人石马在阆州，大仙留下几千秋。青草齐眉难开口，黄尘满面一鏊兜；狂风呼呼无毛动，细雨霏霏有汗流；牧童有绳牵不去，狂鞭怒打不回头。"庙后为张飞祭台。张飞，字益德，谥桓侯。桓侯庙本是供奉张飞的地方，这与当地悠久的生猪饲养传统有关。三国时的张飞系一介屠夫，土家人把他请到唐崖河畔镇守土司城，希望能驱除猪瘟，保佑畜业兴旺。

唐崖土司的墓葬讲究生态观念，如城址东北角高坡上，有并列两座明代墓葬，一为土王墓，一为田氏夫人墓，占地面积400平方米。土王墓封土保存完好，墓葬石室宏大而华丽。椁室以钻凿砂岩垒成。前观为坊木结构的一斗三升式重檐建筑，长7米。屋面雕饰筒瓦，脊雕龙首装饰，檐下斗拱明显，5根廊柱形成4间墓室。廊顶雕刻圆形藻井饰。墓前为八字形祭台，前端各立一小兽，两侧饰以精雕麒麟，高约1米。建筑格局及装饰实为土司文化的精品之作。传说，当年土王死后，用了48口同样的棺材，同一规模和同一葬式，在同一时间内出葬，混淆真伪，以防盗墓。现土司城后山所存不少格局各异的墓葬，均无碑刻文字，无法辨认。玄武山上有一对苍翠挺拔的夫妻杉，相传系覃鼎宣慰使的夫人田氏于明天启年间亲手所栽。至今，树高44米，冠幅225平方米，两树枝干连理，并峙而立，如夫妻携手，恩恩爱爱。

生态文化有多元性。唐崖土司城有多元性质，它是中国古代多元文化的产物，是多元管理的一种形式。作为中央王朝，不可能对全国所有的地区都采取划一的统治方式。大国有大国智慧，在实行土司制度的过程中，减轻了国家负担，培养了地方干部，加强了中央与地方的有效联络，完成了普天之一的国家认同，推进了文明进程，这何尝不是一件好事。唐崖土司城是政治、军事、经济、文化中心。其核心区域建立在唐崖河边的一个山坡上，仰首而望，令人有敬畏之情。它是一座带有军事战略意义的堡垒式建筑，城墙从不同侧面传送着军事防御的历史信息。它也是一座商业城，众多的街巷烘托出经济的繁华。它还是土家族传承的文化城，其中有专门为土司子弟学习汉文化而开办的书院，有专门为覃氏家庭修建的覃氏宗祠，有表达信仰的寺庙。

生态文化有独特性，唐崖土司在多元文化之中形成独特性，极具个性的地方自治、自成体系的边远山区统治、中原文化的融洽、土著文化的彰显、汉土文化的交汇、紧接地气的魅力，使土司文化异彩纷呈。地方力量，掌握了机会，利用军功而得到中央政府的认可，形成地方管理中心，加强了地方的治理与文化延续。

唐崖土司有其独特性，但缺少历史文献，还有许多问题需要研究。例如，现存唐崖土司城的基础始于何时？是元朝蒙古族进入恩施修建的吗？在元代之前有没有这个建筑基础？覃氏在修建唐崖土司城中，是如何把握机会修城的？修城采用的科学技术？

唐崖土司城的内涵还有进一步发掘的必要。人们到唐崖土司城参观，有什么东西值得观看？有什么思想值得体会？这还需要整理与发掘。除了现存的牌坊、墓地、庙址、石马之外，唐崖土司城对外宣传的亮点在哪里？获得了"世界文化遗产"的金质招牌，后面的任务更加艰巨，保护、宣传、利用、拓展之路还很漫长。其中，最重要的是发掘其中的思想内涵，获取正能量的营养。

唐崖司村人有个传统，那就是信守诺言。据说，田氏曾在覃鼎出征时，在唐崖河畔对夫君许下诺言：你安心在外征战，我负责为你守家！一诺千金，唐崖土司城在田氏的打理下，发展繁荣，达到了空前的规模。田氏为人开明，知书达理，因为信奉佛教，常到峨眉山朝圣。在与外界的接触中，田氏看到了汉人先进的文化和生产力，专门派人前往成都等地学习养猪、种桑、养蚕、刺绣等技术，并传授给当地百姓，而深受人们的拥戴。在那个年代，夫为国效忠，妻为夫守家，夫妻二人的重诺守信，感召后世。

在城市化的现代潮流中，人们越来起怀念乡村文化。中宣部、文化部组织了大型电视纪录片——《记住乡愁》，笔者受邀为第二季的《唐崖司村》做解说嘉宾。中央电视台的国际频道播出之后，好多观众要笔者接着说说唐崖司村"一诺千金"的故事。其实，唐崖司村有许多故事可讲，为了照顾到各个村庄的差异性，所以唐崖司村中介绍了"一诺千金"的诚信故事。说的是唐崖司村有个老人叫陈照南，祖籍湖北宜昌，明朝时先祖被土司王招为女婿，从此世代生活在唐崖司村，祖祖辈辈都是唐崖土司城的守卫者和传承者。当时，文管所很需要一位在当地有声望的人，对这个古迹遗址进行看护，陈照南爽快地答应了下来。从1987年开始，他没有外出打工，一直守在这片遗址上。他不仅见证了唐崖土司城遗址从县级到省级、到国家级文物保护单位的发展，更亲历了唐崖被列入《中国世界文化遗产预备名单》的过程。2014年4月26日早上，陈照南看守完两处文物遗址回到家后，突发脑出血去世。陈昭南用一生践行了自己的承诺。诺，意为"是"；承，意为"承担"；承诺，则是你答应别人的事一定要尽力做到，即"受人之托，忠人之事"。当你说下那一声"是"时，你就要为自己的言行承担相应的责任。陈照南不仅兑现了自己的承诺，用毕生精力守住了家乡的文化遗产，还用他的言行感召着他身边的人。正是这种淳朴的信守承诺的民风，使我们深深地感受到了这个古村落那种乡愁记忆和世代情怀。

此外，笔者建议从生态文化模式的角度建设唐崖土司城遗址，一是加强周边的生态保护；二是加强遗址的生态管理，使唐崖土司城遗址成为世界文化遗产的生态样板。呈现在我们面前的唐崖土司城是我国西南地区规模最大、保存最完整、最具民族特色的文物遗址，具有非常重要的历史地位和学术研究价值。在"中国土司遗产"最终确定的世界文化遗产申遗文本中这样描述：作为13～20世纪初中国西南多民族地区推行土司制度的代表性产物，土司系列遗产在选址模式、整体格局及建筑形式与风格等方面，主要体现出鲜明的当地民族特征，部分建筑物增添了具有中央官方规制和文化特征的元素，它们清晰地展现了在土司制度"齐政修教，因俗而治"的管理智慧作用下，中央政权与地方族群文化传承和国家认同方面的人类价值观交流。这段描述非常精当，这是我们的基础与起点。

笔者相信，只要我们有强烈的生态意识，有生态的规划，采用生态的方法，走生态文化的道路，一定可以让唐崖土司城成为中国走向世界的生态文化品牌，永远展现无比的魅力！

施南覃氏土司墓葬遗址考

覃章义

（中共利川市委党校）

摘要：施南土司（1286～1735年）是恩施州内规模较大、等级较高（曾任三品官员）的土司之一。在400多年的历史岁月中，一代又一代的土司主、配偶、子孙及族内名流，在生前或辞世后建墓立碑，遗存下来的部分碑文成为研究土司文化的珍贵史料。施南土司域内的覃氏墓葬主要集中在恩施柳州城、宣恩猫儿堡、利川元宝毛针坝和利川毛坝等处。本文重点考证覃禋家族墓地。

关键词：施南土司；土司墓葬遗址

施南覃氏土司始建于元末（1286年），止于清雍正十三年（1735年）。在长达449年的历史岁月中，一代又一代的土司主、配偶、子孙及族内名流在生前或辞世后建墓立碑，以表示对祖先的感恩，彰显祖先功德；也有祈求祖先护佑的心理，这是祖先崇拜观念的生动体现。

施南覃氏土司的墓碑建筑始于明，兴于清，主要在清朝的中晚期。这些墓碑历经劫难，有幸保存下来的已为数不多，这是老祖宗留给我们的文化瑰宝。这些文化内涵丰富的民间墓碑建筑，对研究当地的地理环境、建筑艺术、家族文化及丧葬习俗等，有着重要的参考价值。这些墓碑大多工艺精湛，凝聚了能工巧匠的智慧和创造精神，是不可再生的珍贵文化遗产。

十几年来，笔者四处搜集施南土司文化史料，查访施南土司区域内的覃氏墓地碑刻。在有关部门和族人的支持下，搜集到不少碑刻资料，并认真进行研究考证，现将一些研究成果展示如下。

施南覃氏土司区域内的覃氏墓葬主要集中在以下四个地方：一是恩施市柳州城覃汝先墓地（柳州城遗址是全国重点文物保护单位）；二是宣恩猫儿堡施南土司墓群（2008年州级重点文物保护单位）；三是利川市元堡乡毛针坝覃禋家族墓地（2011年为利川市重点文物保护单位）；四是利川市毛坝镇夹壁、青岩村一带的覃氏墓地。本文重点考证覃禋家族墓地。

一、覃汝先墓地

覃汝先是武陵山地区覃姓主流公认的始祖。研究施南覃氏墓葬，必须要对祖先汝先公墓进行考证。

据《施南覃氏族谱》记载，柳城有5座覃氏先祖坟墓——覃汝先墓、覃伯坚夫妇墓、覃伯圭夫妇墓。

覃汝先长子覃伯坚生于绍兴二年（1132年）壬子，娶唐氏，卒于嘉定二年丙寅（丙寅年应是开禧二年，即1206年，笔者注），享年75岁；妣唐氏享寿九十，夫妇皆葬施州柳城。又覃汝先次子覃伯圭，生于绍兴十五年乙丑（1145年），娶王氏，生二子，卒于嘉定十二年丁丑（1219年）；妣王氏寿卒，夫妇皆葬施州柳城。

《施南覃氏族谱·总序》称，始迁祖覃汝先卒于淳熙十三年丙午（1186年）"设葬施州柳城"，但"今施州失公墓所在"。《施南覃氏族谱》修于乾隆四十五年（1780年），相距覃汝先去世已近600年，因此，只是据传说记载而已。但湖南添平（石门）覃氏于光绪元年（1875年）三修谱时，派族人覃长俊、覃章菊专门到施州柳城寻访覃汝先墓并绘图以归，其记曰：

> 祖墓隶湖北施南府施州柳城，道里遥隔，添平拜之者寡。三修谱时特遣族人长俊、章菊往访。因附近富族远珍导引，谒墓并绘图以归。按，地（柳城）离施南府治十五里。询云今属他姓业土。城周四围有门，上峡。平坦处为云台观，庙四进。峡下连串数珠开穴。原建牌坊无一存者……

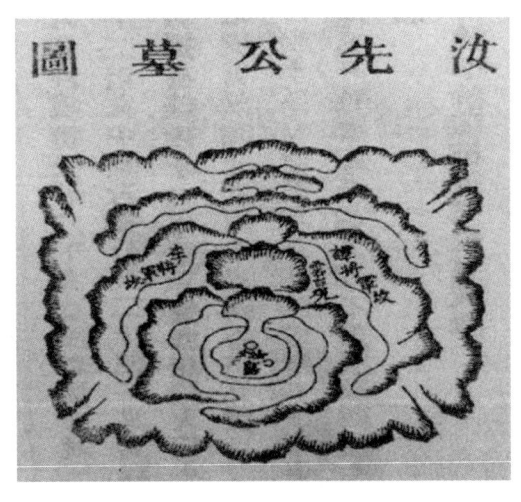

图一　覃汝先墓地示意图

在覃长俊、覃章菊绘制的墓图中，云台观南面为谭将军坟，北面为李将军坟，谭李二将军不知何许人，可能是覃伯坚的部属。覃汝先墓在云台观正下方平地处，后来此地为云台观戏楼及山门（图一）。

伯坚夫妇及伯圭夫妇墓在覃氏诸族谱中没有墓址记载。但民国六年恩施县第一任知事郑永禧曾亲至柳州城考察，其《柳州城记》曰："云台观本旧州署，俗谓蛮王宫殿观。前有古冢（巽乾向），俗称将军坟，意即蛮王土司之流，惜无华表可访。"郑氏所见将军坟与添平三修覃氏族谱所记相同，究竟是覃汝先的坟茔还是伯坚、伯圭夫妇的墓葬均已无从考证了，但柳州城为武陵地区覃氏祖茔之地当是毋庸置疑的。

2003年春，笔者到柳州城考察，据一位杨姓老人回忆，1965年在椅子山中部修水库时，曾从一座墓葬中挖出铁盔铁甲，约40千克。另据恩施州民宗局覃琳讲，他们曾调查过此事，因当时铁盔甲锈蚀严重，未能保存下来。

二、覃大胜墓

覃大胜是汝先公第六世裔孙，施南土司第三任土司主，任宣慰使，位列从三品。1394年因抵抗明王朝的武力镇压失败，被押往南京被杀害。传葬于利川元堡陶家沟，墓碑毁于20世纪60~70年代。据当地老人回忆，覃大胜墓前有四根石柱子，墓碑由一大二小三碑组成，左小碑是序文，右小碑是孝名，主碑是墓主称谓。现墓地石碑均无存，埋在大胜墓旁的还有覃熊将军墓和覃良斗墓，这足以证明覃大胜墓的存在。但笔者认为，此墓应是衣冠冢。其理由有二：一是大胜被惨杀于南京，朝廷是否允许将尸体运回原籍？二是南京到利川千里迢迢，如何运回？《中华覃氏志·湖北卷》载："覃大胜在京城被杀后，尸体运不回来，覃氏家族就用泥巴做了个人头，连同衣冠将覃大胜葬于利川市元宝乡陶家沟。"

三、覃兴亮墓

覃兴亮是汝先公第十一世裔孙，施南土司第十一任土司主。其生卒年月、墓地、族谱均失考。1976年在宣恩城南二里的芋头沟，一农民在挖土时偶然发现覃兴亮墓地。墓地为一高台，封土堆长10、宽1.5、高1.5米。墓前立有石柱，上书"龙虎山中风不动"。墓道长3、宽2、高1.5米，墓室成双。墓壁雕有花卉、禽兽、云纹图案，工艺精细。墓室各有一半开的窗户，意为灵魂出入之处。此外还发现头锦、带钩等金银器多件（图二）。

图二　覃兴亮墓内出土的飞马砖

四、宣恩猫儿堡土司墓群

猫儿堡在宣恩城西,面积约1平方千米,山堡形似一睡虎,称白虎堡。

群众称虎为猫,因而又名猫儿堡。在此地曾暴露出石室墓、砖室墓各一座。在墓周围曾出土大量的金银器,尤以金凤冠最具文物价值(国家一级文物)。此处1988年成为恩施州重点文物保护单位(图三)。

图三　猫儿堡施南土司墓群

多年来,人们为寻找宝物使猫儿堡人为破坏严重,原地面墓碑建筑已荡然无存。

此地明清时期曾是施南覃氏土司治所范围,墓主人应是有地位、富裕的覃氏。离此地不远处曾发现覃兴亮墓。

五、覃良斗墓

覃良斗,汝先公第十三世裔孙,墓地位于利川市元堡乡陶家沟。碑文:"湖北施南府宣抚使司中军官百万旗覃公讳良斗大人之墓,清顺治戊子年十月初六日寿终。"

注:①良斗,字象远。生有二子:穷、寅。②清顺治戊子年是1648年。③覃良斗石碑曾藏于利川清源宫内二楼,几年前,清源宫改造装修时,有人将石碑砸毁。同时被毁的还有汉庙碑、毛坝飞山庙石碑等一批珍贵文物。

六、覃门向君老孺人墓

墓主人向君是覃寅的原配夫人。覃寅字宗夏，是汝先公第十四世裔孙。覃寅是覃良斗次子，曾任施南司忠军官。

向君墓建于清嘉庆六年（1801年），是向君逝世百多年后，其五代玄孙所建。该墓位于今利川市毛坝镇农科村四组栏河茅坪杉树塆，墓高2.2、宽1.15米，墓由块石垒成。

向君墓有较重要的价值，石碑上记载了向氏夫人的孝子玄孙及配偶五代共57人，且与《覃氏族谱》记载完全一致，是研究覃氏家族文化的珍贵史料。

墓碑照及碑文如图四所示。

图四　覃门向君墓
1. 墓碑　2. 碑文

七、覃禧家族墓地

覃禧家族墓地位于利川市元堡乡毛针村茶园堡，主要是覃姓三房（覃懋仕之后）墓地，各种墓葬近百座。在方圆几千米的范围内，有十多座清代墓碑，墓葬时间大多为清代中晚期。墓碑形式主要是神龛式结构，碑由底座、碑板、碑柱和碑帽组成，形似一座神龛。碑帽多为歇山式，少数有碑顶，以覃禧寿藏碑、覃家绣、覃家缙墓为典型代表。

覃禧家族墓地的石碑大多碑体完好，只有部分文字、雕刻因风化脱落。为什么这些墓碑能较好地保存下来？究其原因：这些地方覃姓人口较集中，有保护祖先墓葬的意识。《覃氏族谱》在家规中明确规定"勿伤人坟茔"。损毁祖先坟茔要遭到族人的谴责。

覃禧家族墓地石碑较多，现将较为典型的石碑和碑文展示如下（图五）。

图五　覃禧家族墓地

覃禧是汝先公第十六世裔孙，生于清康熙甲戌年（1694年）四月初七日戌时，殁于清乾隆丙午年（1786年）五月初五日，享年92岁。

覃禧从宣恩迁来毛针坝落业已有270多年历史，子孙繁衍十二三代，有3000人左右，大多居住在今元堡乡毛针坝、宣恩水田坝、猫儿堡、莲花坝一带。

覃禧于乾隆二十一年（1756年）冬月在毛针坝茶园堡自立寿藏碑一块，碑高2、宽1.1米，墓碑形式为神龛式。碑现存。碑文如图六所示。

碑刻上有人物，有一老婆婆，花衣小脚；一老汉口含叶子烟杆，雕刻栩栩如生。可惜现已风化脱落。

覃禧自立寿藏碑也有250多年历史。

注：寿藏碑是生前就建造好的墓碑，待死后再挖坑下葬。寿藏又叫寿域、生茔、生圹，俗称"生基"。

1. 覃禧夫人向君墓

向氏生于清康熙丁丑年（1697年）正月十九日丑时，卒于清乾隆丙寅年（1746年）年五月初五日丑时，享年49岁（图七）。

2. 覃懋仕夫人田君墓

田氏生于雍正十二年（1734年）五月二十七日亥时。覃懋仕系汝先公第十七世裔孙（图八）。

康熙甲戌 年 四月初七 日子时生

孝子 庠 生 覃懋 修士侯相 率孙覃绅纲

皇清侍赠故显 考覃公讳裎 老大人之墓

孝婿 牟冉向牟 秀正天承 蛟魁荣维 本人自立

乾隆二十一年 岁次 丙子季冬 月

1　　　　　　　　　　　　2

图六　覃裎寿藏碑文

1. 墓碑　2. 碑文

图七　覃裎夫人向君墓

图八　覃懋仕夫人田君墓

3. 覃家绣墓

覃家绣生于清乾隆壬午年（1762年）九月初二日巳时，是汝先公第十八世裔孙（图九）。

4. 覃家缙墓

覃家缙生于清乾隆壬丙子（1756年）十月十四日戌时，是汝先公第十八世裔孙（图一〇）。

图九　覃家绣墓

图一〇　覃家缙墓

5. 覃家统夫妻合葬墓

覃家统生于清乾隆丙申年（1776年）九月十四日亥时，汝先公第十八世裔孙（图一一）。

6. 覃庆兴、覃庆芳、覃庆茂

都是汝先公第二十世裔孙（图一二~图一四）。

图一一 覃家统夫妻合葬墓

图一二 覃庆兴墓

图一三 覃庆芳墓

图一四 覃庆茂夫人冉君墓

具有代表性碑文，如图一五~图一七所示。

```
              清故显妣覃母田君老孺人之墓

皇上同治十一年三月上浣

       孝婿 朱承泰
       内弟 牟秀炫
       　　 田相尧
       内侄 田配天
       孝 曾庆
       孙 柱良一献纯连彪邦庆
          口珍和福柏松雄兴斌

                          生於 雍正甲寅年五月二十七日亥时
                          殁於 嘉庆庚辰十二月十一日戌时告终
                          孝家
                          男 生庠绣绅缙徵綱
                          媳 王田牟牟牟氏
```

图一五　覃禃三子懋仕夫人田氏墓

施南覃氏土司墓葬遗址考 ·89·

佳　　城　　　　萬　古

　　　　　　　清
　　　　　　　待
　　　　　　　诰
孝　　　　女　　甥　孙　　故
　　男　　　　　　　　　　显
覃　　　　覃　　蕉　徐　　妣
声　高　　声　　昌　美　　庠
铠　启　　嫦　　汉　玉　　生
　　　　　　　　　　珍　　覃
　　媳　　孙　　女　孙　　　　　　　　　　　　　　父
　　　　　　　　　　　　　　　　　　　　　　　　　生
陈　冉　　兆　　龙　　　　公　　　　　　　　　　　母
蒋　　　　嫦　　从　　　　家　　　　　　　　　　鞠
氏　　　　　　　汶　　　　统　　　　　　　　　　恩
　　　　　　　　渭　　　　　　　　　　　　　　　同
孝　孙　　　　　　　　　　母　　　　　　　　　　天
　　　　　　　　玄　孙　女　　胡　　　　　　　　地
杨达銮琛相岳有　　秀　　　　君　　　　　　　　　山
　　　　　　　　芝　　　　　　　　　　　　　　　抱
　　　　　　　　孝　徐　　　　孺　　　　　　　　水
孙　媳　　　　　　　全　婿　　老　　　　　　　　环
牟　冉　　　　　　　信　焦　　大　　　　　　　　秀
曾　氏　　　　　　　孙　代　　人　　　　　　　　应
玄　孙　　　　　　　阴　锐　　　　　　　　　　　子
达　　　　　　　　　　　婿　　　墓　　　　　　　孙
登鉴澍材灼观绍化　　　　阴
媳

图一六　碑板碑文

佳城

父生于乾隆四十一年丙申岁九月十四日生
殁於咸丰十年庚申岁冬月十六日酉时

生庠兄堂
庠千贡
生総生
　覃家
綱伦绂绍缙纲
生庠兄堂
　　家
　　徽
员生侄堂
　　声
　　暄淮

万古

清待诰故
　　妣庠生覃公家统
　　考庠生覃母胡君老大人墓

故生于乾隆四十年癸卯岁日
母殁于同治七戊二月初三日亥时恩邑南乡小溪生长人氏
十一月二十己时利南四保毛针坝告终

胞侄 覃声
柱永显丕玉和
　　庆
锡江美余绪峰
　　庆
铭金栋
孙玄侄
　远
　眺辉

图一七　碑柱侧壁碑文

八、覃懋燊墓

覃懋燊是汝先公第十七世裔孙，施南土司第十五任土司主。葬利川市毛坝镇夹壁，有墓碑。

九、覃 彤 墓

覃彤是汝先公第十八世裔孙，施南土司第十六任土司主。生有二子：龙光、谦光。族谱称彤生殁俱缺。葬利川市毛坝乡青岩村的青龙寺旁。

上述考证只是对施南覃氏土司墓葬文化的部分粗浅研究，就墓葬文化而言，要研究的内容还很多，望有识之人继续考察探讨。

不忘历史，不忘祖先，弘扬和传承民族文化，是我们应尽的责任。

秦良玉"忠贞侯"性质辨析

朱 华

（三峡大学民族学院）

摘要："忠贞侯"系后世经常用作代称秦良玉的称谓之一，其可以分作爵位和谥号两种解释。"忠贞侯"作为爵位，不符合明代爵位前冠以地名等信息的一般规律，释作谥号，又不符合明代单称谥号的惯例。"忠贞侯"或为后世对秦良玉爵位失载、而与谥号相连的变通记载方式，因缺少先例，故而给后人造成误解，秦良玉的真实爵、谥或为忠州侯、谥忠贞。

关键词：秦良玉；忠贞侯；爵位；谥号

"忠贞侯"系后世经常用于指代秦良玉的一种称谓，但是，这一称谓在不同文献记载中或有或无，且其性质也因文本叙述方式的不同而呈现差异。本文将梳理不同文献中"忠贞侯"的使用情况，并对这一代称的性质进行考辨，以就教于方家，不妥之处，望批评指正！

一、问题的提出

秦良玉作为明末清初著名女性土家族将领，在后世文献及文学中经常出现，其常用称号之一即"忠贞侯"，如秦良玉东墓《秦良玉之墓碑铭》所载文"明上柱国光禄大夫镇守四川等处地方提督汉土官兵总兵官挂镇东将军印中军都督府左都督太子太保忠贞侯"。不过，文献中关于"忠贞侯"及其任官信息的记载存在较大差异，为方便下文分析，在此首先介绍一下不同文献中的相关记载情况，此外，为更好地揭示相关记载的差异，一并将未记载"忠贞侯"信息的《明史》本传亦介绍如下。

（1）《明史》卷二百七十《秦良玉传》：

（马）千乘为部民所讼，瘐死云阳狱，良玉代领其职。……天启元年……诏加二品服，即予封诰。[1]

《明史》卷四百《土司二·秦良玉传》：

> 女土官秦良玉者，石砫掌印宣抚使也。

（2）《清史稿·土司二》：

> 崇祯时，土司（马）千乘及妇秦良玉，以功加太子太保，封忠贞侯。[2]

（3）钱海岳《南明史》卷七十四《秦良玉传》：

> 昭宗（笔者注：即永历帝）即位，晋太保兼太子太保，封忠州侯。永历二年，宗室容藩使至征粟，良玉不应。容藩将攻之，乞救于李占春，容藩乃走。未几卒，年七十五。谥忠贞。[3]

（4）《马氏家乘》：

> 唐王隆武二年，遣使征太保兵，加太子太保，封忠贞侯，赐以印。太保奉诏将行，会大清兵克福州，遂不果。时海宇底定，马氏惧以唐王事撄祸，故终太保世无敢言者，而明史亦阙而不书。今赐印尚存马氏宗祠云。

（5）文公直《女杰秦良玉演义》附《忠贞侯考》引《南明史稿》：

> 永历四年，马万年奏祖母西川招讨使秦良玉薨，追赠少保、忠贞侯。[4]

上引文献中关于"忠贞侯"的记载存在较大的矛盾，可以简单总结为以下三种情况：①系生前所封，但授予者则有崇祯帝、南明隆武政权之别；②系死后追赠，授予者为南明永历政权；③封爵非"忠贞侯"，而是"忠州侯"，"忠贞"为死后追谥。

"忠贞"的称号与三个政权产生关系，对我们把握石柱土司与明末清初时期南明政权的关系造成了较大的困惑，因此，有必要对其进行辨析。

二、关于"忠贞"的性质

上揭文献记载中的"忠贞"有生前所封和死后追赠两种情况，一般而言，生前所封当为爵位，死后追赠则有赠爵和赠谥两种可能。下面，就以爵位和谥号分别进行分析。

先看第一种情况，假如"忠贞"为爵。

上引《清史稿》《马氏家乘》《女杰秦良玉演义》等文献皆将"忠贞"记为爵位，特别是文公直对虞山王宗伯等以秦良玉墓碑所载"少保忠贞侯"非《明史》所载、当是伪冒的论断进行了驳斥，认为秦良玉获"封官衔，赠列侯"确有其事，《明史》失载是因为"皆为清代修《明史》者斥为伪朝，而抹杀之。当将军（笔者注：即秦良玉）营葬时，西蜀尚非清有。故其孙马万年为其祖母妣之碑，仍得列衔奉明正朔……谓马氏僭妄者，殆东遑深考"[5]。但是，若"忠贞"是爵位，其构成要素与明代爵制存在出入。众所周知，明代爵位之前通常冠有立功、镇守之地，如明初镇守贵州的顾成封镇远侯，镇远即今镇远县，在明代有镇远府、镇远州、镇远县等建制[6]；再如万历年间镇守辽东的李成梁封宁远伯，宁远即今兴城市，在明代为宁远州建制[7]。而笔者目力所及，有明一代并无以"忠贞"为名的行政建制，所以，"忠贞"为爵位的可能性较低。

再看第二种情况，假如"忠贞"是谥号。

首先，"忠贞"为谥，从一定意义上是说得通的。谥典中确有"忠""贞"二字，"忠"字有"危身奉上""虑国忘家""盛衰纯固""事君尽节"等谥解，"贞"字有"清白守节""忧（图）国忘死""固节干事""名实不爽""事君无猜"等谥解[8]，这些谥解完全适用于秦良玉矢志报国、守节不折的行迹。此外，有明一代也多获赠"忠贞"之谥者，如徐辉祖、练子宁等，故"忠贞"为谥在明代有先例可循，并不突兀。

其次，后世却有将其认作谥号的情况。除上引钱海岳《南明史·秦良玉传》外，清人刘景伯所撰《蜀龟鉴》中亦是。《蜀龟鉴》卷七《书明忠贞侯秦良玉传后》有云："永历非一统之君，石砫亦梁州内地侯，不事本朝，未为知天命者，然巴渝以东时为贼窟，以山川间阻，始终事明，爵谥皆永历赐之者也。叔姬，妾也，孔子书其葬以比夫人，柳下惠，其妻私谥也，孔子亦沿其称。余取以为法书忠贞侯，岂古所谓从夫之谥哉？摧播蔺完蜀渝万里，勤王始终一节，自开辟以来所未有，虽崇以未有之称，不亦可乎？"[9]刘景伯旨在解释其采用于当朝礼法不合的南明永历"伪朝"所赐谥号的缘由，自然也就承认"忠贞"为谥号。

但是，通常情况下，明代官员谥号的记载中，极少将谥号与爵位相连，即"谥号+爵"的模式，一般都是单称谥号，如杨炳系爵彰武伯"卒谥恭襄"，又王守仁"诏赠新建侯，谥文成"[10]。在爵本位的汉魏时代，得谥者一般称爵，东晋以后，官本位发展，"无爵称子"[11]，称爵或称子，都是与爵位相连、彰显身份的措施，是爵本位的体现，而明代已然进入官本位，故在称谥时未直接体现爵位，如明代将追封武官的官爵格式规定为"开国辅运推诚宣力武臣某公某侯追封某王某公谥某"[12]，如顾成生前封镇远侯，死后"赠夏国公，谥武毅"[13]，其墓碑碑铭作"明镇远侯晋封夏国公武毅顾公成字景诏之墓",爵位在谥号之前,显然系"爵位+谥号"的模式。由此而言,"忠贞侯"的记载方式是存在问题的。

综上所述,从明代一般的爵位、谥号记载特点来看,钱海岳《南明史·秦良玉传》的记载最符合秦良玉爵位、谥号的信息:爵位"忠州侯"以镇守地行政建制为名,"忠节"系死后所赐,单称。

三、"忠贞"的授予者

上揭如果"忠贞"为谥,其授予者当非崇祯帝或隆武政权。如果在附设另外一个条件,"忠贞"确系出自南明某一政权官方授予而非秦良玉子嗣为其所议私谥,结合上引材料,其授予者只能是永历政权。问题到此似乎已得到解决,但对上引文献的解读出现了一系列问题:秦良玉死于1648年,《清史稿》《马氏家乘》将"忠贞"的授予者分别记载为崇祯帝、南明隆武政权的处理方法显然有误。那么,究竟是谁赐予了秦良玉"忠贞"呢?

要查证"忠贞"的授予者,就不得不提及与其同时出现的各类职官。

上引文公直的论述中提及秦良玉墓碑的碑文为"明少保忠贞侯",而秦良玉东墓墓碑碑文作"明上柱国光禄大夫镇守四川等处地方提督汉土官兵总兵官挂镇东将军印中军都督府左都督太子太保忠贞侯",本文关注的两块墓碑所载职官信息最大的差异为少保与太保。后世亦察觉到此问题,有不加辨析径直将两种信息合并使用的情形,如《谒明柱国光禄大夫太保太傅少保左都督镇东将军忠贞侯秦夫人墓》一文题目即是。其实,两者的出处还是比较容易辨析的,从上引文中可以发现蛛丝马迹。

首先,太保。1950年,重庆博物馆曾从秦良玉家庙征得铜印一枚,上有篆书八字:"太子太保总镇关防",边款作"隆武二年八月,天字七十三号,礼部造"[14]。此印真伪当不存争议,则《马氏家乘》所载授官信息为真,即太子太保为秦良玉生前由南明隆武政权授予的官职,《清史稿》《南明史·秦良玉传》等文献记载当是明显错讹。

其次,少保。关于少保的记载,只有文公直引《南明史》中提到,且其所提及的"招讨使"一职亦得到了《春晖堂笔记·永历杂记》的印证,据其所引《永历杂记》载:"(永历帝)当入滇之先,遣使往忠州加秦良玉太子太傅,任以四川招讨使,仍以镇东将军,督兵靖州中诸贼。"[15]所以,永历政权授予秦良玉的官职有太子太傅、四川招讨使、镇东将军,至于少保之职,或为死后追赠。

由此观之,南明永历政权在授予秦良玉官职时,并未直接沿用隆武政权所授官职,故而史书中才出现了先授太子太保,后乃追赠低一级的少保此种不合常理的现象。

四、余论：秦良玉相关史料的流传、编纂问题

本文主要围绕秦良玉"忠贞"称谓的来源、性质进行辨析，目的在于对相关史料进行辨析。事实上，包括土司研究在内的历史研究中，史料的真伪、记载的准确性等文献问题，始终是困扰研究者的重要问题。张万东在《石柱土司参与平播战争诸事实考实——土司研究中史料的可靠性问题》一文中曾将《明实录》《明史》《石柱厅志》等记载与李化龙编著的《平播全书》进行比对、研究，认为前者记载多有失实之处，其可靠性、原始性皆不及后者[16]。在土司研究中，《明实录》《明史》《清史稿》等官修史书当然是最基本的史料，但在某些历史细节的记载方面，特别是涉及明末清初改朝换代期间的历史事实，出于对不同政权的态度，不同背景和取向的历史书写者有意识地对各类信息进行了删减、篡改等加工处理，而后世编史时对不同政权下的不同书写者所撰史料缺乏有效辨析，以至于混淆历史信息的本真，从而给现在的研究者造成较大的困扰。就秦良玉相关称谓的记载文献而言，最原始、最可靠的材料当是"太子太保关防总镇"印信之类的实物，但可惜的是，此类材料相对有限，不能完整呈现秦良玉的所有信息，必须依靠后人编纂的文献材料，而崇祯、隆武、永历三代更迭以及明清易代，又使得这些材料被人为改编、篡改或无意识地张冠李戴，即使其子嗣亦难免出现误记、混淆的情况，而改朝换代背景下的材料失真实际上正反映出当时各种政治势力的取向，限于篇幅，当另文讨论。

注　释

［1］　（清）张廷玉等撰：《明史》卷二百七十《秦良玉传》，中华书局，1974年，第6944页。

［2］　赵尔巽等撰：《清史稿》卷五百三十《土司二》，中华书局，1977年，第14250页。

［3］　钱海岳：《南明史》卷七十四《秦良玉传》，中华书局，2006年，第5609页。

［4］　文公直：《女杰秦良玉演义》，山东文艺出版社，1985年，第494页。

［5］　文公直：《女杰秦良玉演义》，山东文艺出版社，1985年，第494页。

［6］　（清）张廷玉等撰：《明史》卷二百七十《秦良玉传》，中华书局，1974年，第4074页。

［7］　（清）张廷玉等撰：《明史》卷二百七十《秦良玉传》，中华书局，1974年，第6186页。

［8］　汪受宽：《谥法研究》，上海古籍出版社，1995年，第312~314、347~349页。

［9］　（清）刘景伯：《蜀龟鉴》卷七，咸丰刻本。

［10］　（清）张廷玉等撰：《明史》卷二百七十《秦良玉传》，中华书局，1974年，第4613、5168页。

［11］　（唐）杜佑：《通典》卷一百四《礼六十四》"单复谥议"条，中华书局，1984年。

［12］　（明）申行时：《明会典》卷六《吏部五》，万历内府刻本。

［13］　（清）张廷玉等撰：《明史》卷二百七十《秦良玉传》，中华书局，1974年，第40754页。

[14] 四川省文物志编辑部编:《四川省文物志征求意见稿第二集》,1986年,第334页。

[15] 文公直:《女杰秦良玉演义》,山东文艺出版社,1985年,第494页。

[16] 张万东:《石柱土司参与平播战争诸事实考实——土司研究中史料的可靠性问题》,《贵州社会科学》2015年第10期,第84页。

申遗视阈下的"土司学"研究

岳小国

（三峡大学）

摘要：土司遗址申报世界文化遗产与"土司学"研究正成为当下社会关注的热点。申遗工作高度依赖学界前期研究成果，而申遗本身也必将影响土司问题的后续研究。以申报世界文化遗产的视角检视时下我国方兴未艾的"土司学"研究有着十分重要的学术价值。

关键词：土司申遗；申遗文本；土司学；土司学研究

在我国当下，土司遗址申报世界文化遗产与"土司学"研究正成为社会关注的热点。由于两者存在着很高的关联度，因此从学理上剖析它们之间的相互关系，尤其是申遗对"土司学"的意义与影响，具有重要的学术价值与现实意义。

一、土司申遗与申遗文本的撰写

土司遗址申遗在我国申遗史上尚属首次。成功入选《世界遗产名录》，共同代表中国土司遗产成为2015年申报世界文化遗产项目的有湖南永顺土司城、湖北唐崖土司城、贵州播州海龙屯三处遗址。这些遗址的特色之处在于：城市形态和功能格局的完整性、土司文化遗存丰富，以及独特的自然选址和特殊的社会背景等因素。

土司申遗是我国文化界的大事，更是土司研究界的盛事。众所周知，申遗工作是一个庞大的系统工程，需要政府方、文本编制方以及学术界的通力合作，以形成符合申遗与"土司学"要求的背景知识。影响申遗成败的一个关键因素在于其支撑材料：申遗文本。它系文本编制方与学术界交流、互动的重要成果，主要由遗产辨认、遗产描述、列入理由、保护状况和影响因素等九部分组成。申遗文本有别于一般意义上的学术研究成果，它在语言与行文风格上力求简练与抽象概括，观点务求科学、严谨，体现学界最大多数共识。因而，申遗文本要立足于学术研究，它是检验学界研究水平的"试金石"，同时也是学术研究的"指南针"。在此次申遗文本中，将"土司制度"凝练、概括为：它是"我国传统哲学世界观在处理中央政权与民族地区、边疆地区关系方面的重要体现，是维护古代中国统一、稳定与多民族和谐发展的重要制度"。与我国历史上其他地方政权组织相比,土司制的最大特点在于"修政齐教,因俗而治"——这是申遗工作对我国历史上延绵几个世纪的土司制度的抽象概括,更是对我国100多年来土司研究成果的高度浓缩。

土司遗产不同于其他文化遗产,申遗文本中的土司遗产是"中国中央王朝在多民族聚居的西南地区推行土司制度时期,少数民族首领'土司'用于行政管理和生活起居的城寨和建筑遗存"。遗产的文化价值表述是申遗文本中极具分量的内容,申遗文本将其概括为,"以历史时空、社会背景、文化内涵、遗产属性、物质遗存等方面的典型特征与相互关联,共同反映了中国土司制度历史及土司社会的生活方式和文化特征,见证了多民族统一国家'修政齐教,因俗而治'的传统理念"。

可见,申遗工作高度依赖学界前期研究成果,而申遗本身也必将影响土司问题的后续研究。因此,以申报世界文化遗产的视角检视时下我国方兴未艾的"土司学"研究有着十分重要的学术价值。

二、构建中的"土司学"

申遗文本从工作层面厘清了"土司遗产"等相关概念及其价值,而从学术层面上讲,其内容或理论支撑主要源于学界正在着力构建的"土司学"。

我国学界对土司的研究肇始于20世纪初,经过一个世纪的发展,土司研究不论是参与者数量、研究成果的丰硕程度,还是理论、方法构建等方面均有了可喜的变化,尤其是近20年,伴随西部大开发及边疆民族问题的研究热,催生了新一轮的土司研究热潮。2009年4月,吉首大学成臻铭教授在广西忻城县举办的"全国土司文化研讨会"上首次提出了"土司学"及其理论建构。以此为标志,我国土司研究进入新阶段,人们在进行宏观与细部事象研究的同时,更为重视土司学理论体系的构建。

土司研究之所以能够成"学",在于它既是一门独特的专门学问,又是一个具有重要学术价值和现实意义的广阔的研究领域。对此,成臻铭教授认为,土司学是研究土司现象或土司形态形成、演变和转型的专门学。与之对应,土司学研究主题为土司历史、土司文化,以及现代土司现象等专门研究领域。土司学也是一门综合性的专门学,是文化人类学、历史学、政治学、经济学、社会学、行政学、边疆学等学科交叉整合之下的专门学。

近些年,围绕"土司学"的建构,学界展开了一系列研究、探讨工作。以"土司制度""土司历史""土司文化"及"土司人物"等为主要内容的学术研讨会相继召开,土司文化博物馆、陈列馆等在各地纷纷筹建,一些专门性的土司研究机构(如"中国土司历史文化研究中心""西南地区土司文化研究中心"等)不断涌现。值得一提的是,自2011年"首届土司制度与土司文化国际学术研讨会"在吉首大学成功举办以来,迄今已连续举办了五届,基本形成了土司学研究中以"学术年会"为载体的交流平台。特别是2014年8月,"中华炎黄文化研究会土司文化专业委员会"的成立,为正在发展中的土司学研究奠定了坚实的基础,提供了更好的平台。

在土司遗产方面,自1999年始,其作为宝贵的民族文化遗产被列入政府保护、开发日程。"土司文化列为民族文化产业开发研究的重点对象,形成土司制度研究向土司物质形态研究的转向。"[1]随着湖南永顺老司城遗址被列为2010年十大考古新发现,土司学研究日益受到考古、文博界重视,成为新时期土司研究的一大亮点。考古与文化遗产研究的强势介入也为土司遗址申报世界文化遗产提供了绝佳机会,为构建中的土司学提供了新鲜养料。这些都表明土司学在当下既有学术价值,又有重要的现实意义。正如李世愉先生所总结,构建土司学的意义在于"使土司研究走向深入和系统,使其综合化和理论化,加深、提高和丰富对土司现象的认识和理解,探讨土司制度的发展规律,并为今天的区域民族自治提供历史经验"[2]。

三、"土司学"研究与申遗工作的适应性对接

申遗工作是检验土司研究的一个重要平台。申遗的载体、申遗文本的养料直接源于土司学研究的积累,申遗文本又是对土司研究成果的检验。总体来说,土司研究要有一定的"广度"和"深度",方能适应申报世界文化遗产工作的需要。"广度"上要求土司研究覆盖面宽广,不同领域都要有所兼顾,不留"死角"。研究方法要多样化,有跨学科的视野。以笔者参与的唐崖土司资料整理及学术研讨会论文集编撰为例,该土司属鄂西地区的一个中小土司(历史上多数时间获封长官司之职),学界以往关注很不足,2012年以前相关的学术论文总量不超过15篇。面对申遗工作的要求与挑战,许多重要主题,如唐崖土司世系、族源、历史沿革、地位和影响,以及与周边土司、卫所、中央王朝的关系等均需展开或深化研究。"深度"上则侧重于研究的高水平性,那些低水平、重复性的研究成果非但没有意义,反而会成为申遗工作的"负资产"。申遗是一项世界性的工程,因此,其支撑成果也必然要向该领域的世界级水准看齐。

土司学研究以与申遗工作适应性对接为取向,需要学界进一步拓展土司研究的视野。以土司制度研究为例,学界以往主要将其作为一种政治或行政管理体系来研究。而在申遗视角下,土司制度作为一种历史"遗产",需要提炼、阐释其文化价值,学界现有的成果明显缺乏相应的支撑。学界研究中的适应性对接,还需从具体的、单个民族的土司、某个区域的土司乃至整个土司研究中走出来,以更加抽象的思维概括体现人类智慧的土司文化和价值,与申遗工作和世界学术研究接轨。成臻铭教授提出的今后土司学"有必要加快与国内外致力高原、山地、河谷、海岛社会治理的各学科对

接的进程",很有见地。土司制中包含有社会管理的新模式,土司学应解决土司研究的基础性问题,以服务于土司申遗与当今的时代与社会。

此外,土司学还应注重比较研究,土司遗产要与国内外世界文化遗产展开跨文化的比较、探讨(比如,国内的少数民族文化遗产、国外少数族裔的治理经验等),这样才能更好地向世界展示我国土司遗产的特殊价值。

四、"后申遗时代"的土司学研究

2015年,土司申遗工作通过了世界遗产中心验收的"大考",申遗工作告一段落,而与之相关的土司学研究也将面临"后申遗时代"如何发展与转向的考验。

土司遗址申报世界文化遗产对我国正在构建的土司学来说是一次重要机遇。申遗工作既可检视土司学以往的研究成果,又可为将来的研究取向与趋势指明方向。总体说来,申遗为我国的土司学研究提供了一次面向世界学习、交流、总结提高的契机。结合申遗工作,系统总结学界以往研究得失,在未来的土司学研究中至少需从以下三个方面进行总结或思考。

一要形成一个更为开放、跨学科、多学科的研究范式与思维方式。跨学科、多学科研究是一种必要的思维范式,也是当前学术研究的一个重要特征。土司学内容广阔,又具有巨大的时空构架和宽广的学科范围。因此,在研究中应面向多个学科开放,并将各类研究统合到一种新的研究体系中[3]。创造新概念、新术语及新的研究方法,形成一个更为丰富的、着眼于研究对象剖析认识的知识范畴,以促进土司学研究的拓展和深入。当这种研究积累到一定程度,又必将推动土司研究走向综合化和系统化。

二是国际交流与合作亟待加强。土司学研究面向世界已是大势所趋。因此,在力求研究方法创新的同时,首先要重视规范学术参照体系建设,与国际学界形成研究对接。此次申遗支撑材料暴露出,作为土司学基本术语的"土司"一词英文翻译至今仍缺乏统一,tusi、tusi chieftain、native chieftain、emperor 等翻译可谓五花八门[4],即便国内学者也感到无所适从,更何况西方学界?土司学最忌讳关起门来搞研究,"后申遗时代"的土司学,应立足于加强和国外同行的互动、交流。国外优秀成果需完整、系统的翻译、介绍进来,而国内好的成果亦应有"走出去"的信心和勇气,以推动土司学逐渐成为一门国际性的学问。

三是土司申遗也为土司学界提出了一个新课题:土司文化遗产如何保护的问题。土司遗产本身具有较高的历史、科学和艺术价值,它以历史物化的方式告诉我们今天文化的连续性和文化的特殊性。在"后申遗时代",土司学界应着手研究、健全土司遗址的保护工作机制,以保证与促进遗产保护工作的科学化发展。学界及遗址所在地还要积极探索保护模式,如建立土司遗址公园、土司博物馆等,有效地保护珍贵的遗存。

曾参与过土司申遗文本修订咨询会的中央民族大学苍铭教授曾一针见血地指出,申遗文本编制过程中遇到的问题,"实际上就是学术研究不充分的问题,也是未来土司制度研究的学术前沿问题"[5]。因此,通过申遗,我们不仅要弥补土司研究中的不足,还应弥补国际交流方面的不足,了解国外土司研究的动态,增强对外学术对话的能力和水平。

总之,土司是我国封建王朝在边疆少数民族地区的一根制度支柱和文化主脉。以申遗为导向,从更广阔视野研究土司学这一专门学问,既可加深我们对中国社会历史和民族传统文化的认识,又能为现实边疆民族地区的社会治理提供历史借鉴。

注　释

[1]　成臻铭:《土司学面对申报世界文化遗产的研究取向》,《民族学刊》2014年第1期。

[2]　李世愉:《关于构建"土司学"的几个问题》,《云南师范大学学报》2011年第2期。

[3]　李良品:《构建土司学的几点思考》,《青海民族研究》2014年第2期。

[4]　苍铭:《从申遗看土司制度研究存在的不足》,《唐崖土司学术研讨会论文集》,科学出版社,2014年。

[5]　苍铭:《从申遗看土司制度研究存在的不足》,《唐崖土司学术研讨会论文集》,科学出版社,2014年。

（原载《三峡论坛》2016年第4期）

唐崖土司城址成功申报世界文化遗产的影响及其保护对策

黄天一

（五峰县文体新闻出版广电局）

摘要：唐崖土司城址成功申报世界文化遗产，一方面将为当地经济社会发展带来积极影响；另一方面也可能导致一些负面效应。因此，在保护过程中必须坚持：在规划时发挥唐崖土司遗产的带动作用，发展旅游产业时发挥唐崖土司城址的聚集效应，宣传营销中发挥唐崖土司城址的文化品牌效应，整体开发中处理好保护与发展的关系。

关键词：唐崖土司；世界遗产；效应；保护对策

唐崖土司作为鄂西南18大土司之一，是行政级别最低的土司；但由于其地理位置的特殊和遗址保留的完整，2015年7月4日在德国波恩举行的第39届世界遗产大会上，与湖南永顺老司城遗址、贵州遵义海龙屯一并作为"土司遗址"成功列入《世界遗产名录》。由此，唐崖土司城址成为人类的共同遗产受到国内外高度关注。唐崖土司城址成功申报世界文化遗产，对当地经济社会发展必然带来深远的影响，本文就此问题进行初步探讨。

一、申报后带来的效应

1. 正面效应

作为列入世界文化遗产的唐崖土司城址，其潜在的影响力是巨大的。其一，从其扩散效应来看，唐崖土司遗产不仅在其"齐政施教，因素而治"的价值理念，还在于城址的独特性和完整性，"宫城"的别致性，专家称之为"小故宫"。可以利用其"小故宫"的名气，对外展开宣传，赢得游客和外界的信任和好感，从而产生品牌扩散效应。这种扩散效应在申遗成功后已经出现成效，2016年春节期间，前往唐崖土司城址旅游的游客超过10万人次，农历正月初一超过1万人次。这些游客来自湖南、贵州、重庆、四川、河南等地。可见，通过申遗成功消息的发布，吸引了许多地方的游客的关注。其二，从磁场效应看，唐崖土司城址申报成功后，许多商家注册"唐崖"

商标,抢占品牌商机;所在的唐崖集镇按照古镇的设计启动了风貌改造工作,准备迎接各地游客;唐崖土司城的复建工作也提上了当地政府的办事议程;相邻的旅游资源不断受到投资商的青睐,如附近的青狮峡就吸引了外地开发商前来投资开发。唐崖土司城址的磁场效应已经显示出来。其三,从聚集效应看,唐崖土司城址本身就是与湖南永顺老司城遗址、贵州遵义海龙屯联合申报的世界文化遗产,这几处遗址的联合申报本身就具有聚合效应。永顺老司城遗址公园已经于2015年9月29日开园,接待游客;海龙屯和唐崖土司城址也在准备开园。三处捆绑的土司遗址将在武陵山区,甚至更大范围内形成巨大的聚合效应。一方面推动全国土司遗址的保护和申报,如唐崖土司及其周边还有许多同类文化遗产,如容美土司遗址、石柱土司遗址、施南土司遗址、金峒土司遗址等都在加大力度保护,甚至云南、广西在唐崖等土司遗址申报世界文化遗产后,也加大了对土司遗址的保护和申报力度;另一方面,推动遗址周边其他旅游的开发,以便分享世界文化遗产的红利,如唐崖土司城址周边的黄金洞、麻柳溪、坪坝营、小南海、濯水古镇、桃花源、龙潭古镇等景点,都试图利用唐崖土司这一世界性文化品牌的知名度,可以将这些景点与唐崖土司城址景区串联起来,形成完整的旅游线路,带动区域旅游业的发展。其四,文化认同效应。世界文化遗产申报成功,对于地方官员和民众无疑是一种至高无上的荣耀,这种荣耀和自豪感自然会形成高度的认同,从而形成热爱地方的热情。例如,当唐崖土司城址申报世界文化遗产成功的消息传到咸丰,当地民众自发聚集在乡政府的场坝,载歌载舞,喜庆申遗成功。在外乡的咸丰籍人士通过微信、QQ等方式传递信息,表达高兴和自豪;咸丰地方管理者,通过微信、电话等,向外界分享唐崖土司城址申遗成功的喜悦,这种认同效应至今仍然在发酵。其五,潜移默化的教化作用。唐崖土司城址保留下来的街道、建筑、城墙、排水系统、土司王坟等,不仅作为物质存在再现当年土司制度的政治、军事、司法等设施,也承载着土家族等民族的历史、文化、艺术、信仰、习俗等信息,唐崖土司城创造和保护的过程,不仅融入了当地土家族人民的劳动、智慧,也融入了土家族等各族民众的思想和精神追求。唐崖土司城址上的石牌坊、土司皇坟、石人、石马、石鹰等雕刻,不仅是艺术杰作,也蕴含了当地人民的审美追求和精神信仰;唐崖土司周边流传下来的《土家神马》《唐崖土司招驸马》《建立石牌坊的传说》《女儿寨》《金银塘》《两口锅》《石马泉》《落马滩》《杀人凹》等传说,刻下了民众对唐崖土司深深的历史记忆。无论是承载于唐崖土司遗迹上的建筑、雕刻、绘画工艺杰作,还是与唐崖土司遗产相关的动人传说,对民众和游客都具有教化作用。同时,唐崖土司遗产本身可以编入校本教材,是文化进校园的好材料。李克强总理在2016年3月16日上午回答记者提问时指出:我们保护文物实际上也是在推动文化事业的发展,来滋润道德的力量,传承我们的传统优秀文化,来推动经济和社会协调发展。……也要通过文化向人民提供丰富的精神产品,用文明和道德的力量来赢得世界的尊重。可见,文化遗产具有传承文化传统、滋润道德、培育民族精神的作用。其六，唐崖土司遗址及其文化，是发展文化旅游的最好素材，如唐崖土司城址上的石雕工艺、竹编工艺、刺绣工艺就可以开发成旅游工艺品；当地流行的穿花、地盘子、板凳龙、薅草锣鼓、南剧就可以经过创造搬上舞台，形成供游客娱乐的文化产品。不仅可以多方面展示咸丰文化的多样性，也可以丰富咸丰文化旅游的内容。可见，唐崖土司文化遗产对当地社会发展的效应是多维的，是全方位的。如果结合利用得好，将产生巨大的推进效应。

2. 负面效应

在分析唐崖土司文化遗产的积极效应的同时，我们也必须冷静思考，随着申遗的成功，一些负面效应也会随之出现。第一，唐崖土司城址开园后，如果基础设施严重滞后，县域和唐崖土司城址营销和配套服务跟不上，不仅影响城址的美誉度，还会影响全县文化旅游的健康发展，产生不了当初预计的效益；第二，唐崖土司城址开园后，可能会出现火爆的情势，在县域范围出现一枝独秀的局面，影响其他景点的发展；第三，当唐崖土司城址开园后，特别是带来经济效益以后，在城址上还没有搬迁的居民，或者原来从城址搬出的居民都可与地方政府、与城址管理处产生利益纠纷，加大协调的难度；第四，大量游客进入遗址公园，一是可能对遗址上的文物造成损坏，二是可能导致污染加重；第五，游客进入产生的商品贸易关系，过度商业化，可能引起当地朴实民风的改变。总之，唐崖土司文化遗产对咸丰来说是一张难得的金字招牌，但应对可能产生的效应进行客观冷静的分析，做好应对准备，以便将其产生的负面影响降到最低。

二、保护发展策略

通过以上分析，结合唐崖土司文化遗产可能产生的多方面效应，在利用唐崖土司文化遗产品牌推动咸丰经济社会发展的过程中，要特别注重以下几方面问题。

1. 规划时发挥唐崖土司遗产的带动作用

旅游规划是一套法定的规范程序，是对目的地或景区长期发展的综合平衡、战略指引与保护控制，从而使其实现有序发展的目标。旅游规划的任务是通过确定发展目标，提高吸引力，综合平衡游历体系、支持体系和保障体系的关系，拓展旅游内容的广度与深度，优化旅游产品的结构，保护旅游赖以发展的生态环境，保证旅游地获得良好的效益，并促进地方社会经济持续发展。咸丰在编制或修编全县旅游业发展总体规划和旅游景区规划中，甚至在编制全县的经济社会发展规划中，都要凸显唐崖土司遗产的重要性，发挥其带动作用。第一，唐崖土司城址是中国少数民族地区少有的世界遗产,不仅是恩施州唯一的世界文化品牌,也是鄂渝边区唯一的世界级品牌,其本身的影响力和聚合力不言而喻;第二,唐崖土司城址所在的位置正好处于唐崖河的中游,是连接咸丰黄金洞和坪坝营两个4A景区的节点,周边本身串联有诸多景点;第三,唐崖土司城址也是武陵山大旅游景区和三峡旅游景区中环线的节点。因此,在咸丰旅游规划甚至周边一些地区的旅游规划中要充分考虑唐崖土司遗产的特殊地位,发挥其在地区旅游中的拉动作用,通过其影响力带动周边旅游业的发展。

2. 发展旅游产业时发挥唐崖土司遗产的聚集效应

咸丰自然环境优美,历史积淀深厚。自然旅游资源有坪坝营国家森林公园、青龙山森林公园、地震遗址小南海、二仙岩湿地公园、溶洞奇观黄金洞、下古奇观青狮峡、断明峡等;人文旅游资源有官坝苗寨、麻柳溪羌寨、朱家堡民居、刘家大院、蒋家花园、十字路风雨凉桥、忠堡大捷遗址、小村会议旧址、土家山民歌、咸丰南剧、板凳龙、穿花、地盘子、干龙船、草把龙、牛虎灯、三棒鼓、民间杂耍等;地方特色饮食有咸丰火腿、朝阳辣子鸡、土家茶叶汤、土家咂酒、野生蜂蜜、咸丰糖梨、小村红衣花生、炕腊肉、印花糍粑、蕨粑、醉海椒、糯米酸辣椒、土家醪糟茶等。在开发全县旅游资源时,一是发挥唐崖土司文化遗产的聚合效应,把这些分散在全县各地甚至周边地区的自然的、人文的旅游资源聚合起来,从旅游内容上实现优势互补,从旅游线路上构成合理的进出线路,以满足游客多方面的需求,吸引更多的游客到咸丰旅游,扩大咸丰旅游的影响;二是利用唐崖土司文化遗产的扩展效应,把咸丰的土特产品、农户产品、传统饮食进行深度开发,形成游客购买和就地消费的地方产品,一方面满足游客购物和饮食需求,另一方面增加当地农民和企业的收入;三是利用唐崖土司文化遗产的聚集效应,将遗产地所在的唐崖集镇进行规划改造,将现有的房屋进行包装,融入当地建筑符号,对环境进行治理,使之成为游客吃住、购物、娱乐的目的地,拉动消费,促进村民增收,财政增税;四是利用唐崖土司文化遗产的扩展效应,在唐崖土司城址的附近,选择一个依山面水的地方,根据唐崖土司城的功能分区、结构布局,复建唐崖土司城,使之成为新的旅游景点和影视拍摄基地。

3. 在宣传营销中发挥唐崖土司遗产的文化品牌效应

唐崖土司城址虽然列入世界文化遗产,但因其处于武陵大山中,有如养在深闺的少女,少有人知道。因此,宣传、营销是今后一个阶段十分重要的工作。从宣传营销来说,应该从多方面入手:第一,通过各类媒体宣传,如电视、报刊、网站等。特别是中央媒体的宣传。前不久,央视4频道拍摄的《记住乡愁:唐崖土司村》的播出,扩大了唐崖土司城址的影响。第二,广告宣传。可以在交通要道、城镇路口、公交车、机场、车站、宾馆等显眼的地方,制作宣传唐崖土司城址的各类宣传广告。第三，建立网站。宣传唐崖土司遗产的价值与保护现状，加强公众对唐崖土司遗产的认知度，鼓励公众参与遗产保护。同时在网站开辟遗产保护管理交流平台。内容包括管理体系、保护技术标准、保护技术、管理措施、学术动态、经验交流、活动信息等。第四，将唐崖土司遗产纳入地方乡土教材。在地方乡土教材中，列入介绍唐崖土司文化遗产专题，介绍唐崖土司的历史、发展变迁、遗址遗物、文化艺术价值、审议历程等，让青少年了解唐崖土司的历史及其价值。第五，创作有关唐崖土司的文艺作品。根据唐崖土司的历史和土司王、土司夫人等传奇故事，编写与唐崖土司相关的书籍、影视剧本，拍摄影视剧。第六，加强学术研究与交流。依托地方文化人和相关研究院所，搜集唐崖土司相关资料，加强对唐崖土司的学术研究，举办唐崖土司学术研讨会，推动咸丰县土司历史文化研究，宣传咸丰的历史文化。第七，注册与"唐崖土司"有关联的商标。早在申遗过程中，就有人注册了唐崖商标。除了"唐崖"商标外，与唐崖土司有关的商标都可以注册，如咸丰土司皇宫刺绣有限公司就用了"土司皇宫"商标。将商标与世界文化遗产品牌结合，不仅会扩大产品和企业的知名度、影响力，反过来也可以强化世界文化遗产品牌。通过以上宣传，进一步扩大唐崖土司遗产的知名度与影响力，从而扩大咸丰县在外界的知名度和美誉度。

4. 在开发中处理好保护与发展的关系

唐崖土司城址申报世界文化遗产成功后，面临最急迫的问题是保护与开发利用。依据《中华人民共和国文物保护法》及其《实施条例》、《保护世界文化和自然遗产公约》及其《操作指南》等相关要求，保护是前提，是根本目的。开发利用是在保护的基础上进行，甚至是保护带来的结果。

第一，依法依规保护。严格按照《唐崖土司城址保护管理办法》《唐崖土司城址保护管理规划（2013—2030）》，做到"有法可依""依法保护"，遵照国家有关的保护性法律法规文件，加强对遗产地的管理，避免过度开发与保护目标的冲突。

第二，健全管理机构，明确责任主体。在申遗过程中成立了湖北省、恩施州、咸丰县三级领导小组。申遗成功后，成立了遗址管理委员会，负责遗址的日常管理。借鉴各地遗产地经验，建议在管委会下设立遗产管理办公室，具体负责日常管理事务和上下联络；成立土司文化研究室，负责联络、协调和推介唐崖土司历史文化研究工作，规范对唐崖土司文化的管理；设立土司文化陈列馆，专门收藏和保护各类唐崖土司文物资料，提升咸丰县土司历史文化的地位，彰显咸丰县民族文化的特色，增强咸丰县民族文化的吸引力。

第三，加大保护力度。一是对未搬迁的农户进行有效管理。确定申报世界文化遗产后，专家通过考古发掘，并对遗址周边环境进行整治，以求减少人为扰动，尽量维持其原貌。目前还有农户未能搬出，要对未能搬迁的农户进行有效管理，将核心区土地产权由集体所有转化为国有。减少其对遗址的干扰。二是对遗产区环境进行整治。将现有核心区担任过境通行任务的乡道改为步行道，在缓冲区外新建绕线公路，避免外来机动车辆进入遗产区；对遗产区内的不和谐景观予以消解，如将电力通信杆拆除、线路埋入地下。三是加强绿化和水土保持。保护原生植被，并在遗产区的道路、唐崖河沿途栽种本地植物，进行一定的景观营造；对历史原有的溪沟进行适当疏浚，与唐崖河实施联体水土保持工程。

第四，开展文物保护工程。对城址内现存的重要地面建筑进行保护并加装防护设施，对考古发现的城墙、院墙、道路、排水设施等予以归安、休整和加固。

第五，采取防范措施。实施环境监测、生态保护、灾害防治等遗产保护和维护措施，有效防范遗址保护和保存面临的暴雨、洪水等主要自然威胁因素，保障遗产的安全和完整。

第六，针对遗产地面面临的潜在旅游压力，通过开展遗产承载力研究、确定游客容量限制指标、编制并实施展示和旅游专项规划，合理进行游客疏导等措施，防范旅游压力可能带来的负面影响，保障遗产的完整、真实保存。

第七，进行数字化保护。一是建立唐崖土司王城资源数据库；二是使唐崖土司王城平面数字化；三是建立唐崖土司王城三维立体数字化；四是建立数字化博物馆；五是对唐崖土司城虚拟重建；六是对唐崖土司王城网络宣传数字化。把数字虚拟技术运用到唐崖土司王墓室复原、再现、保护的研究中，利用现代技术的应用开辟了唐崖土司遗址保护和利用新路径。

第八，广泛开展土司遗址价值及遗产保护理念的公众推广，提升遗产地民众对土司城址保护与管理的认同度和参与度，保障土司遗址的长期、有效保护；土司遗产地涉及的各级文物行政管理部门以及遗产地政府为遗产保护和管理提供充足的资金保障和人员配置。

第九，建立遗产基金。世界文化遗产的可持续发展必须要有一定的资金作后盾。目前，唐崖土司城址的保护管理资金来源主要来自国家财政专项拨款和地方各级财政专项拨款。但是，遗产保护仅靠政府拨款是远远不够的，也是不可持续的，必须依靠自身的发展，实现在"保护中发展，在发展中保护"的良性循环。因此，唐崖土司遗产地在继续争取上级政府部门资金支持的基础上，每年应从景区收入中提取一定比例的资金，设立"唐崖土司发展基金"，主要用途在于：一是建筑修复与维护基金。鉴于一部分建筑已受到不同程度的损毁，应根据原始的建筑风貌进行必要的修缮与维护。二是基础设施建设基金。加强对城址内外基础设施建设的投入，如小型污水处理设施建设、交通优化、安全卫生设施建设等。三是教育培训基金。为遗址内管理人员、导游、旅游接待等旅游从业人员提供教育机会，为唐崖土司未来的发展奠定知识和技术基础。

就开发来说，要实施多元化开发策略。唐崖土司城址申遗成功后，为咸丰县、恩施州和湖北省增加了一个世界级文化品牌。同时，它将成为鄂西生态文化旅游圈的一个引爆点，对全面提升武陵山少数民族经济社会发展试验区的国际知名度和影响力、打造鄂西生态文化旅游圈新的旅游目的地和旅游文化核心产业、建设文化强省具有十分重要的意义。但是，咸丰县地方政府面临着如何科学地、合理和有价值地开发唐崖土司文化遗产，打造世界顶级旅游品牌的重要挑战。在开发利用中要注意以下方面。

第一，体现遗产旅游内涵，丰富游客体验。遗产旅游的关键是体验。遗产体验的关键不仅在于遗产资源本身，还在于遗产所存在之环境，是各种体验要素的综合。因此，唐崖土司遗产旅游的开发应做到以下几点：一是，遗产资源原真性的保护，遗产资源的原汁原味是遗产旅游体验的前提与基础，只有真实而完整地保护遗产，才能给游客创造难忘的遗产旅游体验；二是游客管理，重点是旅游旺季时的游客管理，唐崖土司遗产地对游客的容量是有限的，在旅游旺季时，应严格控制景区内的瞬时容量；三是完善遗产解说服务，包括在每个遗产景点内设立游客服务中心、加强景区内双语（中、英）甚至是多语标识（中、英、日、韩等）系统建设、加强专业解说人员培训等。

第二，加强遗产旅游合作，提升整体竞争力。咸丰县除唐崖土司旅游资源外，已开发和正在开发的旅游项目有坪坝营生态旅游公园、黄金洞、咸丰地震遗址、麻柳溪、关坝苗寨等。对"共同利益"的追求是旅游合作的动力。在合作内容上，唐崖遗产地可以从基础设施共建、旅游市场共享、景区建设等方面与坪坝营生态旅游公园项目、咸丰地震遗址、黄金洞、麻柳溪、关坝苗寨等展开合作，制定长效的合作机制。目前，咸丰县旅游景区间存在的一个较大的问题就是景区间的游客交流现象较少，游客一般只在一个景区内活动。为方便游客快速流动，未来咸丰县应建立便捷的旅游交通系统，打造咸丰自然生态景观、历史人文景观、地质景观三点一线的整体旅游资源，进行整体宣传，差异化体验，在每个遗产景点内设置宣传点和中转交通工具，定时向周边各景区发送游客，加强景区之间的合作，提升唐崖土司及咸丰县旅游资源的整体竞争力。

第三，拓展遗产体验型旅游产品。体验型旅游产品是指依托自然和文化遗产资源，使游客在回归自然或亲近历史的过程中获得畅爽体验的旅游产品。结合咸丰县民族文化及唐崖土司特有的文化特点，考虑多元化开发原则，在开发和丰富旅游产品时，建议重点拓展以下体验型旅游产品。

一是民俗风情游。以唐崖土司民俗民风旅游为主线，游客可以享受遗产地特色小吃，体验土司茶文化、"土司十大碗"待客礼仪、品尝土家咂酒，参加节日庆典活动，观看土家戏曲、舞蹈、手工艺展示等文娱表演，观祭祖、哭嫁等土家民俗活动，深入领略和感受当地独特浓厚的乡土气息文化。

二是传统文化展示游。将唐崖土司传统人文特色和历史文化作为主要展示内容，满足不同文化素养追求的游客对异地传统文化的求知欲和探索欲。唐崖土司遗产地可通过历史文献、图片、影像或文物实体和导游解说等多方面向旅游者展示唐崖土司的历史沿革、传说人物、雕刻艺术、传统文化、民俗风情等，扩大旅游者对土司文化的视野宽度和知识深度，或以现存唐崖土司古城址为参考，依据文献记载，在唐崖土司保护区外打造唐崖土司民俗村，重构唐崖土司社会生活场景，再现土司统治历史和生活场景，将其唐崖土司物质文化和非物质文化遗产进行联动，让体验者感受身临其境的震撼，彰显唐崖土司的文化魅力，借此发展传统文化展示游。

三是艺术之旅。以唐崖土司城址内的格局和遗存要素为基础，组织艺术绘画写生或艺术风景人物摄影等艺术活动，不仅能让更多的人深入体验唐崖土司建筑、雕刻、手工艺术，优美的绘画和摄影作品，还能为唐崖土司文化遗址起到很好的宣传作用。

四是影视开发。影视作品对土司文化具有全方位的展示作用，同时对土司文化所在地的旅游经济具有强大的推动作用。以土司为题材拍摄的《奢香夫人》和《木府风云》播出之后，取得了良好的反响。因此，咸丰县政府可以合作或投资的形式，深度挖掘唐崖土司历史文化、故事传说等元素，尝试唐崖土司文化遗产开发与影视的结合。

五是纪念品开发。充分挖掘和利用土司历史文化遗产中的书法、绘画和雕刻等艺术品位与文化内涵，制作有关土司历史文化的诗画收藏品或旅游纪念品，供广大游客旅游时购买与收藏。组织有关专家学者将与土司历史文化有关的史事、人物、碑刻、遗迹、民间传说等编成各种各样的引人入胜的系列丛书或旅游宣传画册，供游客游览时阅读和购置，了解土司历史文化知识，增强旅游效应，创造经济效益和社会效益。

此外，唐崖土司遗产地还应加快现有景区扩容提质，建设参与性、体验性、娱乐性与互动性项目，开发观光、休闲、度假与探险、养生等相结合的高品质复合型旅游产品。

总之，唐崖土司文化遗产的保护与开发利用是一个需要长期思考、不断面临新的矛盾的难题。需要政府、学界、社会、民众共同参与，最大限度地发挥世界文化遗产的效益和作用，不辜祖先留下的宝贵遗产。

浅谈山地类古遗址保护区划的划定

——以唐崖土司城址为例

李长盈　吴红敬　付　江

（湖北省古建筑保护中心）

摘要：保护区划是对古遗址进行有效保护与管理的重要措施，本文通过分析山地类古遗址的基本特征，总结了山地类古遗址保护区划的划定方法，结合唐崖土司城址历次保护区划的划定情况，提出了唐崖土司城址保护区划的完善建议。

关键词：山地类古遗址；保护区划；唐崖土司城址

不可移动文物的保护区划是指不可移动文物本体外围一定距离的安全保护区域，根据保护对象的价值及管理控制力度的不同，一般可分为保护范围和建设控制地带两个层次。不可移动文物的保护区划最早是针对各级文物保护单位提出的概念[1]，近年来，保护区划这一概念也被历史文化名城名镇名村、历史文化街区等其他不可移动文物所沿用[2]，虽然对保护区划名称的表述存在差异，但其基本内涵和划分目的则基本一致。

作为不可移动文物的一个类型，遗址与其他不可移动文物相比有其特殊性：一是遗址的分布范围很难界定，需要大量考古工作的支持；二是遗址的构成较复杂，对其内涵的研究很难深入；三是遗址的可读性差，展示上存在一定困难。以上这些特殊性，使遗址类保护区划在划定过程中遇到了较其他不可移动文物更为复杂的现实问题。

一、山地类古遗址的基本特征

根据周边的自然环境和地形地貌情况，遗址可细分为山地、平原、水滨、草原等不同类型。作为一个山区面积广大的国家，中国的山地类古遗址数量众多，并且在遗址的总量中占有较高的比例，如国家文物局在"十二五"期间公布的150处大遗址中，仅山地类型的大遗址便有近50处之多[3]。由于山地类古遗址周边地貌复杂，在保护区划划定时，需要综合考虑文物本体、历史自然环境、视觉环境和生态保护等多方面因素，传统的"四至"距离标定法[4]很难适用；而单纯参照文物周边的山峰、河流等自然地貌来划定保护区划又往往缺乏明确的量化数据，区划的准确性存在一定问题，保护区划在执行时也存在较大难度。本文拟在总结山地类古遗址基本特征的基础上,通过与不可移动文物保护区划的一般划定方法进行对比研究,探讨山地类古遗址保护区划的划定方法,再结合唐崖土司城址保护区划的划定,对山地类古遗址保护区划的划定方法进行论证。

结合遗址的性质、分布、周边的自然环境和人文环境、考古工作情况等因素,山地类古遗址主要存在以下特征。

(一)分布范围广、遗存面积大

由于山地类古遗址所处区域地形复杂,不利于集中建设,各类遗存大多建立于各个山脚下较为平整的小片区域,因此山地类古遗址的分布一般较为分散,并且分布范围广阔、总体面积较大。例如,湖北省恩施州的容美土司遗址,目前探明的遗存就有万全洞、万人洞、情田洞、中府、爵府、南府、细柳城、天泉山关寨、西坪府寨、水寨、九峰桥等多处,这些遗存零散分布于鹤峰县容美镇、太平乡、五里乡、下坪乡等4个乡镇,总体分布范围达44平方千米。

(二)考古工作难度高

由于山地类古遗址单体遗存分布范围较小,遗存分布相对零散,因此在实际工作中对遗址各保护对象的构成情况很难全部明确,对各类单体遗存的边界也很难明晰,这给遗址的考古工作带来很大困难。例如,湖北荆州八岭山古墓群作为楚纪南故城的高等级墓葬区,已探明的467座墓葬分布于27平方千米的八岭山中,虽经过部分调查和勘探工作,但对墓地的分布规律、选址因素、规模等级、相互关系、葬制差异、大型楚冢的陵寝制度及与楚纪南城址的关系等诸多问题尚无全面、深入的认知,要想通过考古工作对上述信息进行明确,其难度可想而知。

(三)受人类活动影响大

在土地资源珍贵的山区,人地矛盾突出,山地类古遗址所在地大多地势平坦,不仅是古代选址的良好场所,也是现代村落和道路设施建设等人类活动较为集中的区域,这将对遗址的格局完整和文物安全产生较大影响。例如,云南大理的太和城遗址位于苍山马耳峰与洱海之间。整个遗址区域内现状大部分为村落,村落建筑和大量现代坟茔占压遗址本体,部分河道内垃圾堆积、局部断流,滇藏公路和大丽路由南向北并行穿城而过。不仅严重影响遗址风貌,而且对遗址安全造成较大的威胁。

(四)对周边自然环境要求高

山地类古遗址所在地大多地势较高,视线可达性较好;同时由于山地类古遗址大多背山面水，具有较好的环境格局。自然环境的破坏，必定会直接影响遗址的视线景观和环境格局。因此保护区划的划定对遗址的地形、植被、水文、格局等自然环境和风貌条件具有较高的要求。例如，甘肃礼县的大堡子山遗址及墓群地处两个山梁之间，南滨西汉水，西邻汉水支流永坪河，襟山带河、两水环绕，地表植被的改变及遗址周边山梁和水系的破坏势必对遗址的视线和格局产生很大影响。因此，考虑到遗址的景观视野和格局完整，在保护区划划定时，将遗址周边视线可达范围内的山体及水系划定在保护范围之内。

二、山地类古遗址保护区划的划定

山地类古遗址保护区划的划定，首先应遵循保护区划划定的一般原则和要求，即"根据文物保护单位的类别、规模、内容以及周围环境的历史和现实情况合理划定"[5]，"根据确保文物保护单位安全性、完整性的要求划定或调整保护范围，根据保证相关环境的完整性、和谐性的要求划定或调整建设控制地带"[6]，同时，保护区划还可以根据实际需要进行进一步细化："保护范围可根据文物价值和分布状况进一步划分为重点保护区和一般保护区，建设控制地带可根据控制力度和内容分类。"[7]

此外，针对山地类古遗址的基本特征，其保护区划的划定还需考虑以下几方面因素。

（一）注重本体安全，分级划定保护范围

保护区划的划定首先需要考虑文物的本体安全，山地类古遗址分布分散，集中划定成一个保护范围不仅需要较高的保护成本，而且由于大量非文物建筑夹杂在保护范围之内，各类保护措施实施时操作难度较大。因此宜将各文物本体外扩一定范围分别划定重点保护区域；对于遗存分布范围较为明确，但由于考古工作欠缺、遗存的功能和结构尚不清晰的区域宜划定为一般保护区或地下文物埋藏区；对于与遗址直接相关的地理格局宜划定为一般保护区或建设控制地带。这样不仅确保了文物的安全和遗址格局的完整，也能按各类遗存的重要程度和现状的轻重缓急分别制定相应的保护措施，提高了保护措施的针对性，同时也降低了保护成本，便于具体操作和实施。

（二）加强考古工作，动态调整保护范围

由于山地类古遗址的特性和考古工作的限制，遗址的各类遗存很难在短时间内全部明确，而遗址的保护区划又不能待遗址的保护对象全部明确之后再行划定。因此，可以根据遗址的现存状况动态划定和调整保护范围：将布局、结构明确的遗存划定至重点保护区，将尚不明确的保护对象置于一般保护区或文物埋藏区内。根据考古工作

的陆续展开，将新发现的遗存适时动态调整至重点保护区内。既保证了遗址的安全和各项措施的及时实施，又能确保保护区划的准确和合理。

（三）保护周边环境，分类划定建设控制地带

作为遗址的重要组成部分，遗址周边的环境需要根据不同的控制要求分类划定。其中，遗址的视线可达范围宜划定为一类建设控制地带，严格控制新建建筑规模，对现代建筑的改造和翻新也需严格遵守传统风格，对遗址的本体和环境造成危害和影响的植被、建筑物、道路等设施应及时搬迁、整治；遗址的视线可达范围外，可以根据具体地形和现存设施情况分类划定二、三类等建设控制地带，用于搬迁安置保护范围内的民众和建设各类管理、展示及相应的游客服务设施，同时对各类设施提出体量、高度、色彩、造型等协调要求。

（四）协调山形水势，合理划定环境协调区

在确保遗址周边环境格局完整的情况下，可以结合山地类古遗址的山形水势和周边的地形地貌综合考量和划定遗址的环境协调区，以保护遗址的历史地理环境特征和整体感。遗址的环境协调区内可提出对生态资源和景观资源的保护要求，同时应对协调区内山体、水源和遗址景观的破坏与污染提出限制要求。

由于遗址保护区划的划定需要占有一定的土地和空间范围，必然会对区划范围内的生产生活活动产生一定影响。遗址保护区划的划定不仅需要协调文物本体与周边环境的关系，还要协调文物保护和区域社会经济发展之间的关系。保护区划划定的科学与否直接决定着遗址保护与利用工作能否有效实施。因此，山地类古遗址保护区划的划定，需要综合考虑遗址的本体安全、环境及风貌协调、考古工作的推进等多方面因素，使之既能够有效地保护文物本体及周边环境，又能够合理地与地方社会发展和当地居民生活改善相衔接。

三、唐崖土司城址保护区划的完善

（一）唐崖土司城址的基本情况

唐崖土司城址位于湖北省恩施州咸丰县，地处巫山山脉、武陵山脉、大娄山山脉的交汇地带，是一处典型的山地类古遗址。

遗址经考古工作确认的遗存包括城防体系、道路设施、建筑基址、墓葬、石刻、古井等，这些遗存大部分分布于遗址东部、城墙范围之内，少部分零星分布于遗址西部。遗址于2011~2013年进行了较为集中的考古工作，分别对遗址本体及周边地区进行了考古调查和勘探。其中，城墙范围内的考古工作包括对城墙进行局部解剖，发掘

衙署遗址与部分墓葬，对本范围内遗存的布局、结构和主要遗迹有着比较具体的认识[8]；城墙范围外的考古工作以调查为主，基本确定了遗存的类型和位置，而对各类遗存的规模、性质、相互关系等具体信息尚不明确。

遗址周边群山环绕：胡家山自东北向西南横卧遗址西北部，长岭岗、大寨顶沿线自北向南在遗址的东南部延伸；遗址背靠玄武山、面对唐崖河，碗厂沟、贾家沟分列遗址左右。遗址北部有463省道擦肩而过，东部被皇城大道自北向南贯穿；遗址北部1000米左右为尖山集镇和大石沟村，人口分布较为集中，生产生活活动离遗址的遗存分布区较远。

总体而言，遗址本体各类遗存信息基本明确，但仍需进一步加强考古工作；遗址周边整个山形水系都较好地保持了历史原貌；周边的生产生活活动较少，但仍对遗址产生了一定的影响，需要适当调控。

（二）唐崖土司城址保护区划的历次划定

唐崖土司城址先后进行过三次保护区划的划定和调整。

保护区划的划定最早可追溯至其被公布为县级重点文物保护单位之前，1985年，咸丰县人民政府行文公布了唐崖土司城址的保护范围和建设控制地带，保护范围为：东至唐崖河西岸，南至贾家沟边，西至玄武山顶，北至碗厂沟旁；建设控制地带为：牌坊、皇坟、张王庙四周距城墙20米及三街左右30米以内。1991年、1992年，恩施州和咸丰县人民政府再次对该范围进行了公布确认。

唐崖土司城址列入第三批湖北省文物保护单位之后，2000年，省人民政府正式公布唐崖土司城址的保护范围和建设控制地带。其四至保护范围未变更，建设控制地带变更为：凡保护区周边视野所及，均为建设控制地带。

随着土司遗址申报世界文化遗产工作的展开，结合考古工作和各项评估结论，2013年编制的《唐崖土司城址保护管理规划（2013—2030）》[9]对遗址的保护区划进行了进一步调整。其保护范围为：北界为新寨沟、碗厂沟一线，东界沿唐崖河东岸，南界沿贾家沟，西界至山脉以西约100米（图一）；建设控制地带的边界为：东界沿长岗岭—大寨顶—筒槽沟一线，南界沿唐崖河南岸（赵家河旅游公路）—打纸沟—赵家沟—黄家沟—肖家沟一线，西界沿沟阴河东岸，北界沿尖山集镇以北—尖山二桥—胡家山山脊—双河口村东北一线。2014年公布实施的《唐崖土司城址文物保护规划（2014—2030）》基本沿用了2013年公布的保护区划（图二）[10]。

（三）现状保护区划存在的问题

现在看来，1985年和2000年公布的保护区划范围不够具体、边界不明确，在实施过程中很难操作。2013年公布的保护区划则相对符合遗址实际状况：保护范围涵盖了

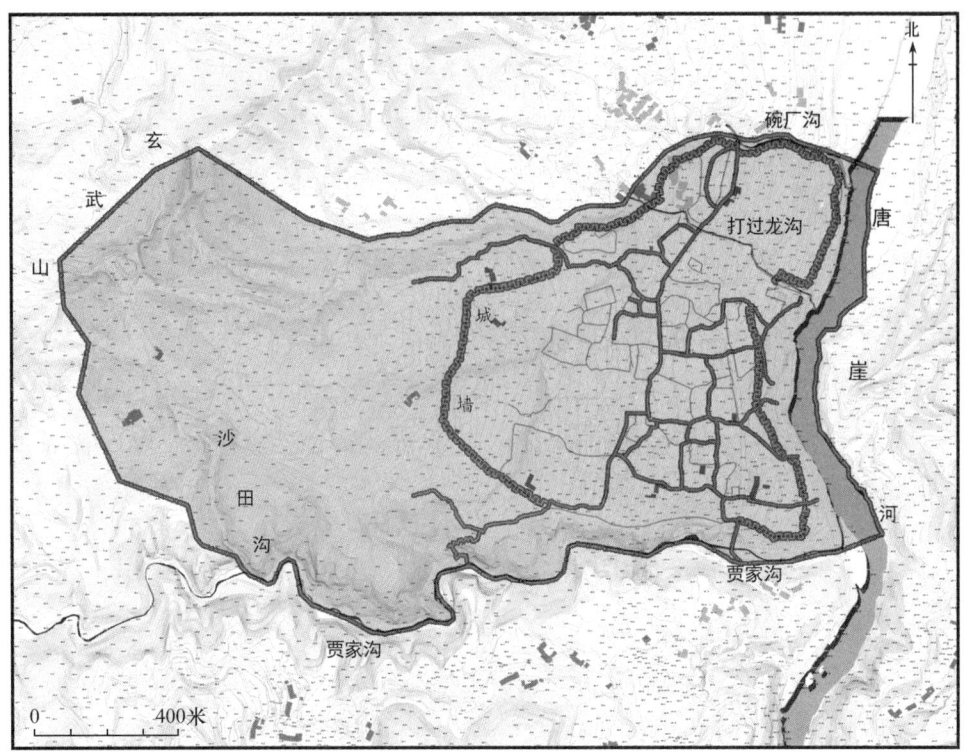

图一　2013年公布的唐崖土司城址保护范围

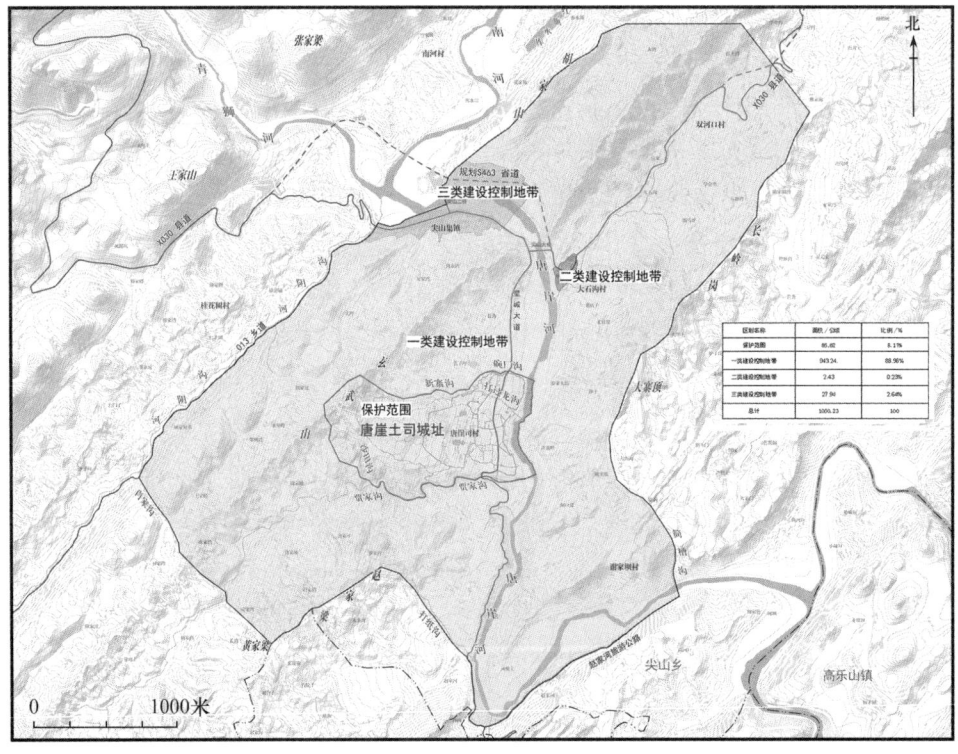

图二　2013年公布的唐崖土司城址保护区划

遗址的各类遗存，并兼顾了周边的环境格局；建设控制地带的划定则充分结合了自然地形与村落、集镇、道路以及遗址选址相关的地形地貌要素，基本涵盖了遗址所在的独立地理单元。

但就遗址的考古工作情况、区划边界、实际控制要求等方面而言，唐崖土司城址的现状保护区划仍可进一步商榷。首先，保护范围的划定未按考古工作的现状区别对待。遗址东部城墙范围内的考古工作比较充分，对各类遗存的认识较为具体；而遗址的西部各类遗存的信息多不明确，仍需要考古工作进一步确认，无法针对性地提出和开展各项措施。如果两个区域不加以区分，而采取相同的保护规定和保护、利用措施，不仅会提高遗址的保护成本，也将导致遗址西部的各项措施难以具体实施，保护、利用效果也将大打折扣。

现状保护区划划定的边界较为模糊，具体可操作性较差。其中保护范围北部、南部边界的新寨沟、碗厂沟、贾家沟都是季节性河流，其水位会随季节变化发生变动；西部边界为玄武山以西约100米，也未能加以明确。建设控制地带多沿山脊、河流连接线设置，未能涵盖遗址周边完整的地理单元，建设控制地带东北部边界为双河口村东北，概念模糊，很难操作实施。

唐崖土司城址一类建设控制地带划定的面积过大，对当地居民生产生活活动造成了一定影响。遗址建设控制地带的总面积为973.61公顷[①]，其中作为管理与服务用地的二类建设控制地带与作为尖山集镇区的三类建设控制地带的划定基本考虑了周边地形地貌情况和现实的发展需要。而作为一般控制区域的一类建设控制地带面积达943.24公顷，大部分区域超出了遗址的视线可达范围，超出区域对遗址本体及周边环境影响甚微。如按现状控制强度[11]对一类建设控制地带提出建设控制和环境整治要求，则大大提高了基础设施和环境整治措施的成本。另外，通过对该范围内十来个自然村的村民进行回访沟通，笔者发现当地村民普遍反映这一范围的建设控制规定严重限制了他们的生产生活活动，对诸多限制规定存在很大意见，对遗址及地方管理带来一定问题，一定程度上影响了当地居民生产生活的改善和区域社会经济的发展。

（四）唐崖土司城址保护区划完善建议

通过对山地类古遗址基本特征和保护区划划定分析，结合唐崖土司城址保护区划面临的突出问题，笔者对唐崖土司城址保护区划提出了部分完善建议。

1. 保护范围

根据考古工作现状，笔者将遗址原保护范围划分为重点保护区和一般保护区，并

---

① 1公顷=10 000平方米。

对保护范围的边界进一步细化。其中，重点保护区的范围包括：北界为打过龙沟与碗厂沟交接—打过龙沟河谷谷底北扩10米—东至唐崖河对岸连接线；东界沿唐崖河东岸划定；南界为城墙遗址南端南扩10米沿山脊至贾家沟—贾家沟河谷谷底南扩10米—东至唐崖河对岸连接线；西界为打过龙沟与碗厂沟交接—城墙遗址外扩10米沿线。一般保护区的范围包括：北界为打过龙沟与碗厂沟交接—新寨沟北扩10米—沿山脊至玄武山北部峰顶，东界与重点保护西界重合；南界为贾家沟谷底南扩10米—沿山脊至沙田沟西南、西侧山峰峰顶—沿山脊至玄武山西南峰顶连接线；西界为武山北部峰顶—玄武山西南峰顶连接线（图三）。

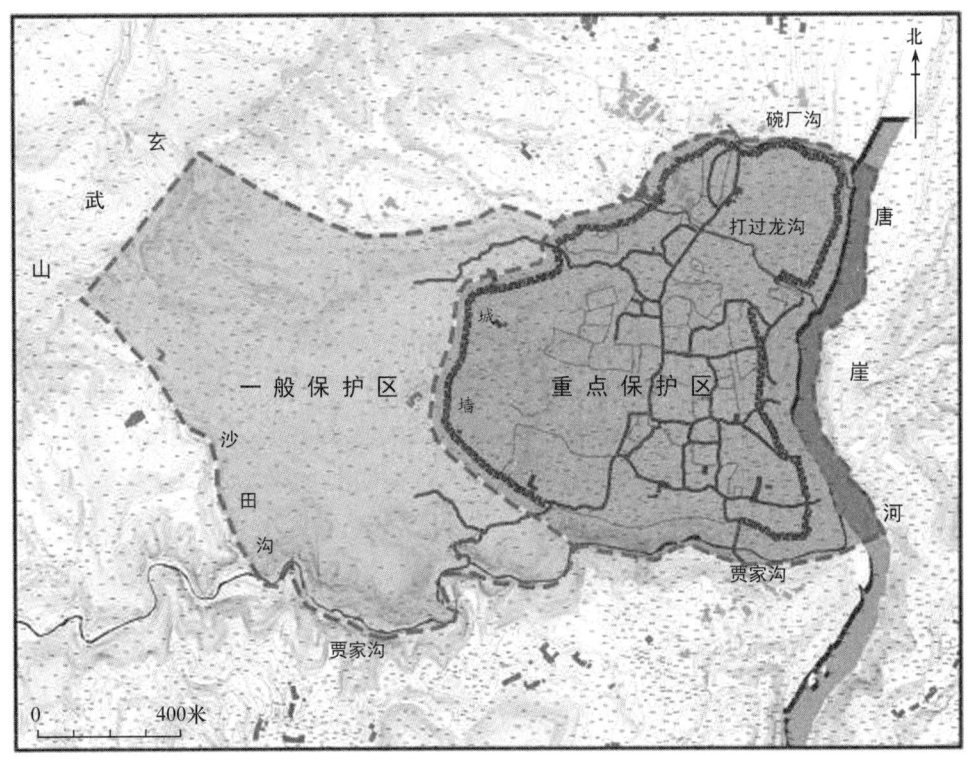

图三　调整后的唐崖土司城址保护范围

2. 建设控制地带

根据遗址的视觉可达性及遗址周边环境现状，笔者对遗址的建设控制地带完善为：北界为原三类建设控制地带北线—规划中的463省道南侧—二类建设控制地带北线—沿山脊至大寨顶北部山峰峰顶连接线；东界为大寨顶北部山峰峰顶至大寨顶峰顶—沿山脊至谢家坝村北侧山峰峰顶—谢家坝村西侧山脊至赵家河旅游公路与打纸沟南侧交接的连接线；南界为打纸沟谷底南扩10米沿线—罗家湾北部峰顶—保护范围西南、贾家沟南侧；西界与保护范围的西界—玄武山山脊—原三类建设控制地带西南交点的连接线。其中，二、三类建设控制地带范围不变，其余区域为一类建设控制地带范围，建设控制要求参照《唐崖土司城址文物保护规划》的相关规定执行。

3. 环境协调区

根据遗址所在地独立地形单元的完整性和遗址周边地形地貌特征，在遗址的建设控制地带以外划定遗址的环境协调区。北界为胡家山山脚、红旗水库东岸—沿山谷至红土湾北部山峰峰顶—独家沟南部、长岭岗北部延长线山峰峰顶连接线；环境协调区的东界、南界与原保护区划的东部建设控制地带边界一致，西界为西界沿沟阴河东岸—沟阴河与唐崖河交接处—南河西岸—胡家山脚、张家坡至红旗水库东岸（图四）。

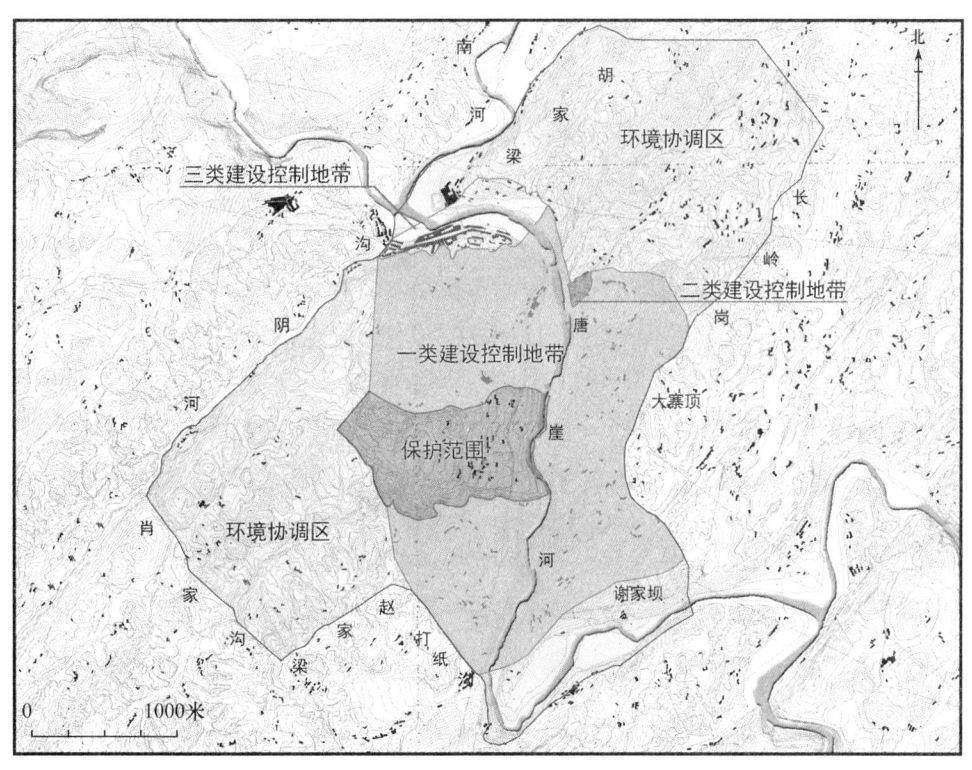

图四 调整后的唐崖土司城址保护区划

四、余　论

保护区划是遗址保护工作中最重要的技术手段之一，也是遗址保护管理工作中必须进行的、不可缺少的工作程序与内容；各类遗址保护规划中确定的保护区划，则是遗址保护管理工作的执法依据[12]，具有重要的法律意义，一经公布便具有较强的权威性。而现有不可移动文物保护区划的划定尚无统一标准，因此，建议国家有关部门在结合现有工作实践的基础上，通过系统的研究、总结，出台相关规范。

注　释

［1］　中华人民共和国主席令第28号：《中华人民共和国文物保护法》第十五、十八条，2015年4月。

［2］　中华人民共和国国务院令第524号：《历史文化名城名镇名村保护条例》第十四条，2008年7月；中华人民共和国建设部令第119号：《城市紫线管理办法》第六条，2004年2月。

［3］　国家文物局：《关于印发〈大遗址保护"十二五"专项规划〉的通知》，2013年5月。

［4］　"四至"距离标定法即以文物的主要部分为中心，确定其至四个方向的距离，形成一个矩形或方形的"四至"边界，作为不可移动文物的保护范围或建设控制地带。

［5］　国务院：《中华人民共和国文物保护法实施条例》第九、十三条，2003年7月。

［6］　国家文物局：《全国重点文物保护单位保护规划编制要求》第八条，2004年7月。

［7］　国家文物局：《全国重点文物保护单位保护规划编制要求》第八条，2004年7月。

［8］　湖北省文物考古研究所等：《湖北咸丰唐崖土司城址调查简报》，《江汉考古》2014年第1期，第21~53页；湖北省文物考古研究所等：《咸丰唐崖土司城址衙署区发掘简报》，《江汉考古》2014年第3期，第37~60页。

［9］　中国建筑设计研究院建筑历史研究所：《唐崖土司城址保护管理规划（2013—2030）》，2013年12月。

［10］　湖北省古建筑保护中心：《唐崖土司城址文物保护规划（2014—2030）》，2014年9月。

［11］　根据《唐崖土司城址文物保护规划》，唐崖土司城遗址一类建设控制地带的控制要求主要包括：严格控制新建建筑规模，原则上不得突破原有建筑宅基地范围，并经过审批；建筑要求保持鄂西土家族地方传统穿斗式木结构吊脚楼建筑的外形特征。区域内对遗址本体和环境造成危害和影响的植被、建筑物、构筑物、道路等设施应于近期实施整治；除传统手工业外，各类小型工厂企业应于中远期全部取消或搬迁出本范围。

［12］　姜中光：《关于不可移动文物保护区划的探讨》，《文化遗产保护规划理论与实践学术研讨会论文集》（内部资料），2014年，第7~13页。

试论遗址类博物馆的讲解体系构建

——以唐崖土司城址为例

杨竣方

（唐崖土司城遗址管理处）

摘要：随着我国遗产旅游的蓬勃发展和人民群众日益增长的精神文化需要，越来越多的民众把旅游作为学习知识和提升文化品位的重要途径，这就对文化遗产地的旅游讲解提出了更高的要求。有基于此，笔者通过在世界文化遗产地唐崖土司城址多年的讲解实践，从梳理分析遗址博物馆讲解工作的特点出发，初步构建了一套符合遗址博物馆实际的讲解体系。

关键词：遗址博物馆；讲解；体系

一、遗址博物馆讲解工作的意义

（一）博物馆的讲解

"文物承载灿烂文明"，蕴藏着丰富的历史、艺术和科学价值。如何让收藏在博物馆里的文物、陈列在广阔大地上的遗产活起来，成为"加强社会主义精神文明建设的深厚滋养"，是文物工作的一项重要职责。因此，讲清楚文物背后的故事，让大众获得更多的信息，就显得十分重要。这其中不仅有科研普及的途径、媒体宣传推介的手段，同样更需要发挥现场的讲解功能，通过直观引导的形式，让大众在身临其境的体验中，通过直面的课堂式解读，充分了解文物这一老祖宗留给我们的宝贵遗产，在传承历史文化、维系民族精神中的作用。

对于文物工作中讲解的定义，当前主要围绕在博物馆的范畴内。目前没有明确的概念界定，有学者认为："博物馆的讲解工作是一种有针对性的传播知识和信息的教育行为，也是博物馆文化教育工作的最前线。它以博物馆的陈列为基础，运用逻辑性严密、科学性强的语言及其他辅助技巧，将知识信息传递给观众。"关于讲解的作用，有业内人士指出："讲解是一门艺术，是博物馆的生命，讲解工作是博物馆辅助观众参观的重要手段。它是博物馆的社会教育与服务的内容之一。""讲解是实现博物馆社会教育功能的主要途径。"

（二）遗址博物馆的讲解

遗址既通常所指的古文化遗址，是不可移动文物的重要类别。通过建立遗址博物馆对其进行展示是文物合理利用的一种途径。我国第一座遗址博物馆是1958年4月建成并正式对外开放的西安半坡遗址博物馆。作为博物馆学分类中的一个专业类型，随着"大遗址保护"的推进，遗址博物馆正在蓬勃发展，类型也在不断丰富，由传统的以单一的遗址展示馆形式，转变为遗址公园式等多种类型，并形成了明确的概念："遗址博物馆是用以深护和研究人类历史所遗留的非移动性文化遗产和自然界的遗迹。其中包括城堡、村落、住室、作坊、寺庙、陵园以及有纪念性的旧址和古生物化石现场等。并以收藏和陈列遗址出土物为主，使之对公民进行科学、历史、文化知识传播的宣传教育机构。"[1] 所以在遗址博物馆，"静止的、固定的、真实的遗址本身就是一件珍贵的文物，它的发掘与展示体现出了它的权威性和严肃性。这是每一个遗址博物馆讲解的主题与精华"[2]。然而在具体的遗址讲解中，与展室讲解相比，因环境的不同、空间的不同、展线的不同，如何达到讲解效果，就显得比较困难。

（三）唐崖土司城址的讲解

唐崖土司城址位于湖北省咸丰县，是14～18世纪唐崖覃氏土司的政治、经济、军事和文化中心。遗址占地74万平方米，坐西朝东，城内历史功能格局清晰、遗迹保存完整，是鄂、渝、湘、黔边少数民族地区最具代表性的土司遗存。2013年5月被国家文物局和财政部列入"十二五"时期大遗址保护项目库的150处重要大遗址；2015年7月，在德国波恩召开的第39届世界遗产大会上，作为"土司遗址"组成部分，列入《世界遗产名录》。随着保护、环境整治和展示工程的实施，目前以遗址内各类遗存为主体、结合遗址现场展示馆的遗址博物馆已基本建成，并于2016年"文化遗产日"正式对外开放。作为山区遗址博物馆，与辽宁和吉林的高句丽遗址、重庆的钓鱼城遗址、湖南老司城遗址、贵州海龙屯基本相同，该遗址的展示场所除了现场展示馆外基本处于露天状态，参观考察过程受自然条件因素和季节变化影响较大；且其展线基本依据历史上的道路体系设置，路况复杂，有些为后期铺设的栈道，有些为原始的道路，且海拔高差大，唐崖土司城址入口处海拔仅500米，而最高处的玄武山顶玉皇庙海拔高达650米，落差约150米。同时因遗址面积较大，遗存分布较广，完整的展线较长，总长约5千米。因此，讲解过程因环境的变化、空间的扩大、展线的延长等均会给观众带来不同的心理及体力承受反应。讲解过程如何因势利导，掌握调适不同观众参观心理的技巧，使观者尽快从心理上适应遗址环境，进入正常参观状态，是遗址讲解过程必须面对的首要问题。否则讲解效果无法形成，讲解员的讲解过程也就变成了简单的陪游，失去意义。

二、遗址博物馆讲解工作的特征分析

因与一般"殿堂""货柜"式博物馆所不同的环境和展品,遗址博物馆宣教工作不仅要向观众介绍展室的文物标本,同时还要通过这些文物标本来揭示遗址的丰富内涵,并以遗址遗迹、遗物为宣传重点,向观众介绍该遗址所反映的历史梗概[3]。因此,作为宣教核心的讲解也具有自身的特点,有学者将之归纳为:以遗址为中心的讲解;传播与遗址有关的多学科知识;强烈的临场性、灵活性和主动性[4]。这一界定具有很强的概括性和准确性,结合该观点,根据唐崖土司城址讲解的实际,笔者认为遗址博物馆讲解具有以下三个特征。

(一)以遗存为核心

遗址博物馆,特别是依托大遗址建立的遗址博物馆,遗址本身就是一个博物馆单元,遗址内的遗存就是最重要的,也是最重要的展品,成为遗址博物馆参观的中心。因之,讲解理所当然地围绕这个中心展开。

唐崖土司城址作为山地城市的佳作和典范,在"齐政修教,因俗而治"的理念下,城市体现了中原汉文化与土家文化的充分融合。该城市从理念到形制、从选址到布局、从结构到功能,无不模仿都城的范式和特色,呈现出一座俨然唯我独尊的"皇城"[5]。中国考古学会前理事长、故宫博物院原院长张忠培先生将其称为"小故宫",体现了"家天下"的格局。整座城市背山面水,四周有城墙围合。城内功能设施完善,格局清晰,由一条南北向主干道、三横三纵的次干道以及数十条巷道形成的道路系统分割为数十个院落,这些院落是城内的基本结构单元。位于主干道中段、城址中心位置的大型院落即衙署区,是土司处理政务与生活的地方。城内还设有大寺堂、营房、检阅台、御花园、万兽园、杀人台、引水渠、水井等宗教、军事、娱乐、司法、生产生活设施。城外有码头、桥梁、瞭望台等附属设施。

因此,唐崖土司城址内遗存就构成了一套完整的藏品体系。到唐崖土司城址参观考察,每一处反映城市特点、具有代表性的遗存都要实地游览,否则认识和理解的唐崖土司城是不完整的。其中,反映城址防御体系的城垣和天然护城河唐崖河是必须到达的;反映城市格局的和路网体系特征的中街、第一下河道是一定要走一走的;反映土司战功和唐崖土司城标志的"荆南雄镇,楚蜀屏翰"牌坊是一定要仔细欣赏的;反映土司统治和生活的衙署遗址是必须深入考察的;反映土司丧葬文化的第二代土司覃值什用墓是一定要踏看的;反映土司宗教信仰和土家族高超雕刻技艺的武庙张王庙及石刻是一定要细细品味的。

由于文物作为特定环境下的文化遗存,本身不会说话,所以,在参观的过程中,讲解要以现场和遗存为依托，在现场"身历其境"的特定考察环境，不仅要让游人了解每一个文物点的丰富历史信息，更要让游人通过讲解将这些文物点在意识中串成一个完整的城市。

（二）以环境为载体

进入遗址博物馆，原始的环境、位于原址真实的文物都是以历史的环境呈现给游人，给人以直观的、形象的感染力。加之后期环境的整治，遗址内的绿化也让遗址和环境很好的融合。所以，进入遗址博物馆很容易感受与城市不同的氛围、与殿堂式博物馆不同的风格，仿佛置身优美的文化景观公园。

对于大型聚落，特别是城市的构筑，中国人有自己成熟的理论，注重选址和环境的融合。《吴越春秋》云："筑城以卫君，造廓以守民，此城廓之始也。"《管子》："凡立国都，非大山之下，必广川之上，高勿近埠而水用足，下勿近水而沟防省。"历史上唐崖土司管理范围在乌江支流唐崖河上游，曾与龙潭土司和金峒土司互为掎角之势，且与龙潭土司一衣带水。为了满足土司治所在城市居民、防御和统治思想上的需要，唐崖土司城在选址过程中充分利用了周围山形水势，地处唐崖河上游平缓开阔地带的一处西高东低相对独立近似于三角形的台地上，两岸山崖陡峭，南北两端山口狭窄，"扼楚蜀之腹地，据荆南之要塞"。城市布局因天材，就地利，"故城郭不必中规矩，道路不必中准绳"。

在申遗工程中，通过实施文物保护工程和环境整治工程，遗址的历史环境风貌已基本呈现，山形水势都是唐崖土司城鼎盛时期的状况，青的玄武山、绿的唐崖河与沧桑的城垣、古朴的石板街、巍峨的"荆南雄镇，楚蜀屏翰"牌坊俨然构成一幅土家风情山水画。同时，遗址内两条天然屏障贾家沟、碗厂沟以及天然主排水沟打过龙沟，以及象征土司爱情的"夫妻杉"都是遗址历史环境的再现。因此，在讲解过程中，唐崖土司城的选址是游人必须了解的信息；依山就势构筑的城市建筑，特别是随形就势铺设的道路是游人需要体验的景点，城内美妙的自然景观是游人需要融入的最好感触。然而在参观过程中，最主要的还是讲解中的语言告之、体验式的引导，让游人通过环境，准确掌握中国古代城市的构筑特点，特别是人与自然融合的"天人合一"理念。这样，遗存的定位也就通过环境有了更深的印象，增加了游览中通过"寓教于乐"式对唐崖土司、民族特色等知识和信息的理解。

（三）以历史为背景

文物是人类社会生产和生活的物质遗存，同时又是精神文化的表现。作为历史的产物和见证，它真实性强，形象生动，具有很强的说服力。"百闻不如一见"，在遗址博物馆，文物以原位置、原环境的物质形式展现在人们面前，往往比文字的、书面的教育收效更大。但通常遗址博物馆也存在一定的信息传递不足，形成讲解的难点：首先，遗存价值巨大但观赏性小；其次，对于一般观众而言，考古知识过于专业，这常常限制了讲解者的发挥；再次，由于遗址具有独特的文化内涵，而对遗迹价值的认识则依托于相关历史信息，这又对遗址博物馆的讲解提出了更高的要求[6]。因此，如何让游人了解文物背后的历史，是讲解需要重点解决的问题。

唐崖土司是土司制度的产物。土司制度是元、明、清封建中央王朝在西南少数民族地区委任当地首领担任"土司"，世袭统治当地人民的一种行政管理制度。该制度秉承了古代中国延续两千余年的"齐政修教，因俗而治"的民族治理传统理念，是古代中国作为多民族统一国家，在民族管理模式发展成熟阶段形成的极为系统和规范的少数民族管理制度。

鄂西属较早并完整、规范、有效推行土司制度的地区，先后有39个土司，但仅唐崖土司筑有城。《万历湖广总志》明确指出"施州卫所属各土官，俱各寨居"，即使被雍正帝称为最为富强的容美土司，其统治中心的中府虽"司治五门"，然亦"无城有基"。按照唐崖《覃氏族谱》记载，平定奢崇明叛乱后，明朝廷为表彰参与者唐崖土司覃鼎的战功，不但将其升为宣慰使（实为宣抚使），而且为其敕建了"荆南雄镇，楚蜀屏翰"牌坊，同意其建立治所"大方平西将军帅府"，即唐崖土司城。

在唐崖土司城建造过程中，建造者不仅充分考虑了防御要求，而且注重吸收中国古代城市规划的成熟经验，在建设选址中，将周边的山形与"四象"结合，将城市背依的山命名为玄武山，将对面的山命名为朱雀山，将左右两侧的山分别命名为青龙山和白虎山。特别是在土司衙署的布局中，严格采用了中轴对称式，并在其前面设置高大的"荆南雄镇，楚蜀屏翰"牌坊，突出反映了土司制度的特征既有自上而下体现中央王朝要求的方面，又有基于少数民族自身统治和传统的方面，充分体现了土司制度"齐政修教，因俗而治"的政治智慧。

唐崖土司城址是特定历史环境下的历史遗存，它所反映的是土司时期特殊的国家管理智慧和理念，其历史价值也正源于此。所以，在唐崖土司城址的讲解过程中，历史上的土司制度、唐崖土司城的建设背景，唐崖土司城建筑的特点都是重要的讲解内容。这不仅有利于游人对遗存形成宏观认识，掌握遗存的"来龙去脉"，而且有利于增强人们对中国区域历史文化的认同感，提升文化遗产的保护意识。

三、遗址博物馆讲解体系的构建

从遗址博物馆讲解的三个特征可以看出，对遗址博物馆来说，讲解不是讲解员的一次引导活动，必须从全面的、系统的角度出发，构建一套完整的体系，让游人通过看、听、思等多个层面的信息掌握，在游览过程中达到休闲、体验和学习多方共赢。按照游览考察的时空逻辑，一套完整的讲解体系，可包括以下几个层面。

（一）一个针对遗址介绍的专业网站

随着现代传媒和互联网的发展，人们热衷于从快速便捷的网络查找需要掌握的信息。为了便于游人在进入遗址博物馆前对遗址有一个基本了解，遗址博物馆应用其专业的素养和对遗址信息的准确掌握，建立专门的遗址专业信息展示网站，特别是可以依托三维扫描等现代科技，让人们在进入遗址前通过媒体传播视觉，掌握遗址博物馆的全面科学信息。目前，唐崖土司城遗址管理处已建立了专门的遗址网址和公共微信，其中公共微信设置唐崖韵事、唐崖攻略、游览服务三大项，微官网、资讯、文化、景点、音画、语音介绍、虚拟游览、导图、游记、博物馆、购票指南、在线购票、周边特色、我有话说十四个子项，实现了让游客不出门也可游遗址的效果，并为游览前充分了解相关信息，特别是文物基本信息提供了便捷。

（二）一份宏观介绍遗址基本情况的解说折页

由于大部分游人不具备相关的专业知识，进入遗址前又不了解遗址概况，在参观过程中，即使讲解员水平再高再认真，也不能让其对遗址有宏观了解，很难对遗址的独特性、稀有性有确信的共鸣。相反在讲解员滔滔不绝的陈述中，加重本来就存在的陈列、讲解与观众之间的阻隔，进而造成在心理上对讲解内容的拒斥感，从而大大影响参观效果。因此，进入遗址博物馆，一份图文并茂了解遗址背景的解说折页，就显得很必要。目前，进入唐崖土司城址考察，讲解员在介绍之前，都会给游人发一份解说折页，折页中不但有遗址概况和主要遗存点情况介绍，而且附有遗址全景照和三维复原照，让游人和讲解员，通过现场，尽快形成听与想之间的沟通，极大地提升了讲解效果。

（三）一条全面反映遗址特征的游览线路

遗址博物馆考察线路长，遗存分散，加之游客年龄、身体条件等因素的不同，所以如何设置一条能全面反映遗址特征的游览线路就显得十分重要。为此，管理者和讲解人员在唐崖土司城址内部设定了具有针对性的游览路线，如果天气情况较好，游客身体状况也好，且时间较宽松，一定会按照先张王庙，然后沿第一下河道入城，再沿中街、上街，到九道拐，上玄武山，下下街，出北门的顺序参观，其间城址防御体系、路网体系、军事设置、土司衙门、土司墓地、家庙和附属设施都会考察，从而对遗址有一个非常清晰地了解。

（四）一份全面准确的讲解词

讲解词是讲解的基础。如何编写一份全面准确的讲解词，很多学者进行了研究，针对遗址博物馆讲解词的撰写，张理智先生将其逻辑结构归结为背景、框架、细节三个方面，而将三者有机结合且在实践中灵活运用，是实现讲解最佳效果的保障[7]。

唐崖土司城址的讲解词在参照世界文化遗产钟祥明显陵讲解词的基础上，以遗址的研究成果《唐崖土司城址》一书为蓝本，同时，结合当地民俗和民间传说编撰，既体现了对文物描述的科学性，又体现了对区域文化和生态环境表述的生动性。讲解词共分为土司制度概况、唐崖土司城址价值、单体遗迹介绍三个部分，每一个单体遗址介绍又突出了单体与城址整体关系和主要价值特征，以及在反映"齐政修教，因俗而治"价值特征方面的支撑作用，较好地实现了背景、框架和细节的结合。

（五）一支高素质的讲解队伍

遗址，是一个兼容并包的巨大载体，它所包含的内容一般说来是比较丰富的，涉及相对广阔的知识领域。讲解员的任务是将这一载体所包含的社会的、历史的、艺术的内容在简短的时间内准确、生动、简明扼要地告诉观众，这不仅要求讲解员有熟练的讲解技巧，而且对遗址所反映的文化内涵应有较全面、系统、深刻的了解。衡量讲解员业务水平的高低，不能以熟练掌握解说词为标准，而应以具备较扎实的专业基础理论知识和灵活的业务应变能力为目标[8]。

目前唐崖土司城址有专门的讲解机构。讲解人员可分为三个层次：一是唐崖土司城址管理处领导，主要针对重要的公务接待和学术接待；二是专业技术人员，主要承担大型学术考察和团体预约；三是一般讲解员，主要从遗址区域选拔而来，经过专业培训上岗，主要承担一般游客接待。这样将讲解工作融入整个遗址的管理体系的形式，不仅解决了遗址讲解员人数不足的问题，而且提升了讲解的专业化水平。

（六）一座符合遗址特点的现场展示馆

遗址，特别是经过考古发掘的重要遗址，都有大量的文物出土，这些文物不仅是遗址历史、艺术和科学价值的重要见证，而且是遗址信息的重要构成载体。为了展示这些文物，一般的遗址博物馆都建有现场展示馆。但如何建立一座符合遗址特点的现场展示馆，需要科学研究。

唐崖土司城址现场展示馆位于遗址中部，第一下河道和中街的交汇处，利用遗址上的传统民居改造而成。内部陈列共分为土司制度概况、唐崖土司城址出台文物、保护管理三个单元，通过多媒体、沙盘、图片、文献和文物多种形式的展示，让游人对土司制度、唐崖土司概况、土司遗址、唐崖土司城址有了一个系统的了解。特别是以传统民居吊脚楼作为馆舍，不仅避免了遗址范围大拆大建对文物及风貌的破坏，而且实现了展示馆对传统文化的继承，突出了地域特色。

（七）一套完整的展示和语音讲解系统

现在的游客结构中，以散客为主体。大多游客是自行参观。因此，建立一套完整的展示和语音讲解系统，不仅可以作为讲解员讲解的补充，弥补讲解工作的不足，而且能为游客提供便利。唐崖土司城址内部已初步建立了展示系统和讲解系统。展示系统由中国建筑设计研究院建筑历史研究所设计，包括名称标牌、指路牌和介绍牌。介绍牌采用图、照片、文字的形式，让游客清晰知道正在考察的文物点在遗址中的位置、历史状况和基本信息。语音讲解系统和展示系统是配合使用的，重要的单体遗存均有设置，采用感应式，一旦有游客经过即自动播放。

遗址博物馆讲解作为宣教工作的一部分，如何系统的做好讲解工作，不仅需要实践的总结，更需要理论的不断提升。笔者初步构建的遗址博物馆讲解模式，由于实践对象的特征，可能还存在不足，需要在理论上提升，需要通过其他遗址博物馆实践的检验。

注　释

［1］　孙霄：《试论遗址博物馆的个性特征》，《中国博物馆》1989年第4期。

［2］　李俊梅：《浅谈遗址博物馆的讲解及讲解员综合素质的培养》，《史前研究》2000年第1期。

［3］　孙霄：《试论遗址博物馆的个性特征》，《中国博物馆》1989年第4期。

［4］　张云：《试析遗址博物馆讲解之特点》，《文博》1990年第4期。

［5］　咸丰县政协文史资料委员会、唐崖土司城遗址管理处：《唐崖土司城址》，湖北人民出版社，2015年。

［6］　章陶：《遗址博物馆讲解的难点与要点以南越国宫署遗址为例》，《中国文物报》2007年6月15日第6版。

［7］　张礼智：《背景·框架·细节——遗址博物馆讲解词的逻辑结构》，《史前研究》2013年。

［8］　孙霄：《试论遗址博物馆的个性特征》，《中国博物馆》1989年第4期。

世界文化遗产保护与文明传承：一种建构主义的视角

熊 兴

（湖北大学历史文化学院）

摘要：世界文化遗产是对全世界和全人类都具有杰出性和普遍性的文化载体，是人类历经多年保存下来的文明中的精华部分，是当今世界文化保护与传承的最高等级。从建构主义的角度看，文化、规范与认同是建构主义的主要特征。体现在世界文化遗产保护上，这些世界文化遗产本身所具有的文化内涵有助于形成和强化国家或民族的文化认同，对促进文明的传承具有重大的积极意义。

关键词：世界文化遗产；文明传承；建构主义；文化认同

一、世界文化遗产与文明传承

世界文化遗产专指"有形"的文化遗产，它是一项由联合国支持、联合国教科文组织负责执行的国际公约建制，以保存对全世界和全人类都具有杰出和普遍性价值的自然或文化处所为目的，是当今世界文化保护与传承的最高等级。

1972年，联合国教科文组织（United Nations Educational, Scientific and Cultural Organization，UNESCO）在总部巴黎通过了《保护世界文化和自然遗产公约》，正式成立联合国教科文组织世界遗产委员会，其宗旨在于促进各国和各国人民之间的合作，为合理保护和恢复全人类共同的遗产做出积极的贡献。该"公约"规定可列为文化遗产的主要有文物、建筑群和遗址等。其中文物是指从历史、艺术或科学角度看，具有突出的普遍价值的建筑物、雕刻和绘画，以及具有考古意义的成分或结构的铭文、洞穴、住区及各类文物的综合体；建筑群指从历史、艺术或科学角度看，因其建筑的形式、同一性及其在景观中的地位，具有突出的普遍价值的单独或相互联系的建筑群；遗址则是从历史、美学、人种学或人类学角度看，具有突出、普遍价值的人造工程或人与自然的共同杰作以及考古遗址。

中华人民共和国于1985年12月12日正式加入《保护世界文化和自然遗产公约》的缔约国行列。截至2015年7月，经联合国教科文组织审核被批准列入《世界遗产名录》

的中国世界遗产共有48项,其中世界文化遗产有30项。2015年7月4日在德国波恩召开的第三十九届世界遗产大会上,中国申报的"中国土司遗产"成功列入《世界遗产名录》,包括湖北唐崖土司城址、湖南永顺土司城遗址、贵州播州海龙屯。这三处遗址是目前中国规模较大、格局完整、遗存丰富且最具价值特征代表性的土司城遗址。至今这些遗产所在地的居民仍传承着各自典型的民族习俗与文化传统。土司遗址不仅给人们带来艺术美感,也让人们更加了解当时中国少数民族地区的生活状况、生产力水平和管理体系,从而了解中国国家和民族的历史发展脉络。此外,土司遗址也是中国文化多样性的体现,入选世界遗产能让世界更加了解多彩的中华民族文化。

作为人类文明的重要载体,世界遗产具有特殊的文明传承功能。文化遗产是世界各民族不可再生的珍贵资源,遍布于全球各地的世界文化遗产和蕴藏其间的文明因子既是人类共同的宝贵财富,也是各国各民族进行自身文明和自我文化传承的最具标杆性的载体,并借此形成或强化其文化认同。文化是人类经过自然选择而异于其他动物的特性,是人类文明的灵魂和缩影,是人类创造世界的主观方式和民族存在的现实图景。文化因素是一张"直接的或间接的满足人类的需要"[1]的网,且是一个经过整合、有序的、相互援引的网。而由此产生的文化认同是民族成员对本民族文化的承认、认可和赞同,由此产生归属意识,进而获得文化自觉的过程。各种民族或文明所特有的神话传说、语言文字、历史记忆、交往历史、族群观念、宗教信仰等文化因素成为塑造其文化认同的抽象共性,而这些文化遗产则是承载这些抽象共性的具体载体,文明的传承通过这些具体的载体发挥特殊的凝聚与存续作用。

二、建构主义与文化认同

建构主义(constructivism)最早源于心理学,瑞士心理学家让·皮亚杰(Jean Piaget)最早提出建构主义的概念。随后扩展到教育学、社会学、国际关系学等学科。它通过吸收社会学、文化学、语言哲学和国际关系学的相关理论,强调文化因素和观念建构,它对文化、规范、认同等概念的阐释是其重要特征。

在社会学理论中,文化(culture)主要指社会性的精神产品,如知识、信仰、艺术、道德、风俗等。在建构主义中,文化主要指个体通过互动而形成的共有知识或集体知识,它是一种社会共有的、结构化了的知识,包括规范、惯例、风俗和制度等。换言之,文化是指社会建构的共有知识,即共有观念,这种个体之间共有的和相互关联的观念和知识,既包括信念,也包括意愿。规范(norms)是与文化直接相关的一个概念。任何文化都具有规范的作用。作为一种社会约定,规范也是由社会建构的,主要包括规则、标准、法律、习惯、习俗等。因此,规范是一种对拥有一定身份的行为体的适当行为的集体期望和预期,它的一个主要特征是能够创造出行为模式[2]。认同

（identity）原本是哲学、社会学和心理学等学科的概念，指某社会行为体的自我同一性和个性，是本社会行为体区别于他社会行为体的规定性，或者说是社会行为体之所以为"我"而非"他"的规定性[3]。在建构主义那里，认同一词含有身份、特性和认同三方面的含义。认同的形成是社会建构的结果，是"基于他人的社会承认之上的一种自我表象，这种自我表象的内容要和其他行为体对该行为体的再表象取得一致性"[4]。

文化、规范、认同三个概念紧密相关。文化通过构建共有观念或知识塑造出某一社会行为体的身份归属；行为体在社会实践活动即互动中明晰彼此身份特征，界定"自我"与"他者"，以及各自的利益，建立各种行为规范；规范不仅对行为体具有因果性作用，更具有构成性影响，即规范不但能够因果性地规定行为体的外在行为，而且更重要的是"构成性"地影响行为体的内在认同；规范的内化表现出行为体对可依赖性的集体预期的回应，集体认同的深度和广度则主要取决于规范内化的程度[5]。

文明包括了价值规范功能、身份建构与文化认同整合功能、导向过滤功能以及合理化功能。各文明中的价值观念、思维方式等是数千年文化长期积淀的结果，是文明中最抽象、最稳定和最持久的核心内容。经济基础的变化有可能会引起政治制度的变革，但其文化传统却能长期传承下来。文明的基本内涵与价值观念，以及与文化因素紧密相关的思维方式、风俗习惯等具有相对独立性，其变化是缓慢的、隐蔽的，具有超时代和超阶级的特点。建构主义认为，行为规范和信仰等不仅影响和规定着行为体的具体行为，而且可以帮助行为体理解什么是重要的或有价值的。文化具有强大的亲和力，相同或相似文化的人具有共同的或相似的思维方式、生活方式、伦理道理、风俗习惯、宗教信仰等，它们像黏合剂一样把人们整合在一起，形成一种向心的、排他的力量。文化能促成自我认同，有助于人们形成归属感，是国家或民族认同的重要工具。"冷战"结束后，文化的因素在国际事务中所起的作用日渐加大，现在"文化"更多地作为一种国家实力加以考虑，如塞缪尔·亨廷顿提出的"文明冲突论"虽引起学界很多不同的声音，但无可否认其在解释一些现象以及启发思维上的重大意义。在现代化和全球化的潮流中，必须通过对文化认同的再认识来实现国家和民族的认同。

文化认同感的强化将使行为主体拥有较高的行动能力，反之，涣散的认同意识将使其因为承受过大的心理压力而崩溃。所谓"认同"就是具有自我意识的主观条件与社会建构的客观条件，社会结构会影响个体的自我主观认同，而群体的主观意愿也可能定型成为社会结构的一部分。由于集体行动是需要社会建构的，因此集体的身份或认同是行动者形成共同认知架构的过程。认同包括三种含义：第一是"同一、等同"；第二是"确认、归属"；第三是"赞同、同意"。认同理论认为，在承认国际社会物质结构的前提下，认同重点强调由文化传统、价值观念及行为规范构成的社会结构对行为体的决定性影响，并着重研究行为主体与社会结构之间的互动关系[6]。

根据建构主义理论，文化的认同即文化通过构建共有观念或知识来塑造行为体的身份归属。据此，同质文化对于作为文化载体的民族和国家具有强大的凝聚力和向心力，并以其特有的亲和功能使具有同质文化的国家在对外交往中加强合作或构筑联盟。例如，欧盟的产生和发展除了内外部政治经济原因外，同源文化的凝聚力十分重要。以近年来发展迅速的中韩关系为例，中韩两国具有共同的儒家传统，同属于儒家文化圈，从而产生了接近的社会文化心理，加上无处不在的商业力量，都对两国人民之间的认同感起到了积极的作用。而在国家或民族内部，共同的历史、经验或记忆是塑造认同的关键，而文化则是实现这种认同的最合适的黏合剂，而具象的文化遗产则是这种黏合剂最好的承载物。

三、建构主义视角下的文明传承

自1618～1648年威斯特伐利亚战争后，民族国家（nation state）的概念逐渐被广泛接受，民族（nation）逐渐成为具有共同社会特征的人们在历史发展过程中形成的人类共同体，成为人类各种利益的实际载体。在民族特征中，不可否认的是其中起决定作用的是共同地域和共同经济生活。但历经长期历史变迁还能保持其鲜明特点和强烈影响的，则是基于共同民族文化特点上的共同心理素质。同时，民族还是一个极其稳定的人类共同体，其稳定性之高是其他类型的社会群体所不能比拟的。民族的稳定性首先得益于民族文化的稳定性，出于种种原因，有的民族会在发展过程中部分丧失某一特性；有的民族甚至本身就不完全具备所有特征，唯有在长期历史进程中形成的文化和它所反映的共同心理素质能够顽强地存活下来。作为民族特征中最有生命力的根本，民族文化所具有的抗拒同化的特质往往使别的民族难以渗入，民族文化认同由此成为民族成员身份识别的重要依据[7]。

在现实形态上，文化是一个不可分割的整体，且文化产品的精神表现一般都具有物化的痕迹，而物质文化的过程则体现了主体性的精神指向。文化是人为的，它首先必须"被群体中的人们所共同接受才能在群体中维持下去"[8]。无论是针对人类整体，还是针对特定的人群，文化都充当了生存维系、慰藉获取、凝聚人心的策略系统和精神担当。当文化的价值注脚提供了行为准则和社会规范时，个体成员对文化模式的承认、认可和遵从决定了社会秩序的形成和政治制度的构建。

建构主义认为，一个国家或民族的文化认同需要主体意识的投射，为了将自己置身于这样的境遇中，人们必须具备先在性的视域。这种视域由共同体历史结构的内在性所决定，在持续发生的文化传承和经验中叠加，导引民族成员意向投射的先见，借此形成文化认同的民族表达。认同使民族成员个体和群体之间的关系得到确认、一定的文化符号得到使用、相同的文化理念得到秉承、共有的思维模式得到礼拜、共同的行为规范得到遵守。文化认同的民族意涵和精神支撑，不仅塑造了民族成员最基本的人格，同时形成了其最本质的存在。

一般而言，认同是指人们在社会生活中产生的一种感情和意识上的归属感。认同与人们的心理活动有密切的关系，它是个人与他人、群体或模仿人物在情感、心理上趋同的过程[9]。"认同"由国家的精神和文化层面切入，从国家的类型和文化因素考量，国家认同就成为文化认同形态[10]。例如，塞缪尔·亨廷顿在《我们是谁？——美国国家特性面临的挑战》一书中就强调，如果没有对盎格鲁-新教文化核心地位的认同，就没有美国的民族认同，"盎格鲁-新教文化对于美国国民身份和国家特性始终居于中心地位"[11]。而这种文化认同还需要一定的具象载体来承载，如文物、建筑、雕像、遗址等。

文明的传承过程中，文化认同是必须条件。它强调这种文明的成员对共同的继嗣和血缘、历史记忆、社会习俗以及语言的认同。同时也是有关本民族的共同祖先、语言、习俗、传统、记忆以及生活方式的心理自觉，是人们体验特殊的宗教、历史与文化后的一种文化归属感。人们对某种文明产生认同的需求，是基于个体对自身归属某一特定文化或民族这一事实形成的内心归属的一种精神寄托。因此，从行为规范意义来说，文化认同是作为一种认同对影响到人们内心在文化层面上何去何从的一种价值指引。同时，文化认同也是一种自然性社会认同。社会认同就是对"我们是谁"这一问题的回答，人们往往是通过能够确定一群人共同而特有的基质来界定"我们"的边界，并以此形成一种社会认同。血缘关系、语言形式、宗教伦理、禁忌神话、地域等使得一个民族非常明确地与其他民族区分开来，这些也是民族认同得以形成的基质，即天生同源同宗的人们置身于由共同的语言和历史而模铸的共同体中[12]。正是由于民族的同源同宗的性质决定了民族身份具有对外的封闭性，民族身份成为民族成员身上一种"无可代替也无法消磨的特征"[13]。这是因为对于民族成员个体而言，民族身份是天生获得的，与个体的偏好、后天的努力程度并无关系。也就是说，一个人偶然出生在一个民族，无论他个人意愿或者日后行为方式如何，都已经被打上了这个民族的标签，既无法去除，也无法更改[14]。

四、结　　论

作为当今世界文化保护的最高级，世界文化遗产本身的典型性即具有很高的文化价值，而它在文明传承的过程中也时常起着标杆性的意义。当人们提到中华文明或中国文化时，脑中会自然浮现出长城、莫高窟、明清皇宫、秦始皇陵兵马俑、布达拉宫、曲阜孔庙、武当山、平遥古城、苏州园林、天坛、龙门石窟、云冈石窟、安阳殷墟、福建土楼、京杭大运河、土司遗址等具体的形象，而由这些载体所传递出的关于中华文明中的各个方面及中国文化中的各种精神内核，进而在这种文化的熏陶中潜移默化地产生文化认同。因而从文明传承的角度上说，保护世界文化遗产，是实现和促进文化认同、促进文明存续的重要途径。

注　释

[1]　马林诺夫斯基著，费孝通等译：《文化论》，中国民间文艺出版社，1987年，第14页。

[2]　Acharya A. Constructing a Security Community in Southeast Asia: ASEAN and the Problem of Regional Order, London: Routledge, 2001：4.

[3]　郭树勇：《建构主义的"共同体和平论"》，《欧洲》2001年第2期，第18~25页。

[4]　亚历山大·温特著，秦亚青译：《国际政治的社会理论》，上海人民出版社，2000年，第285页。

[5]　孙溯源：《集体认同与国际政治——一种文化视角》，《现代国际关系》2003年第1期，第38~44页。

[6]　孙溯源：《集体认同与国际政治——一种文化视角》，《现代国际关系》2003年第1期，第38~44页。

[7]　詹小美、王仕民：《文化认同视域下的政治认同》，《中国社会科学》2013年第9期，第27~39页。

[8]　费孝通：《论文化与文化自觉》，群言出版社，2010年，第391页。

[9]　车文博：《弗洛伊德主义原著选辑》上卷，辽宁人民出版社，1988年，第375页。

[10]　金太军、姚虎：《国家认同：全球化视野下的结构性分析》，《中国社会科学》2014年第6期，第4~23页。

[11]　塞缪尔·亨廷顿著，程克雄译：《我们是谁?——美国国家特性面临的挑战》，新华出版社，2005年，第27页。

[12]　尤尔根·哈贝马斯著，曹卫东译：《包容他者》，上海人民出版社，2002年，第135页。

[13]　尤尔根·哈贝马斯著，曹卫东译：《包容他者》，上海人民出版社，2002年，第152页。

[14]　周光辉、刘向东：《全球化时代发展中国家的国家认同危机及治理》，《中国社会科学》2013年第9期。

从清前期容美地区碑刻看容美土司的"峒居"型酋邦文化

卢文芸

(湖北大学历史文化学院)

摘要：本文从对清前期容美地区碑刻细读释读入手，解析容美土司文化中的"洞府"情结，认为容美土司文化是一种受地理因素影响形成的"峒居"型的酋邦文化。随着社会的发展足以突破地貌元素的局限，文化的发展足以破除酋邦政体世袭贵族专制的迷思，这种地域割据性酋邦文化最终走向了没落。

关键词：容美；土司；碑刻；酋邦；峒居

一、清前期容美地区碑刻概述

清代历史分期有多种说法，本文的清前期是指顺治、康熙、雍正（1644～1735年）三朝。雍正十三年（1735年）对容美土司改土归流，因此清前期容美碑刻即是指容美土司最后存续阶段的碑刻。容美土司制度延续930余年，但早期记载和文物不多，主要文化遗存和历史记载都见于清前期。所以清前期的碑刻是研究容美土司历史的重要文物。王晓宁编著的《恩施自治州碑刻大观》[1]和中共鹤峰县委编著的《容美土司史料汇编》[2]收录了大量容美土司相关碑刻，鹤峰博物馆也有一些碑刻的复制件展出，总体看来已收集较全了，可资研究。

目前，清前期容美地区的碑刻，以王晓宁《恩施自治州碑刻大观》所收为主，如表一所示。

表一 清前期容美地区的碑刻

序号	名称	时间	类型	立碑人	内容
1	田舜年墓碑	田舜年卒于1706年，康熙四十五年	墓碑	可能是田旻如	（朝廷封号与名讳）
2	田甘霖墓碑（《容》本称田铁峰墓碑）	没于康熙乙卯，康熙丙辰季春月立，1676年	墓碑	田舜年	（田舜年之父）（朝廷封号、名讳及立碑人信息）

续表

序号	名称	时间	类型	立碑人	内容
3	刚一帅夫妇墓碑	康熙三十一年，1692年	墓碑	田舜年	（田舜年岳父母）（朝廷封号、名讳及立碑人信息）
4	田庆年夫妇墓碑	康熙三十年，1691年	墓碑	（孝男琨如）	（田舜年之弟）（朝廷封号与名讳及立碑人信息）
5	向遇春墓碑	雍正四年	墓碑	向文胜向文宪向文荣等	（向文宪之父）（官职、名讳与立碑人信息）
6	向文宪墓碑及墓志铭	雍正四年	墓碑及墓志	田光南，向日芳等	（田舜年之将领）朝廷封号，立碑人名号，个人传记墓志
7	奉天诰命碑左碑	康熙二十三年，1684年	诰命碑	康熙	碑文内容主要是褒奖容美土司田舜年祖父母田玄、田氏之功德，赠田玄为骠骑将军、其妻为夫人（左碑是康熙所赐，右碑是崇祯二年）
8	田楚产夫妇匾	康熙二十八年，1689年	碑坊匾	田舜年	田舜年之曾祖（朝廷封号与名讳、立匾人信息）
9	刚氏夫妇匾	康熙年间	碑坊匾	田舜年	（舜年岳父母）（朝廷封号与名讳及立匾人信息）
10	情田洞记	康熙庚申1680年	岩洞石刻	田舜年	情田洞石刻，记述了康熙十九年修建太平寨及修理此洞的情况
11	捷音者叙	康熙庚申1680年	岩洞石刻	田舜年	情田洞石刻，记载了大败永顺、散毛诸土司于情田洞外之经过
12	平山万全洞碑记	可能丁卯之冬（1687年）	岩洞石刻	田舜年	修建万全洞经过
13	万全洞记	不详，当同时	岩洞石刻	田舜年（顾彩写）	万全洞为藏书府
14	万人洞记	康熙三十七年，1698年	岩洞石刻	田舜年	万人洞修建经过
15	保善楼记	雍正二年，1724年	碑刻	田旻如	忏悔听信方士，拆除父辈建筑，修保善楼经过
16	百顺桥碑	康熙二十九年，1690年	碑刻	田舜年	该碑立于鹤峰县燕子乡百顺村百顺桥头，碑文的前部介绍了田舜年进京朝见皇帝（请封）及回来后寻矿、修路、建桥的经过，碑文的后部分记录了其下属官员的职务、官名，是一块史料价值极高的碑刻
17	九峰桥碑碑一	康熙二十五年，1686年	碑刻	田舜年	修桥人名号（碑二是民国立，追记田舜年功德）
18	山高水长石刻	不详	石刻	或认为田舜年	屏山爵府石刻，或为寻盟纪念

续表

					另，在《容》本中，除与《恩》本重复者，又有三块碑
19	九环坡碑约文	清康熙三十二年，1693年	碑刻	田舜年	记九反坡改名九环坡事。该地因道路陡峭，九曲回肠而称九反（返）。容美土司王田舜年深感不妥，特撰文刻碑告示其地改名理由，罗列典故谓"九反"之名不正，改为"九环"谐音，以示顺民俗且涵盖包容之意
20	永远常住碑记	康熙四十六年，1707年	碑刻	田旻如	四月，田旻如奉调回司袭职，途经宜邑（宜都）莲花庵（今称莲花堰）地，因观"关帝圣像，大士尊容，赫赫如在"，买下田产一处，施入庵内永作常住，并撰刻《永远常住碑记》一面
21	汉土疆界碑	雍正三年刻立	碑刻	湖广荆州府枝江县宜都营	解决土汉之间的疆界土地争端而规定的双方共同遵守的条款

注：《容》为《容美土司史料汇编》；《恩》为《恩施自治州碑刻大观》

以上碑刻，从立碑人来看，除了清政府官方的两块（《诰命碑》和《汉土疆界碑》）、容美土军将领向氏家族所立的家族墓碑之外，更多集中于容美土司田氏家族，主要是田舜如和田旻如两代土司所立的碑。尤以田舜如为最，主要的碑刻都是他立的，堪称立碑狂人。当然这也和田舜如处于容美土司历史上文治武功皆最强盛时期有关。从清政府的两块碑看，康熙所赐的《诰命碑》，是清王朝与容美土司关系"蜜月期"的见证，只是其实改土归流已不远。与《汉土疆界碑》相对来看，清政府对容美土司一边怀柔一边羁縻，许其范围亦严限界限的政策极其清晰，看来不胜感慨。

在这些碑刻中，有些较为简单，字数较少。例如，各家族的墓碑，所刻不过是时间以及墓主与立碑人的完整封号和名位，但对了解容美土司社会结构、政治制度也有重要史料价值。又如"山高水长"石刻，虽只四字，其余信息不详，但也是容美土司与周边土司政权关系的史证。其中也有碑刻字数较多、叙事较繁的碑刻，包括一块楼记、两块桥碑，还有就是较多洞窟石刻，以及其他碑刻，因为内容较为丰富，都是我们了解清前期容美土司状况的重要史料，弥足珍贵。

然而目前，现存碑刻受风化侵蚀，不少字已难辨认。所以对这些碑刻尽快做一个好的整理很重要。只是《恩施自治州碑刻大观》与《容美土司资料汇编》所收这些碑刻，在资料整理方面尚存很大问题。《恩施自治州碑刻大观》与《容美土司资料汇编》两书所收都是简体字碑文，难以推断繁体原文，而且除碑刻本身剥蚀严重而缺字外，两处版本文字也有不少差异，抄写可能有误。以《情田洞记》为例，《恩施自治州碑刻大观》（2004年）记为《情田洞记》，《容美土司史料汇编》（1983年）却记为《晴田峒记》。经调查洞中碑刻图片，标题字形其实似为"情田峝记"，峝是峒的异体字，现在很少用，所以出版时写成"情田峒记"是可以的。又如《恩施自治州碑刻大观》第212页，"首惕"一词，《容美土司史料汇编》本却写成"首伤"。查洞中碑刻图片，字形有残损，但似更近于"惕"而不是"伤"。鹤峰博物馆存有一些碑刻复制件，较为清晰，但也与现场碑文有些出入。例如，鹤峰博物馆复制碑《情田峒记》的"左列兰钩申伏"一句写的是"兰鉤"（钩的异体字），查洞中此字已残，但右下所存部分似两点水，而不似一个"口"，似更近于"钩"字的右下结构。

除抄写问题，两书句读也有不少存疑。例如，《恩施自治州碑刻大观》第212页，《情田洞记》，"是不仅为门户之阃，机且人自崀峰而进胸目，为之豁然一新"。本文则认为，标点如下或更为适宜："是不仅为门户之阃机，且人自崀峰而进，胸目为之豁然一新。"又如213页处："右山从秀处，有若情川之望武汉，因奉□玄帝。颜曰：佑胜感频年之佑胜，复忆佑胜于万年也。□之中于峒之下立衙宇，羡楹中起一楼。颜曰：昭远取其山无循形，水无藏秀，历历在吾目中。"此处标点，应有几个匾额之名，并对匾额有解释。所以本文认为适宜标点为："右山从秀处，有若情川之望武汉，因奉□玄帝。颜曰：'佑胜'，感频年之佑胜，复忆佑胜于万年也。□之中于峒之下立衙宇羡楹，中起一楼。颜曰：'昭远'，取其山无循形，水无藏秀，历历在吾目中。"

如上所述，碑刻本身的风蚀、文献整理过程中抄错以及句读错误等问题，已使研究者在研究中遇到许多困难。因此清前期容美碑刻的整理工作需要更多努力，获得较准确的原文信息，再重新进行点校、释读、笺注也是很需要的工作。不过，目前湖北大学思想文化研究所有一个湖北碑刻整理的项目，对容美碑刻也有调查。而且今年省考古所主持的容美土司遗址全方位考古勘探工作已启动，不仅会勘探容美土司各府遗址，也开展了对万全洞、情田洞、万人洞的调查工作（《恩施日报》2016年2月29日：《容美土司遗址全方位考古勘探工作已启动》）。因此相信这些碑刻的问题会得到更好的解决。

本文研究主要依据《恩施自州碑刻大观》与《容美土司资料汇编》这两本资料，但因这两本资料存在一些错误，所以引用时亦会参照湖北大学思想文化研究所主持的湖北省碑刻调查项目对部分碑刻的实地考察照片做部分修正。个别句读也根据个人看法有所修订。

二、从清前期容美地区碑刻看容美土司的"峒居"型酋邦文化

清前期容美地区碑刻有一个现象，除去家族墓葬相关的，数量最多的是洞中石

刻。容美地区是属于喀斯特地貌的山区，有许多大大小小的自然生成的溶洞。洞居本就是容美土民常见的居住方式。而其中一些大型的洞窟，则成为土司的洞府。清前期最重要的土司田舜年，则不仅使用一些大型洞窟，还在容美最知名的三大洞窟，情田洞、万全洞、万人洞刻石为记，记录他对这些洞窟的经营建设和使用状况。这些碑文不仅体现出这些洞窟在当地的土司政治和军事方面具有的特殊意义，更体现出了它们在容美土司文化上的重要意义。容美土司使用这些洞窟，并对它们有强烈的文化情感。本文认为，清前期容美的洞窟石刻以及其他碑刻，体现出来的正是容美地区的"峒居"型酋邦文化。

1."洞天福地"——容美土司的"洞府"情结

被容美土司征用的溶洞都是一些巨型溶洞。万人洞的得名，就是因为大，据说是因为可容万人。洞中之高敞，以至还可以在洞中修建城垣。而且溶洞内有水蚀形成的钟乳石景观，风光很美，正如田舜年在《平山万全洞碑记》中形容说"洞园敞如画"。这种大型溶洞比较开阔，而且大洞小洞相连接，空气流通也较好。例如，《情田洞记》称，"峭壁刻画间，复有一洞，周环可十丈余，内则空洞，万派一穴可通大洞。其中□□无湍流秽污之气"。而且有些洞是临水的，有些洞中就有水源，或可以开凿出水源，如《平山万全洞记》称："旧称洞中无水，仅仰汲山岩上涓滴，然非无水也，水皆由石中行也，尽启其石，筑为城台，而泉流如注矣。"总而言之，这些溶洞相对比较宜居，以致田舜年称情田洞"不减洞天福地"。

除了宜居，这些洞窟还有军事上的优势。这些洞窟内则空间开阔，且有水源，储兵储粮储武器皆宜；外则地势险要，地形复杂，空间封闭，难以攻打，是天然的堡垒。在容美的石洞碑刻中，我们可以看出容美土司使用这些洞窟作为战斗据点由来已久，溶洞的军事价值成为他们最为看重的指标。

仍以情田洞为例，田舜年在《情田洞记》中说，他之所以修筑情田洞，就是因为在修筑太平镇的时候，发现附近这个洞窟比自己原来建设过的洞府更为险要。于是他参照原有的洞窟，对情田洞进行了改造，修筑了房屋，储以兵器和粮食："与予北府之上西洞相敌，而险要过之。因如二西洞之例，创造小楼，三间生之。生为卧，内中为拙才著述之所，左列兰钧、申伏。楼下以中间为大仓，可贮五六百，顾左右皆侍卫宿值之用。其洞中之千窟万派，或藏兵仗，或藏火药，或火炮、石具，不必悉举。"

对号称能容万人的万人洞，田舜年也进行了改造。在田舜年之前，万人洞应该被使用过。只是待田舜年继承土司之位时万人洞已经被废弃了。田舜年在《万人洞记》称："自余承绪，首来阅视，见其颓城，拳石儿戏。"他重建了这个洞窟，在洞口修筑了城门和街道，或者说，在洞口建了一座城，称之为"磐石重城"："感天造就，磐石重城，楼台庵观，比比皆成。官民永赖，万年隆兴。"

容美土司统辖地区较大，他们在自己的不同领地修筑了很多坚固的山寨。但山寨还不足够安全，因此在山寨旁还需要一个洞府，作为最后的堡垒。这种一寨加一洞的结构十分常见，如情田洞就在太平镇大寨"左首"，与太平镇互为"犄角"。甚至要先有一个足以成为军事据点的溶洞，才会决定是否在附近发展山寨。例如，田舜年在平山修建平山爵府，作为容美政治中心，是因为有万全洞位于平山附近。田舜年《平山万全洞碑记》记述说，虽然平山很险要，但开始容美土司家族的先辈们并未意识到平山的价值，认为地方太大难以把守，因而更看重小而易守的天泉："自夏云伯与先少傅两任间，流贼窜扰，岁岁用兵，皆以天泉为根本。盖天泉小而平山大，天泉数人可守，平山非土军数百，莫能布置。"但是他说，这是因为，先辈们"不知平山之下，有万全一洞也"。

田舜年少年时代见过万全洞，"见洞园敞如画"，大约此时就记在心上了。他继任土司之后，因为有"阃司入于刘营之变"，意识到天泉防守的不足，决定将政治中心从天泉转移到平山，并为此大力经营万全洞。万全洞原本地势险要，《万全洞记》形容说："自非排空驭气，穿云破石，罕得与人境相通。"田舜年又在洞口修筑城垣屋舍，在洞中开挖水源，更大大提高了防御能力："始入洞时，中皆大石填塞，平地仅二丈许，为土民屯守之所。予相其势可开辟也，遂于去洞咫尺之新坪始葺署舍，环列四市，以定其基。旧称洞中无水，仅仰汲山岩上涓滴，然非无水也，水皆由石中行也，尽启其石，筑为城台，而泉流如注矣。予自癸亥春，移居新坪，在洞经理日多，至丁卯之冬，守御既固，亭阁亦稍称完备。"

万全洞修建得如此坚固，其重要作用是给田舜年带来了很大的安全感。他颇得意的感叹说，"每当日月照耀，云霞卷舒，觉山川草木，蔚然深秀，游其间者，莫不叹为物外巨观。而知良工心苦，筹所以缓急可恃者，非一朝一夕之故耶。夫山间之洞不少，而万全有平山为之表，平山得万全为之里，表里相依，而前人经始平山之举，可以告成矣"。容美土司苦心经营，终于缓急可待，表里可依，可以放心了。

对情田洞的经营也很有成效。田舜年曾借情田洞的天险，在洞外大败永顺、散毛诸叛乱土司，以二十五骑破万人之阵。为纪念这个重大的胜利，田舜年在情田洞又刻了一篇《捷音者叙》记录之："永兵已连营万众于你此洞。自我奋勇续进，仅前哨二十五人所破阵，斩首三十余名，生擒十余名。"而《万人洞记》石刻，也反复强调此洞的安全保障功能，"肇始戊子，吾民保障。绿林频窥，莫敢正向"，"官民永赖，万年隆兴"。

容美的这些巨型溶洞作为容美土司军事力量的终极装备，在为他们带来庇护的同时，也成为他们的政治与文化的标签。元、明史料常称容美土司地区为"容美洞"，称司主为"洞主"或"洞蛮"。孔尚任也曾称田舜年为"洞主"："其洞主田舜年，颇嗜好诗书。"此外，正如在《西游记》里，花果山水帘洞的洞天福地，成为一只石猴的永远的心灵故乡,容美的洞府也成为容美土司现实与灵魂的双重蜗居,成为他们对土司制度的最后情怀所寄。田舜年不仅将洞府用于军事,也将洞府兼作行宫和衙署,接待贵客、处理政务、订立盟约。他曾在万全洞与清代诗人顾彩交游,还与保靖土司在万全洞歃血为盟。末代土司田旻如,面对清政府改土归流的举措,意欲负隅顽抗,率部退守万全洞,并最终因绝望自缢于此,结束了容美土司900年的漫长历史。

2. "圣王之田"——容美洞府与容美土司对中原文化的学习与引进

看容美三洞,万全洞和万人洞都是从洞窟的特点和作用来命名的,但是情田洞却有一个相对奇怪的名字。田舜年在《情田洞记》一文中就说,情田洞名称源于儒家学说的"圣王之田"的观念,"用颜其洞,则名情田,取古人云人隽者□王之田也",这个典故出自《礼记·礼运》:"故人情者圣王之田也,修礼以耕之,陈义以种之,讲学以耨之,本仁以聚之,播乐以安之。"是指圣王通过礼义教化人心人情,犹如种植田地之意。从这个命名来看,《情田洞记》除了介绍太平寨、情田洞的军事建设,这篇石刻文还是一篇有儒学内容的文章。

土司的政治格局,如果与中国之大相比,无异于螺蛳壳里做道场,是一个微型的小天下。田舜年等土司在容美,或也有小皇帝的感觉。至少通过《情田洞记》,可以看出田舜年是自比圣王,热衷学习儒学,以圣贤之说治民。《情田洞记》还描述田舜年自洞口俯瞰治下的土民,"以此峒俯视一切□□众民……"想来这种君临天下的感受令他愉快。《情田洞记》后半部错讹较多,无法完整释读,但仍可见田舜年论及治民有"平易近民,上泽下流,下适则圣王之田"等语。"平易近民"出自《史记·鲁周公世家》,写姜太公封于齐,简化君臣礼仪,尊重当时民俗,"平易近民,民必归之",因此可见田舜年受儒学影响,是以圣王自任的。

另外,田舜年称自己原有的洞窟为西洞,说修建情田洞是"如二西洞之例",并且在洞中不仅陈列兵器、收储粮食,也收藏书籍、陈列文玩,使洞府不仅是军事机构,也是文化库藏:"与予北府之上西洞相敌,而险要过之。因如二西洞之例,创造小楼。三间生之,生为卧,内中为拙才著述之所,左列兰钧(可能是指瓷器中的兰钧瓷)、申伏(申伏:西汉初期经学家申培、伏胜)……"

此处二西洞也有典故。史载秦始皇焚书坑儒,经生伏胜将千卷藏书藏到了一个大溶洞"二西洞"当中,保留了下来。田舜年也是溶洞藏书,而且不仅情田洞藏,每个重要的洞府都有藏书。《万全洞记》也说有藏书。"平山之麓有万全洞焉,自非排空驭气,穿云破石,罕得与人境相通。而九峰先生一朝得之,以为藏书之府,不亦快乎。"田舜年用伏胜典故,意是他也要把完整的中原文明保存在原本蛮荒的容美之地。

容美的土司家族,自明代起就积极学习汉文化。田舜年更是文化造诣很深,与士人无异,乐衷在各大洞府藏书,且编写有多部著作。其子田旻如自幼寄籍荆州(今湖北江陵），为枝江县国学监生，在袭土司之职前曾任通州通判，并在宫内充任御林军。不过据称只有土司贵族阶层才能读书，普通土民如果要读书学习会受到责罚。通过读书，土司家族可以强化贵族阶层的地位，同时借鉴中原文化和君主政体以治土民。不过中原专制君主政体的一些不良内容也被学过来了。田旻如在改土归流时被参的罪状之一，就是仿照皇宫制度，掳掠了一些平民净身给自己做太监。

3. 从"洞"到"峒"——容美与古代中国的"峒居"型酋邦割据

容美的这些著名洞窟，也常常称为"峒"，峒也通洞，两个字可混用。容美土司可称为"洞主"，也可称为"峒主"。不过洞和峒相比，峒的意义比洞更为丰富一些。峒可以指山洞，也可以指因地理因素而相对封闭独立的一个地区，进而成为一些多山而闭塞的边远少数民族地区的政治单位名称。唐宋以来西南部壮族、侗族、苗族、黎族等民族的地域性社会组织形式就被称为"峒"。容美土司极力寻找险要和封闭的洞窟作为自己的军事堡垒，事实上他们建立的其他山寨，甚至他们的整个领地，也是一种放大了的"洞"，是一种被崇山峻岭包围的、险要而且封闭的"峒"。

例如，平山爵府是容美土司的政治中心，平山的地貌就是一个"峒"区："平山耸立于万山丛中，三面为悬崖峭谷，一面仅宽七丈五。整个平山东北高西南低，为缓坡，呈船形，交通十分不便，唯四路可通，且都为一夫当关万夫莫开之地。""能通平山之四路为：南之铁锁桥，西北之大荒口，东北之七丈五，东之躲步峡。"[3]

而容美全部的统治领地，也可以看作这样一种四面是关口，封闭而险要的"峒"："四关四口既是容美用于军事防御的要塞，同时也是容美土司与流官统治区的分界点：东部有百年关、洞口，南有大岩关、三路口，西有奇峰关、三岔口，北有邹阳关、金鸡口"，"这四关四口，基本上奠定了容美土司的疆域范围"[4]。

从人类学的角度看，容美土司的政治形态接近一种"酋邦"制度。

"酋邦"的概念是美国学者奥伯格（K-Oberg）于1955年根据他对中美洲低地土著社会的民族学研究提出的。这一概念后来得到学界认同。美国考古学家厄尔指出："酋邦是这样一种政体，它拥有成千上万的人口，其社会结构由一个以酋长为中心的贵族阶层与隔离的平民所构成。" 考古学家卡内罗的定义是：由一个最高酋长长期控制下的多聚落或多元社群组成的自治政治单位。民族学家们将酋邦分为差异很大的不同类型，比如神权型、军事型和热带森林型；美国学者厄尔将酋邦定义为一种中间层次上的复杂社会，是一种无首领平等社会与官僚国家之间的桥梁。这种社会往往拥有成千上万的人口，以一种由酋长为首的等级机制所管辖。接受这种现实很可能是因为人口的增长和资源紧张，环境恶化和群体间冲突造成的压力使这些成员认识到，他们除了放弃个人自由而听命于酋长的摆布外别无选择。卡内罗认为，土地和资源的限制伴随着人口的增长，会导致部落间冲突和兼并的加剧，所以战争不仅是国家起源的动力，也应是酋邦社会发展的动力[6]。

在人类学中，酋邦只是人类社会进化过程中的一环，是国家形态出现前的社会形态。美国人类学家埃尔更·塞维斯认为，人类社会可以区分为四个连续发展的进化阶段，即游群组织、部落组织、酋邦和国家。酋邦普遍存在的时代早已久远，大多文明早都进入了国家形态。酋邦理论被介绍到中国后，也被中国学者主要用以研究中国上古时期的前国家社会和早期文明。1983年生活·读书·新知三联书店出版的美籍华裔学者张光直的论文集《中国青铜时代》便向国内读者介绍了塞维斯的酋邦理论，并认为龙山文化为酋邦文化。谢维扬专著《中国早期国家》也认为中国早期文明是酋邦类型，从夏开始向国家转化。又如段渝的《酋邦与国家起源：长江流域文明起源比较研究》《西南酋邦社会与中国早期文明》，认为西南夷酋邦文明最终融入了秦汉文明。当然学者们也注意到中国西南的酋邦保留时间较长，如童恩正《中国西南地区古代的酋邦制度——云南滇文化中所见的实例》，就认为西南的一些少数民族，到元、明时仍然保存了酋邦组织[7]。但总体来说，酋邦理论仍然主要用在解释中国早期文明，而对一直延续到较晚时代仍然存在的酋邦文化还缺少足够研究。

容美土司社会正是一种延续到清代的酋邦制度。世袭的土司家族通过建构自己的家族史，使自己成为土民不同的贵族阶层。清初文人顾彩在《容美纪游》中说："其先世田弘正，唐魏博节度使，土司若忠峒、忠孝等宣抚司，多田姓，故田亦巨族，然皆土人，惟君先世系中朝流寓，不与诸田合族。"同样是姓田，容美土司认为自己是唐代汉族官员的后人，与当地姓田的"土田"是不一样的。容美土司的酋邦制度是一种军事型的专制酋邦，军政合一。他们采用旗兵制，全民皆兵，土民平时为民，战时为兵。容美地区各类武装冲突频仍，而且山区经济落后，生存困难，是这种酋邦社会发展的动力。

酋邦政体在世界上曾广泛存在，是社会生产力生产关系发展到相应阶段的产物。但是不同地区和不同时代的酋邦会有各自的特色。容美土司的酋邦政体，是一种峒居型的酋邦政体（如果我们可以列出草原型或热带雨林型的话），受到山区地貌极大的影响和限制。又因为中国地理特点是西高东低，山区面积极其广大，历史文献中"峒蛮""溪峒""洞獠""洞瑶""峒人""峒民""峒丁"等称呼十分常见。峒居酋邦在古代中国广泛存在。容美土司只是中国古代峒居酋邦现象的一角。

中国这些峒居酋邦在地貌元素和社会发展阶段等条件下形成了自己的特点。

其一，这些酋邦在地貌限制下客观上只能形成数量众多、星罗棋布的小型化、单体化酋邦割据，相互冲突频仍，并且社会发展与变化是长期停滞的。

崇山峻岭的地区，山区中一些狭小的谷地可以形成小型聚居区"峒"。因为交通阻隔，在社会生产力尚不发达的历史阶段，这些峒区无法与外界有足够交流，而已经形成大一统国家政体的历朝中国中央政府，也没有可能深入这些山区实行管辖，只能以羁縻政策待之。从而客观上会形成半封闭半独立的经济、政治、文化实体，客观上形成峒居型酋邦割据。

错综复杂的山地结构把地区族群切割得过于破碎，使之按地理情势只能形成众多各自相对独立的小型酋邦。星罗棋布的小型酋邦增加了相互冲突的概率，但兼并也是十分困难的。因为各酋邦都有天险可据，正如容美土司对洞府的极度依赖一样。而且峒居型酋邦一旦形成，构成利益个体，在不断相互冲突中，出于利益追求，政治与文化上又更会趋向守成和更为封闭。他们就只能在较小的地域和人口规模上长期僵持，政治、经济和文化上都无法有更多发展。

因而容美土司的周边布满其他土司政权，互相或征战或媾和，政治局面十分复杂。容美土司极力营造的"洞天福地"，实质上都是军事堡垒。而对军事堡垒越强化越重视，也越说明容美土司必须应对的武力冲突是剧烈的而且是常态化的。容美土司自唐以来延续900多年，时长超过历史上任何一个朝代，可是格局却没有特别大的变化，只是一种停滞僵化的延续。很长的时间段中，容美土司酋邦与那些与它同类型的峒居型酋邦，成为一种被封印的相对停滞的文明。

其二，这些酋邦的割据是局部地貌因素在局部地区被动和客观形成的，在政治经济和文化发展程度上与峒外大一统的君主制国家政体形成巨大的梯级落差，并且被峒外文明强势包围。于是星星点点的峒居酋邦如泡在一碗糊汤里的坚硬豆子，难以融合，但又不能不被整合到大一统的君主国家政治当中。

在古代中国，中央政权与这些峒居酋邦是一种羁縻的关系。酋邦承认并拥戴中央政权，以朝贡维持政治关系，并积极面对政治、文化上的巨大梯级落差，学习和引进中原文化。中央政权对酋邦首领进行册封和奖赏，尊重地方割据的现实，只实现名义上的统治，但也警惕割据酋邦是否会越界对中央政权造成危害或威胁。

于是在容美土司历史上，就构成土司"忠诚的割据"与朝廷"防范的怀柔"并存的现象。

容美土司家族对国家认同度非常高，非常积极学习中原文化，子弟皆接受汉文化教育，田舜年不仅喜爱吟诗作文，还有很多文史著述，文化程度已与汉族士人无异。他们自认为是获得国家授权的守疆之臣，在土司的墓碑上都完整地写着中央政权给予的将军、宣抚司等官职称号。他们通过各种方式表达自己的忠诚和恭顺。在容美清前期的碑刻中，有一块《九环坡碑约文》，讲述的是此地地名本来因为道路曲折而叫"九反坡"，田舜年认为反字有造反之意很不妥，特意改为九环坡，可见他对忠于君国的问题已经重视到敏感的程度。田舜年的《百顺桥碑》，作为一种夸耀与自得的情绪表达，类似流水账地记述了自己如何经历漫长路程进京面圣请封的过程，"蒙皇上天恩准给祖父、己身三代诰封，□开天下土司请封之例"，"得邀圣眷于破西南未封之天荒"，以及回来之后如何更加意气风发，在容美各处整修道路，勘察矿产，并修建了"百顺桥"以纪念自己的幸运人生,"盖以舜年无才无德,如太史公所云:'事事多天幸云尔'"。

不过,容美土司的这种忠诚是建立在峒区割据基础上的忠诚,到田旻如继任土司,清政府要改土归流,田旻如就不能接受了。他退据万全洞欲做最后抵抗的行为,正说明容美土司作为酋邦割据的本质。只是随着文化发展,此时容美土司统治已经不合民心。容美处于中国腹地,与荆州、武汉等地都不算太远。它也处于中原文化与峒居文化的交界处,汉化较深较早,到清前期,已因此有了经济、政治与文化的发展,正是这些发展逐步动摇了土司政治的基础。改土归流时期,土民已认识到土司专制不如流官制进步,大范围背叛土司倒戈相向。田旻如虽有洞府亦无可用,只能绝望地自缢于万全洞中。这使容美土司的改土归流是相对和平的。

朝廷的羁縻是一种"防范的怀柔",在清前期的碑刻中,则可以对照康熙的《奉天诰命碑》和雍正时期官府所立的《汉土疆界碑》来说明。康熙的《奉天诰命碑》于康熙二十三年(1684年)所立,记述清康熙皇帝追封容美宣慰使田舜年之祖父田玄为宣武将军,赠予田玄之妻"夫人"称号,并称"延恩世泽,钦兹罔替"。但是这种恩泽是与对容美土司的约束和防范相结合的。湖广荆州府枝江县宜都营在雍正三年立了《汉土疆界碑》,要求"土人不得擅买汉地,定例昭然;汉人亦不得越种土司之地,以滋事端",体现了清政府对土司割据的态度。在时机尚未成熟时,清政府是采取"蛮不出峒,汉不入境",既承认割据事实,又防范酋邦割据扩张,力图控制土司势力局限于峒区之内的政策。

三、结语:容美土司制度的终结

末代土司田旻如留下的碑刻不多,一是康熙四十六年(1707年)立的《永远常住碑记》,是田旻如奉调回司袭职,途经宜邑(宜都)莲花庵(今称莲花堰)地,买下田产一处施入庵内,并撰刻《永远常住碑记》一面。二是雍正二年(1724年)所刻《保善楼记》。这是容美土司留下的最后一块碑,内容是田旻如听信方士之言,按风水之说,拆毁了父辈在容美几乎所有重要军事布防建筑:"余守有成者,何自承绪来,所毁者难以枚举,细柳城、平山、云来庄、万全洞、万人洞,此数处俱紧要地,尚且毁之,他如南府、北府、帅府、天泉等处,则不必过问矣。"拆了之后他又感到后悔,于是又重建一座保善楼,寄望于以此保佑子孙:"保善者,盖因先人之贻谋善后,而子孙保之,以安其善,是保先人之善也。"

田旻如听信方士播弄,自毁洞府,看上去很荒诞,但这背后也是有原因的。清廷的改土归流政策日渐推进,容美周边以及帝国的其他地区的土司都陆续改制,田旻如预感到容美不能独善其身,对未来的危机感使他感到恐慌,同时又深感无能为力,病急乱投医，寄望于神秘主义的力量。他的两块碑刻，展现出了他始于祈福，终于迷信，惶惶不安，行为失据的心路。

无论如何，峒居型酋邦虽是长期停滞的文化，但随着外在社会的发展足以突破地貌元素的局限，内在文化发展足以破除酋邦政体世袭贵族专制的迷思，这种政体的没落也是必然的。田旻如的迷信行为当然不会有他所期望的效果。清政府于雍正十三年顺应时势，对容美土司改土归流，康熙曾经说过的"延恩世泽，钦兹罔替"的许诺也就废止了。

注　释

[1]　王晓宁：《恩施自治州碑刻大观》，新华出版社，2004年。

[2]　中共鹤峰县委：《容美土司史料汇编》，1983年。

[3]　王晓宁：《容美土司平山爵府遗迹调查》，《中南民族学院学报》1989年第5期，第68~75页。

[4]　李金花：《士人与土司》，中央民族大学博士学位论文，2011年。

[5]　陈淳：《考古学的理论与研究》，上海人民出版社，2014年，第462页。

[6]　陈淳：《考古学的理论与研究》，上海人民出版社，2014年，第467页。

[7]　沈长云：《酋邦、早期国家与中国古代国家起源及形成问题》，《史学月刊》2006年第1期，第6~10页。

容美土司穴居文化初探

——以鹤峰"容阳三洞"为例

谷 斌

(恩施电视台)

摘要：在武陵山区，人类穴居历史源远流长，就穴居建筑的规模和功能而言，其巅峰期应在明清土司时期，雄踞一方的容美土司（今湖北鹤峰、五峰等地）在每一个重要的衙署附近，都营建有一个大型的洞府作为避难之所，著名的"容阳三洞"——万全洞、万人洞、情田洞均为这一时期的杰作。

关键词：穴居；土司；洞府；容美土司

在武陵山区，人类穴居历史源远流长，就穴居建筑的规模和功能而言，其巅峰期应在明清土司时期，雄踞一方的容美土司（今湖北鹤峰、五峰等地）在每一个重要的衙署附近，都营建有一个大型的洞府作为避难之所，著名的"容阳三洞"——万全洞、万人洞、情田洞均为这一时期的杰作，如今这些洞穴不仅保存有大量土司时期的建筑遗迹，而且有极其珍贵的摩崖石刻，如土王田舜年所撰《平山万全洞记》《万人洞记》《情田洞记》等，这些石刻内容与清代戏剧家顾彩所著的《容美纪游》相互印证，为我们今天研究容美土司古老神秘的穴居文化提供了重要依据。

一、穴居源流概述

作为人类最古老的居住方式，穴居在武陵山区有着独立而悠久的始源。从旧石器时代中晚期开始，位于清江中下游地区的长阳鲢鱼山洞穴遗址、伴峡小洞遗址（图一）[1]及榨洞遗址相继发现早期人类在洞穴中用火留下的遗

图一 距今约12.6万年前伴峡小洞穴居人在洞口留下的用火遗迹

迹。值得注意的是，这一带也曾是容美土司鼎盛时期的管辖区。

在夏商周时期，土家先民巴人也是一个典型的穴居民族，相传清江流域的巴人首领廪君就出生并居住在赤穴，其他四姓则居住在黑穴。《晋书·李特李流载记》记载，廪君率族东征，君乎夷城之后，见石岸险曲，望如穴状，禁不住大发感慨："我新以穴中出，今又入此，奈何？"这些记载恰好符合当时原始族群"穴居而野处"的生存状态。

秦汉以后，土家先民的称呼逐渐由"巴"变成了"蛮"，但居住形式并未随之改变，《隋书·南蛮传》记载："南蛮杂类，与华人错居，曰蜒，曰獽，曰但，曰獠，曰㐌，俱无君长，随山洞而居。""洞"与"峒"相通，唐宋以后，武陵山区的土著人被统称为"峒蛮"，"峒"由一种居住形式演变成为中国西南少数民族的泛称。

元明清时期，今恩施和湘西地区内设置的很多土司也是以"峒"冠名，如散毛峒蛮夷长官司、金峒安抚司、卯峒安抚司、忠峒安抚司、上爱茶峒长官司、下爱茶峒长官司、摇把峒长官司、支罗峒、剌惹峒等。

容美土司最初的称呼叫容米峒，元至大元年（1308年），"容米峒"这个名称首次出现在国家正史，出现的地点也正是在清江中游地区，时任巴东知县唐伯圭上奏元朝皇帝，称容米峒蛮经常向外扩张，建议朝廷派官军讨伐。

《招捕总录·四川门》三月条载："十七洞之众，惟容米洞、罔告洞、抽栏洞有壮土兵一千，余皆不足惧也。若官兵讨之，可分四道。"[2]

我们从上述史料中看出，"洞"已经不仅仅是一种居住名称，它已演变为一个氏族部落的代名词，一种社会基层组织的实力象征。能容纳1000名壮土兵的洞，绝不可能是少数几个洞穴，而应该是分布在广阔地域上的一个个洞穴群落，总人口在数千人以上，容米部落的首次亮相，就以其强大的实力令人刮目相看。

《元史》载："泰定三年四月，容米洞蛮田先什用等结十二洞蛮寇长阳县。湖广行省遣九姓长官彭忽都不花招之。田先什用等五洞降。余发兵讨之。"[3]

能够"结十二洞蛮寇长阳县"，说明容米已经发展为部落联盟的首领，正是因为有强大的实力做后盾，至正十年（1350年），容米洞被朝廷委任为"四川容美洞军民总管府"，正式成为府一级的土司，这标志着容米部落社会的结束和容美土司制度的建立。

明清时期，已发展为湖广特大土司的容美土司在其领地大兴土木营建洞府，"容阳三洞"就是这一时期的产物，其规模在中国西南土司地区首屈一指。

1735年，随着末代土司田旻如在万全洞投缳自尽，容美土司的历史也随之终结。因此，可以说容美土司的历史是从"洞"开始，又在"洞"中结束。

改土归流以后，由于地僻民贫等原因，在鹤峰、恩施、利川等县市，部分村民的穴居习俗一直延续至今。

二、穴居的基本条件

武陵山区大多属喀斯特地貌，峡谷幽深，溪流纵横，岩溶发育良好，大小洞穴遍布山野，究竟哪一种洞穴才适合人类居住呢？

（一）遮风避雨

长期以来，人们一直有一个误解，认为穴居就是住山洞。但实际情况并非如此，从史料记载及现存的穴居遗址来看，武陵山区穴居人家最喜欢的居住地是一种"岩屋"，或称偏岩屋、岩洞屋，也就是有穹顶的岩隙，石壁下能遮风避雨的地方。这些岩穴通常不深，但由于穴内光照充足，空间适中，冬暖夏凉，便于抵御野兽或盗贼的攻击，因此成为当地土民的理想居所，至今尚存的穴居人家大多就是这种类型（图二）。当然也有例外，比如土王出于安全方面的考虑，将一些洞府建在幽深的山洞，下文将要介绍的万人洞和情田洞就是这种类型。

图二　利川船头寨里的穴居人家
（赵青松　摄）

1. 偏岩型

在前倾的石壁下修建的房屋叫偏岩屋，这种形式的岩洞屋在武陵山区最为常见，"容阳三洞"之一的万全洞（后详），实际上就是一个巨大的"偏岩屋"，洞不深，只有约50米，但宽、高也均为50米，土司田舜年修建此洞府时，曾花了很大精力将洞底用巨石填平，为以后洞内修建多栋石木结构式的房子打下了基础。

穴居的一大优势便是节省建筑材料，对于普通土民而言，只要在偏岩屋前方砌一道石墙，然后杈木架屋，上覆树皮或茅草就行了。如果偏岩屋的自然条件比较好，土民甚至只需用竹木编一道篱笆，左、右、后、上都不用遮盖，就可以入住了。

2. 山洞型

山洞型的洞府安全性最好，它有多个进出口，进可攻，退可守，比如"容阳三洞"中的万人洞、情田洞就是这种堡垒型的洞府，不过洞府的主要建筑还是在洞口一带，顾彩的《容美纪游》记载万人洞"洞口有街有门楼，守洞者众焉"[4]，即证明了这一点。不过，从现有的资料看，普通土民一般都不会选择幽深的山洞作为长期居住地。

我们往前追溯，旧石器时代的原始人也多居住在洞穴的前部，除非遇到紧急情况，他们才会暂时进入黑暗的岩洞深处去避险。另外，从现代医学的观点看，幽深的山洞一般都有较强的气流，并不适合人类居住，特别是在没有照明的情况下，如果长时间在黑暗的洞中生活，会对人的眼睛等身体器官造成伤害。

（二）水源充足

除了能遮风避雨，穴居还必须具备的一个条件就是附近有洁净的水源，笔者在湖北省利川市谋道镇船头寨采访"岩屋"居民时，他们说起住"岩屋"的好处，首先说到的就是"柴方水便"，木柴主要是用作取暖和烹煮食物，武陵山区森林覆盖率高，古时候的生态环境比现在还要好，木柴自然随处可见。岩穴能否住人，关键在于附近是否有水源，从现存的部分岩屋遗址看，有岩屋处必有水源，在自然条件比较好的岩屋，岩缝里渗出的清泉甚至自动流到柴灶后面的石水缸里，居民用水十分方便。

土王在营造洞府时，首先考虑的也是水源问题，万人洞和情田洞洞内都有地下暗河，万人洞洞内还专门铺设有到暗河取水的石板路（图三）。万全洞本来是缺水的岩穴，田舜年在《平山万全洞记》碑刻中，还特意记载了他在万全洞寻找水源的经过："旧称洞中无水，仅仰汲山岩上涓滴。然非无水也，水皆由石中行也。尽起其石，筑为城台，则泉流如注矣。"[5]顾彩游历万全洞时，住在离水井较近的大士阁。他在《容美纪游》里记载："余栖息其中，泉注床前，竹生枕畔。"[6]正因为找到充足的水源，田舜年才开始大兴土木，将万全洞建成容阳一大堡垒。

图三　万人洞内用于取水的石阶
（罗建峰　摄）

三、土司洞府的功能及建筑布局

对于普通土民来说，找到一个能遮风避雨、有充足水源的岩穴就可以入住，但是对于土司而言，不仅要能住，而且要住得安全、舒适，因此，土司洞府修建了规模宏大的防卫和生活设施。

（一）屯兵御敌功能

从现有的资料看，土王在每一个重要的建筑群附近，都建有洞府作为紧急避险处，供自己及家人遇袭时使用。容美土司中府后面有秃龙洞，《容美纪游》记载："秃龙洞在老司后旷野中，远望石壁间一尖顶穴是也。洞上有寨，去地百尺，无级可登，缚梯上之，中有石门可守。寇至急则奉宣慰君登此寨，贼不敢仰攻。"[7] 在土司行署南府，土王建有燕喜洞，由条石砌成的洞门等设施至今保存完好。《容美纪游》记载："（南府）其北有岩洞，名燕喜，深十余里，外窄内宽，土人避寇，常聚居其中。"[8] 此洞有多个出口，避险是其主要功能。

细柳城，田土王的别墅区，《容美纪游》载："徒有城名，实无城也。"城中建有土司衙署、戏楼等建筑，与之相对应的避险之地就是万人洞，据传细柳城有暗道通向万人洞，一旦有敌情，即可安全撤离。万人洞入口处有宽3、高厚各4米的城门（图四）。过门约5米许，便有一道封洞式的城垣，上建有寨楼，城门和城垣均用条石砌成，如今遗迹尚存。顾彩在《容美纪游》里介绍了攀登寨楼时的情景："梯悬十仞，攀之惴惴，寨上亦有人居。"[9] 因防御设施完备，田舜年在嵌于城门处的石刻《万人洞记》中称此洞为"磐石重城"，建造洞府的直接原因在于"绿林频窥"，为了与"后城细柳"遥相呼应。

图四　被土司田舜年誉为"磐石重城"的万人洞城门
（罗建峰　摄）

图五　百仞绝壁间的"天城"——万全洞遗址
（罗建峰　摄）

如果说万人洞是藏于临河崖壁间的一座"地城"，那么，位于屏山东侧的万全洞，就是一座悬于百仞峭壁间的"天城"了（图五），顾彩用诗表达了去万全洞的感受："一蹬悬丝下太空，巨鳌张吻白云中。"洞口还建有石门、城墙、炮台等防御设施。这座洞府系土王田舜年于康熙二十二年至二十六年构建，是屏山爵府的重要组成部分，他在《屏山万全洞记》中写道："夫山间之洞不少，而万全有平山为之表，平山得万全为之里,表里相依。"[10]显然,万全洞是作为屏山爵府的避险地而设置的,建造此洞的直接诱因,就在于明末清初,田舜年的伯父与父亲担任司主期间,容美土司遭李自成余部两次袭击,损失惨重,此后"始痛定思痛,而大修其城"。

情田洞是拱卫中府的一个前沿哨所,也是一个经受了实战考验的边境堡垒(图六)。它距今鹤峰县城约20千米,建于1680年,曾是土司田舜年的屯兵储粮之所,他在这里建造了可储五六石粮食的大仓,以及用于防御的兵仗、石具、火药或火炮等器具物资,在敌众我寡时,可连月负固不出,而无缺粮之忧。情田洞有多处摩崖石刻,山体上有土司题刻的"晴田峒"三个大字,洞口石壁上有摩崖石刻《情田洞记》和《捷音者序》,两篇铭文共1600余字,记叙了康熙十九年田舜年营修该洞及大败永顺、散毛诸土司于情田洞外的经过。这次战斗初期,田舜年被迫困守情田洞,是洞中的清泉、存粮和暗河里的鱼群使他大难不死,转危为安。为感谢大自然的造化功德,感谢情田洞的"知遇"情谊,田舜年勒石纪念,感叹"不仅人有知遇,而山川与人更有知遇也!"

图六　边境堡垒——情田洞遗址
(罗建峰　摄)

古人"筑城以卫君,造郭以守民",防卫是城市的首要功能。"容阳三洞"均建在地势险要之处,当土司开始在洞府修建城垣、城门等设施时,洞府便具备了城市的某些功能。从这个角度看,土司田舜年称万人洞为"磐石重城"并不为过,容美土司以洞为城,将穴居文化发挥到极致,当属中国建筑史上的一大奇观。

(二)洞内行政及文化娱乐之功能

洞府不仅是土司的避难所,也是重要的办公地,他们在洞中阅文议事,还将一些重要的外交活动也放在洞中举行。康熙五十九年八月十五日,容美末代土司田旻如与桑植土司向国栋在桑植五道水大岩屋誓盟捐弃前嫌,永结友好,他们分别在洞外崖壁上题写了"山高水长""亿万斯年",以示共同抗敌的决心,场面隆重,气氛友好。

康熙四十三年六月初一,田舜年在万人洞中同保靖土司彭虹举行结盟仪式,清代诗人、戏剧家顾彩不仅目睹了这次盛典,而且受托撰写誓词,中有"自今以往,既盟之后,保靖有难,容美救之,容美有难,保靖亦然"[11]等语。我们从这次结盟盛典中可以看出,容美土司在湖广诸土司中的地位非同一般。

在洞中藏书、著述、开诗会,也是容美穴居文化的一大特色。

《容美纪游》记载，康熙四十三年四月十六，土王田舜年邀约顾彩及其他四位诗人到万全洞举行诗会，顾彩在洞中住了两个晚上，并主持了一次诗会，留下三首诗作，其中就有"人从天半语，月在下方晴"这样的佳句，将万全洞的险中之美和美中之险表达得淋漓尽致。现在万全洞的石壁上，还遗存有顾彩300多年前参加诗会留下的笔迹（图七）。

诚如作家龚光美所言："将遮风避雨、藏兵御敌的山洞，作为吟诗作赋、排戏唱曲的文化娱乐之所，同时成为阅读写作的藏书之地，是田舜年一班土司诗人的独创，在中国少数民族的历史上也属罕见。"[12]

（三）土司洞府的建筑布局

土司在洞府内外修建了大量石木结构式的建筑，受光照等因素影响，这些建筑大多修建在洞口，前面已经介绍，情田洞"于峒之下立

图七　清代戏剧家顾彩参加洞中诗会留下的笔迹——《万全洞记》
（罗建峰　摄）

衙宇"，万人洞"洞口有街有门楼"，而万全洞除了有完备的防卫设施，其他建筑的布局也很有特点（图八）。

《容美纪游》记载，万全洞洞口左上方台地建有一个阁楼式的建筑——就月轩，土王晚上休息时，可以在这里赏月。洞口右边伸出部分是受日亭，天气晴好时，可以在这里享受阳光的温暖。洞中间靠里边为大士阁，用于安置历代土王的衣冠，也是土王祭祖的场所。就月轩右下方的建筑叫魏博楼，这是土王

图八　情田洞洞口留存的建筑遗迹
（罗建峰　摄）

藏书、看书以及著述的地方。如今这些木质建筑虽俱已损毁，但石门、屋基、通道、台阶、水井等建筑遗迹仍清晰可辨。

从洞府的功能分区看，土司和家人通常住在洞内较安全的地方，土民则住在洞口担负防卫职责。在万人洞和情田洞，各有一个支洞采光良好，民间传说是土司及其夫人和女儿居住的地方。前些年，文物部门还在这些支洞发掘出剪刀等女性用品，也印证了这种说法。

四、穴居所反映的相关文化内涵

穴居作为武陵山区的一种古老民居，受到自然环境和经济形态的制约，同时也对当地的葬俗以及后来的民居建筑产生了重要影响。

（一）穴居与崖葬的相似性

土家先民一般选择崖壁下方作为居处，而去世以后则要想方设法安葬到陡峭的崖壁上，二者形式上有相似之处。

目前在武陵山区分布着数量众多、规模、大小不一的崖葬遗迹，时代从商周一直延续到明清。在今鹤峰县容美镇九峰桥河岸右侧的岩壁上，发现凿有石龛数孔，里面棺木无存，有关专家分析，应为崖葬遗迹。长期研究巴文化的朱世学先生认为："这些崖葬遗迹具有一定的穴居文化情结，反映了山为祖先之地的原始思维，体现了人类早期山陵地带洞处穴居的生活方式。"[13]

（二）穴居所对应的经济形态

《容美纪游》记载："司中地土瘠薄，三寸以下皆石。"[14]受自然条件所限，容美土司辖区内不适宜发展农耕经济，但是可用于渔猎采集的动植物资源却十分丰富，《山羊隘沿革纪略》记载："时而持枪入山，则兽物在所必获；时而持钓下河，则水族终致盈筥——真有取之不尽，用之不竭之慨。"[15]山羊隘位于容美土司边缘地带，边缘区的自然条件尚且如此，核心区的渔猎资源就可想而知了。

顾彩游历容美期间，记载用餐、赴宴、饮酒三十多处，吃的食物多为干鱼、鹿腊、野猪腊等野味熏腊食品，以及葛粉、蕨粉等采集加工制品，不见大米、面粉等农耕食品，这证明容美的渔猎采集经济占据主导地位。对于土民出征、服役所携带的干粮，《容美纪游》也有明确记载："其粮，以葛粉、蕨粉和盐豆贮袋中，水溲食之，或苦荞、大豆。"[16]土民的主食仍以采集食品为主，农产品的品种单一且数量很少，说明当地的农耕经济发展比较滞后。直到"解放初期（1950年前后），农耕生产已达到相当的程度，仍有一部分农户（十分之一左右）专靠狩猎、捕鱼为生"[17]。

经济形态在某种程度上决定居住方式。土家先民以渔猎采集为生是因为当地独特的自然环境和动植物资源，他们选择居处，首先考虑的也是进山打猎、下河捕鱼、采集山货的便利。因此，穴居也可以说是土家先民适应环境、利用环境和改造环境的必然选择。

（三）穴居建筑与土家吊脚楼的关系

不论是从史料文献的记载，还是从洞壁上发现的大量搁置木质构件的铆孔分析，不难想象土司在洞府内外建有规模宏大、结构复杂的木质建筑群,这些建筑与后来土家族地区流行的吊脚楼是什么关系,是一个值得探讨的问题。

现在学术界的主流观点认为,土家吊脚楼源于古代的"巢居",所谓"下者为巢,上者为营窟",即根据地形选择不同的居住方式。吊脚楼又称"干栏",《魏书·獠传》记载:"依树积木,以居其上,名曰干栏。"从中可看出土民生活之原始。进入土司时期后,住宅建筑有着更严格的等级制度,"土司居处,富丽堂皇,砖瓦鳞次,绮柱雕梁,极尽奢华。其属下官吏的住处,虽可竖梁柱,周以板壁,但不准盖瓦。一般土民只能权木架屋,编竹为墙,树皮或茅草盖房。如有盖瓦者,均治以僭越之罪"[18]。无论是"依树积木",还是"权木架屋",说明普通土民的住宅条件是非常简陋的,连梁柱和片瓦都被禁用,工艺水平显然较低,这和我们现在看到的结构复杂的土家吊脚楼显然有很大差距。

相比而言,土司洞府中的阁楼式建筑与现代吊脚楼的风格更加接近。改土归流以后,由于汉族移民大量涌入原土司地区,玉米、红薯等农作物开始引种,农耕经济逐渐取代渔猎采集经济占据主导地位,随着人们生活范围的扩大,穴居在选址方面受自然条件所限的缺点更加突出。在这种情况下,一种融合了穴居、巢居及山外汉族民居优点的建筑——吊脚楼应运而生,并风靡整个中国西南地区。因此,有学者认为,土家吊脚楼是从洞穴中走出来的。

五、余论:容美土司遗址没发现大型城址的真正原因

作为世界上最古老的一种居住形式,穴居在中国南方地区传承范围之广、传承时间之长都远远超过了我们的想象。在如今包括鹤峰县在内的武陵山区,曾经有人居住过的岩屋遗址比比皆是,在利川谋道等偏远的土家山寨,甚至还有穴居人家守望至今,这不能不说是世界建筑史上的奇迹。我们据此可以认为,在中国大陆,穴居不仅仅是黄土高原窑洞居民的专利,武陵山区土著人的穴居历史甚至应该比黄土高原的穴居历史更长。

了解到土司地区特有的居住习俗以后,我们对土家族地区的传统建筑就会有一个新的认识。史料记载,土家先民巴人一直没有建城的传统,他们习惯于"以山为城,以水为池"。在容美土司时期,历代司署也是"无城有基",清同治《宜昌府志·城池》对容美土司中府所在地(现鹤峰县城)做了以下描述:"土司,旧无城垣。设州后,知州毛俊德鸠工庀材,即建城于土司旧治,所谓中府者是也。城负山临河,周围一百丈,外砌石,内甃砖,开门四。"[19]

以上资料显示,直到土司制度末期,原土司中府所在地连城墙等基础设施都没有,是首任知州毛俊德上任以后,鹤峰才开始出现真正意义上的城市建设。造成这种

情况的主要原因，前文已经介绍，土司在每一个居处附近，都营建有大型的洞府作为避险地，洞府实际上替代了城池的大部分功能。

当我们对容美土司的政治、经济、文化等方面有了一个全面、客观的认识之后，我们就会理解曾进入"申遗"预备名单的容美土司平山爵府遗址为什么文化层会比较单薄，为什么这里没有发掘出人们期待中的大型城址。当然，容美土司地僻民贫是一大原因，容美土司衙署多且分散是一大原因，土王"性喜迁移"也是一大原因，但归根结底还是因为这里的建城习俗与汉族地区完全不同。或者说土司对于城池的概念和汉族地区完全不同。因此，这里不可能出现像古代中原地区那样规模宏大的城市建筑群遗址。从另外一个角度看，同样是由于大山阻隔、交流不畅，这里有很多像"穴居"那样的古代文化事象得以保存，这些幸存下来的文化基因，使容美土司文化更具地域特色和研究价值，这对我们今天研究古代中国南方地区的历史文化有着非常重要的意义。

注　释

[1]　王善才：《清江考古》，科学出版社，2004年，第7页。
[2]　鹤峰县史志办：《容美土司史料汇编》（内部资料）。
[3]　鹤峰县史志办：《容美土司史料汇编》（内部资料）。
[4]　（清）顾彩：《容美纪游》，天津古籍出版社，1991年，第81页。
[5]　鹤峰县史志办：《容美土司史料汇编》（内部资料），第112页。
[6]　（清）顾彩：《容美纪游》，天津古籍出版社，1991年，第66页。
[7]　（清）顾彩：《容美纪游》，天津古籍出版社，1991年，第57页。
[8]　（清）顾彩：《容美纪游》，天津古籍出版社，1991年，第30页。
[9]　（清）顾彩：《容美纪游》，天津古籍出版社，1991年，第81页。
[10]　鹤峰县史志办：《容美土司史料汇编》（内部资料），第113页。
[11]　（清）顾彩：《容美纪游》，天津古籍出版社，1991年，第83页。
[12]　龚光美：《爱你山高水长》，长江文艺出版社，2010年，第260页。
[13]　朱世学：《支罗船头寨研究》，《鄂西南土家族地区穴居文化的初步研究》，武汉理工大学出版社，2011年，第179页。
[14]　（清）顾彩：《容美纪游》，天津古籍出版社，1991年，第89页。
[15]　鹤峰县史志办：《容美土司史料汇编》（内部资料），第490页。
[16]　（清）顾彩：《容美纪游》，天津古籍出版社，1991年，第55页。
[17]　祝光强、向国平：《容美土司概观》，湖北人民出版社，2006年，第107页。
[18]　（清）嘉庆《龙山县志》卷十六。
[19]　（清）同治《宜昌府志》卷四《建置志》"城池条"，第135页。

土司时代施州卫对土家族区域的控制*

邓 辉[1] 吴红敬[2]

（1.三峡大学民族学院 2.湖北省古建筑保护中心）

摘要：明朝开始，于今天的恩施城设立了施州卫，明朝的规定中，军卫设指挥一人，正三品；指挥同知二人，从三品；指挥佥事四人，正四品；镇抚司镇抚二人，从五品；经历司经历从七品；知事正八品；吏目从九品；以管理辖域里的各级土司。总体上是一个有较高等级的控制少数民族的前卫阵地。对于施州卫的历史过程与认识，由于历史资料相对较少，有许多地方还不明白。因此，对于它存在的作用，设置如此较高的军卫等级，也发现与讨论不多。随着唐崖土司城的申遗成功，施州卫作为管理境内的不同土司的朝廷卫所，是需要今人对土司文化进行关注、加强研究与共同保护的。而施州城作为朝廷遣入少数民族地区的前哨阵地，自宋代以来，就很受朝廷重视。在明清土司制度时期设立的施州卫，亦存在了近350多年。今天其城池中的历史遗迹，多与土司制度时期有关。因此，对该城池的历史特征进行保护性使用，是今天我们不可忽视的，其也是恩施历史文明中的重要一笔，希望能得到更多的关注与保护。

关键词：土司；施州卫；对土家族；控制

在今天的土家族地区，唐崖长官司覃氏土司、永顺军民宣慰司彭氏土司文化遗址，已经收录入世界文化遗产中。这说明，世界对中国的土司制度的了解，有了入门的路径。但是，在我们的研究中，多是对土家族历史文化的研究，以及对土司与土司制度的研究，对控制土司的卫、所的专门研究，似乎不多。这里仅就施州卫的历史与特点，做些讨论。实际上卫所制度与土司制度是一项制度的两个方面，这里仅就施州卫的历史作用及何以设立施州卫，进行一些了解与讨论，以使人们对土家族的历史文化从更广泛的角度，特别是施州卫对今天鄂西南土司的控制与管理上得到更多的了解。

---

* 本文是在湖北省文物局"土司研究"课题的资助下完成的。

一、施州卫的历史

　　明朝设立的施州卫是朝廷建立最为稳定的卫所之一，其地为湖北恩施市老城，是其卫城所在。雍正改土归流后成为湖北施南府的府城。20世纪90年代公布为湖北省历史文化名城。从城址来看，自明代设立施州卫时，将其城池从六角亭的山顶部向清江河边有所扩大，并形成了自明至清代城池的基本特征，而今这座城池依然可以找到城墙墙体的基址或是较为完整的城墙墙体。施州卫城的历史从明代的洪武十四年（1381年）到清代的雍正六年（1728年），有347年。但恩施城池上至唐宋，下至近现代仍存。就城墙的修筑而言，史书记载始于宋代淳祐三年（1243年）五月，施州创筑土城，至今天也有近800年的历史了。如果从有人居住的施王屯来看，至少是一千数百年的历史之城池。今天我们也仍能把卫城的大部分城墙基础找出来。

　　明朝建立之初，土家族地区的强宗大姓归顺于朱明王朝，而后不久又反叛了朱明朝廷，因此战争不断。设施州卫的一个重要作用，是明王朝为了加强对整个西南少数民族地区的控制，由于恩施是鄂西南地区出入西南区域的重要门户，又是历史上以少数民族为主的聚居区，宋代以来一直就是朝廷与这一区域民族交往的前沿哨所和重镇，为了加强对西南少数民族的控制，明朝廷选择施州设卫有其必然性，一是少数民族聚居区，又因其地理位置，加上历代朝廷都曾经营过施州，朝廷与少数民族间的控制与反控制的斗争长期存在。因此设立以军事为目的的卫城，用屯田戍守的方式来维护这一区域里的社会稳定也就成了朝廷的首选，所以过去的施州，这时改为施州卫，其地位的提高，表明朝廷重视的程度，施州卫城的特殊作用，历明至清雍正改土归流，其后的施南府城已经脱离了早期军事重镇的职能作用。因此说，自宋代开始，施州城已经形成，明代的卫城作用是越来越重要。按《明实录·太祖实录》卷一百三十七记载：洪武十四年六月戊辰，置施州卫军民指挥使司。同时设立了大田千户所等几个千户所。成为控制鄂西南及整个土家族地区诸土司与相邻土司的朝廷军旅戍守的重镇。施州卫的存在共计约有347年，其卫指挥史为朝廷的正三品官员，可见是恩施城池历史中的重要时期，也是其他地方城池所不能比拟的重要所在。施州城自宋代以来就是土家族区域的重镇，可谓是千年以来不变。

　　从相关记载里可见："明祖以土司滋扰，设卫广屯，欲使官省馈运而人自为战也。"[1] 又如嘉靖《四川总志》中说："朝廷设施州卫，以钤散毛宣抚司，制御之道本有其人，奈何该卫军职往来交结，贪图贿赂，猫鼠同眠，法令不行，弥无人以治之者同况：永顺、酉、保、散毛、施南、石砫并大田、黔江等卫所地方相连，川湖两省虽各有守巡，然道路险远，出巡不到，乞请添设守备官一员，就于施州卫驻扎。"[2]

　　施州卫，按明朝廷的设置，军卫设指挥一人，正三品；指挥同知二人，从三品；

指挥金事四人，正四品；镇抚司镇抚二人，从五品；经历司经历从七品；知事正八品；吏目从九品；仓大使、副使各一；其分工明确，各司其职，指挥使是总领，同知金事是掌印佐贰，其他的卫官则分别管理着屯田、驻军、营操、巡捕、漕运、备御、戍守、出哨、入卫、军器诸务，称之为"见任管事"。一卫辖五个千户所，五千六百人。卫、所军人具有特殊的社会身份，另立军籍，军人必须娶妻生子，军职子孙世袭，卫指挥以下军官也多世袭。这是家族式军队与兵士的来源，也是军屯下的姓氏家族延绵。这种屯田驻军的组织机构方式，形成了卫、所制度的核心[3]。在恩施城外，其互近的许多姓氏就与那时的军户屯田有关。这种屯田驻军的结构特点，对土司建设自我的军事机构，以及兵丁来源的影响力也是存在的。

明代的施州卫，仅有左、右、中等三个千户所，《施南府志》记载：施州卫"附郭左、右、中三所"，外加大田千户所，共四个千户所，与规定的少了一个千户所。而康熙《湖广通志》卷八中说："施州卫指挥使、指挥同知、指挥金事，左、右、中千户所千户、百户、兵四千六百七十九名。屯田二百零六顷十亩，屯粮二千零五十八担。"就我们今天的调查来看，其中中千户所的位置所处，很可能就是卫城东北的小渡船、黄泥坝、旗峰坝等地，黄泥坝的将姓千户墓葬及墓志铭文是直接的证据，而另一千户的所在，很可能在今天的小龙潭一带，那里曾有一个范围不大的城池，称曰"明城"，其周姓千户的墓葬及墓志铭文在此地发现，余则似乎稍远。就我们的调查访问，在恩施、利川等地方的有些地名就与屯田有关系，如恩施的屯堡、军寨；利川的团堡、元堡、木栈屯、孙家堡、南坪堡等，都应是当年施州卫的重要屯田区。屯田区域的开垦，使粮丰物足，所以明代又记载说恩施是"施州卫延袤颇广，物产最饶"，是"军食赖以足"的经济富裕之地。当年的施州卫、所的军旅兵士，依通志及府、县志的记载：四所共有兵丁四千六百七十九名。屯田使军食充足，对稳定这一区域的农业经济发展是有贡献的；屯田是那时朝廷养军的根本性任务，也是唯一的途径。而对于土家族区域来说，屯田对促进农业生产也起到了推动作用。依个人之见，屯田特别是对稻田的开垦、对稻作农业的推进，起到了至关重要的作用。我们注意到，在"屯"与"堡"的地方，其姓氏的分布相应就散而杂一些……而这里在今天依然多是以汉族为主的居住区域，这就不是偶然了，其原因就是来自于军屯士兵的扎根[4]。我们在调查恩施城周边的历史文化中，今天依然有不少的姓氏就是明代或更早时期就于此居住的民众，他们大多是那时的军户，也就是屯田时的屯田户，如周、童、邓、蒋、唐等都是旧时的大姓，以此可见施州卫的驻军与屯垦的特点。在设立施州卫前，朝廷于洪武二年设立了麻寮千户所，今鹤峰的锁坪；洪武十一年，设立了黔江守御千户所；洪武十二年，改瞿塘所为卫，领四个千户所，隶属于湖广都司，而卫所的官员，多是随明太祖打天下的江东子弟兵；洪武十四年六月置施州卫军民指挥使司，治所在施州城内，初隶属于四川都司；洪武十四年十二月时改属湖广都司。这既加强了对土司头人的控制，又使汉文化在土家族区域里得到了发展。

二、施州与施州卫

州是地方政府，卫是地方驻军军事机关，两者有明显不同的性质与特点。明朝以前的施州，虽同是朝廷的地方政权机构，但施州在万山丛林之中，交通不便，加之居于这一区域的少数民族，朝廷了解甚少，则视其为蛮荒之地。唐代，这里是朝廷官员的贬放之地。在宋代时，这里的风俗有了不少的改变，朝廷在境上设立了不少的砦堡，以对这里的少数民族进行控制。施州城曾一度是朝廷控制土家族的重镇，就连少数民族的首领们向朝廷贡奉的珍宝，也由施州来代收转送于朝廷。而明朝鉴于这里是少数民族的聚居区，民族首领常常发起冲突与争端，一般的州府官员又不能直接插手少数民族内部的事务。所以，少数民族地区中的少数民族首领们形成了强族之势，累世经营不衰。朝廷也只能采取"以夷治夷"来治理，形成一些能够共同遵守的合约条款，少滋事端，对民族首领以高官厚赐，聊以羁縻之。这样的一种政治制度，仅意味着招抚与稳定少数民族不恣事端。而这一制度也由来已久，早自先秦巴人时期就已经开始，如"秦犯夷，输黄龙一双，夷犯秦，输清酒一钟"，就是那时秦巴间民族和睦的一种方式。这种羁縻之策一直到清代的雍正年间才结束。

洪武十四年、十六年、十七年、二十二年鄂西土酋相继发动叛明动乱，特别是洪武二十年（1387年）安福（桑植）土千户夏德忠叛明，北上攻破施州，知州胡士能被害，造成颠覆施州的残酷惨剧。洪武二十三年（1390年），征服了鄂西南的土酋，对施州卫进行了调整和加强，一是并施州入卫，实现施州卫军卫一体化治理；二是设置大田千户所，作为施州卫深入土司腹心区的最重要的前哨力量[5]。在设立卫所的初期，如《施南府志》载："永乐初，敕瞿、九、永、施共一守备巡防，后另设荆瞿守备坐镇南坪（利川市南坪镇）。继移镇施，每年巡历荆瞿，南坪等处。"[6]嘉靖三十三年（1554年），移荆瞿守备于施州。明中叶后，又临时设总督，总督地位常在总兵官之上。横的方面，施州卫受湖广布政司和按察司的牵制和约束，布政司下的参议、参政，按察司下的掌刑、副使、佥事等都是施州卫的顶头上司[7]。

而卫、所制度，首先强调的是军事戍守，当然更把少数民族视为一地的野蛮夷人，因此朝廷军队驻扎镇守与威慑一方。要守卫与安抚一地，军队驻扎是首要的，驻扎就需要供给，所以屯田以保证供给是古代军队戍守最主要的方式，在施州卫附近屯田也就是一件自然的事情，恩施州城外所知的千户就有周姓、将姓等。施州卫的设立，是鉴于鄂西南地区当时民族间矛盾冲突激烈。元末，明玉珍大夏政权在区域里设立了"施南万户府"，当应处于施州城内，而在少数民族地区还设立了比较完备的少数民族政权——大小不一的土司政权，如"宣慰司""宣抚司""安抚司""长官司"等，将长官之职授予民族首领，用他们传统的统治方式来统治这一区域的诸少数民族，用以稳定这里的社会治安与维持经济发展。明玉珍对鄂西南地区以及整个土家族地区的统治长达十七年之久，应该说对土家族地区这一历史时期的社会稳定起到了良好的作用，使这里的土家族人口、经济有了加强，实力大增。虽然说今天有不少的学者不认同这一观点，但笔者认为，这应是那时的实际情况。朱明王朝的和平接管，其先并未给这里的少数民族上层分子以优厚的赏赐和抚慰，以及高官之职，对朝廷可谓是身服而心不服。而朱明王朝的约束，使土家族中的上层分子心怀不满，故而战火纷至沓来，叠起不断。洪武年间，覃、田等姓氏的民族首领率领族军攻克城池，杀戮朝廷使者与命官的事件累有发生。例如，知施州的知州李才、胡士能等均被攻城杀死。如果不是大的怨恨，恐怕攻城夺地、杀害朝廷命官也许是不会发生的，今天看来，当有我们无法知晓的理由。发生了这种事件，朝廷为强化统治秩序，稳定西南地区的门户，急切地将鄂西南土家族地区稳定下来是十分必要的，也是需要有非常大的信心与决心的。用什么样的方式来有效的保证一方平安？这需要有相应的措施，卫、所之制也就提上了日程，与全国大多地方相近似。卫领辖着千户、百户所，这些千户、百户所都是处在少数民族地区的腹心地区里，也是出警方便之区，如大田所就是在取散毛土司的大田区域而设立的，以加强对少数民族地区少数民族的控制，并以屯田的方式长期驻扎于少数民族的腹心区。这些屯田者，有外来的军户屯田，如施州卫附近及屯堡等地多是外地来的戍守者，而大田是用"以夷治夷"的方式，让西阳的冉氏人员来驻扎。屯田驻军一是征战便捷；二是长期守戍；三是且耕且农。保证了地方处在朝廷直接管辖之下，能够长治久安。而且在领属方面，常设以高职官位以加强领导，如明《世宗实录》记载："嘉靖四十五年，在府设抚夷通判一员，常驻施州，听兵备道差委。""九月，又改设整饬荆、夔兵备。湖广按察司副使一员，专驻施州。以湖广荆州等处，四川重庆，夔州等处属之。"[8] 如此重视施州卫的官员设置，并给予很大的权力，可见施州卫在明王朝中的地位是非同一般的。康熙《湖广通志·兵防》中记载：明代施州卫的设置有"施州卫指挥使，指挥同知，指挥佥事，左、右、中千户所千户，百户，兵四千六百七十九名。屯田二百零六顷十亩，屯粮二千零五十八石。皇清……施州卫设守备一员，千总一员"[9]。表明清代时，这里的军队设置与明代有了变化。

三、卫所与土司之间的关系

土家族地区的卫所与土司都直接为朝廷所管辖，而卫所在少数民族区域里只是监管的关系，但土司与卫所的关系也时好时坏，如有些土司小规模的骚乱，卫所则直接镇压或捕审，这样一来，也就有了一些土司与卫所官员间的不见于桌面的关系，而且亦常常受到不同方面的责罚。这是有不少记载的。而在大的方面，土司对各种关系的处理,是必须由朝廷亲自进行的,如土司之间亦常有纠纷或是仇杀,一般都难以处置,从朝廷的管理上看,亦常有相互间向朝廷告状的情形,究竟孰是孰非?大多是由朝廷进行裁决的,"有相仇者,疏上听命于天子"[10]。

卫所这一设置,对于今天土家族区域土司政权的控制,对于朝廷稳定一方社会秩序,起到了非常重要的作用。因此,施州卫的存在历史,是这里民族历史中的重要的一环,把卫城放在民族历史中去考察,才能明白这一设置的作用。先期:"朝廷设施州卫,专一统辖各土司,先年卫官犹谓国法,遵例,錧制夷汉,不许出入,地方得宁。"[11]

可见施州卫在朝廷眼中的特殊作用,就是控制夷汉间出与入的问题,没有进出的汉人与夷人,则少了许多矛盾存在。

而明朝的数百年间,施州卫的官员与土司间,有严酷的官员,亦有暗中常与土司有往来者,有的卫官对土司头人苛责甚至致死,亦有不满卫所而奋起反叛者。

卫官的贪婪与严酷,如《穆宗实录》记载:"(隆庆五年正月)乙酉,……谓施州卫三里延袤甚广,物产最饶,而卫官每肆朘削,致民逃匿,诸土司为乱。"这里所指,卫官中有不少的贪腐与严酷者,致使人民逃入少数民族地区,助土司为乱。另外也有卫官致土司舍人死于州衙,从而受到严责的,这在《明实录》中也有记载。而这里的卫所在处理民族民间的事务时,多对少数民族是严酷的霸道作风,如《明实录》中记载:"湖广施州卫指挥佥事陶敏,因迎春行礼,有百户喧闹失仪。翼日,敏于公堂责问,因殴之,致死。法司论赎杖还职,上曰:'敏因细故殴人致死,凶狠如此,不可以常律论杖之。'谪戍广西边卫。"[12]可见,一点小事打死了当地少数民族中的"百户"官员,表现的是凶狠的朝廷官吏,对少数民族一般首领的处罚尺度上是以殴打问事,用殴打使其招供,而这种供述当是对官府有利的。因此,朝廷对民族地方官员进行责罚时,是网开一面的,让其调离完事。

卫官与土司的勾结与争战:卫官与土司间相互勾结者,如"……昔年唐崖长官覃万金等夷出劫黔江等七州县,众议调官军将首恶擒获监卫,輙又受财,朦胧卖放"[13]。可见唐崖土司的覃万金,就曾贿赂卫官,因而卫官在处理土司覃万金到处打劫所获财物时,是收取其好处,"輙又受财,朦胧卖放"。

卫所与土司间的战争是数百年间里最常发生的事情。朝廷与土司间的争战,如元代的"至顺三年春正月癸酉,……庚子,夔路忠信寨洞主阿具什用合洞蛮八百余人寇施州"[14]。

又如明洪武年间,覃、田等姓氏的民族首领率领族军攻克城池,杀人不断,而且杀戮朝廷使者与命官的事情亦累有发生,如知施州的知州李才、胡士能等均被攻城的少数民族所杀。

明代嘉靖年间,龙潭安抚土夷黄忠等对朝廷不满,发起反抗斗争,最后被镇压,

《明实录》记载:"(嘉靖三十二年十一月甲辰)湖广龙潭安抚司土夷黄俊、黄中等作乱,占据奉节、云、万三县土田,聚党千余,杀土夷居民以百数,害及两省。总督侍郎屠大山以闻,并劾守备王伦、指挥杜过、李宏及四川重、夔兵备副使曾子拱、湖广参政王朝贤、副使孙宏轼失事罪。诏大山督两省官速行剿捕,王伦革任,杜过等停俸,曾子拱等戴罪任事,候事宁并奏。"[15]。

事情到了第二年的冬天(嘉靖三十三年十二月乙亥),"湖广、四川守臣诱擒龙潭安抚司叛夷黄俊及其党李仲实等,俊子中诣军门降,施州平。初,俊据支罗洞寨,贪暴不法,以睚眦杀人,坐告系狱。会白草番反,中因为父请贳罪立功,及自求为副。安抚黄軏后、指挥杜过入其贿,为言于军门,许之。俊出益骄,乃与中及群盗李仲实等逆命横行四川奉节、云阳、万县间,官军捕之,反为所败。至是,副使熊逵、参议万文朝、佥事陈其乐等计擒俊与冲实等,俊死狱中。中惧,肉袒诣同知田助降,执俊余党谭景雷等自赎。抚按官以闻。上从部议俊追戮枭示,仲实等论斩,中免死谪戍,过等俱下御史问,逵等各赏银十五两,一表里,助与府县官各赏银十两。"[16]。

朝廷调集了各地官军进行围剿,才使事件平息。何以使民族起事反抗?当别有原因,我们将另文讨论。

四、卫所官员的墓志弥补了史料的缺失

整体上说,有关施州卫时期的文献资料缺少,虽有载述表明曾有不少的史料文献,但传述完整的版本少,大多仅见于一些清代后期的方志摘抄里。如果要较为全面地疏理施州卫的历史,我们还需要对相关的文献资料、方志史料、家族史料等进行全面搜集,这样才能对施州卫的历史有较为全面的了解与理解。20世纪70年代后期、80年代初期以来,在恩施的黄泥坝、小龙潭等地发现了蒋姓千户的墓志铭文。这证实了千户所的千户存在。在小龙潭明城还发现了周姓正千户侯的墓志铭文(铭文内容详见石刻碑文中的内容),蒋、周二位"千户"的存在,对深入研究与了解左、右、中千户所的作用有很大的帮助。在咸丰的大田,发现了不少明代墓葬,其中就有一些称之为"将军"的墓葬(因有砖记铭文存在),从发现中看,这些将军,其官是世袭的,明代后期许多官员是由少数民族中的首领来充任的。

1. 蒋祯墓志铭

蒋祯生于明正德丙子年(1516年),死于万历辛巳年(1581年),经历了正德、嘉靖、隆庆、万历四代皇帝。死后又过了三年才正式安葬。这些都是墓志铭文中记载的内容,也是今天了解施州城周边文化习俗方面有价值的材料,更是研究施州卫历史的直接见证史料。

> 明诰封武略将军蒋公墓志
>
> 明诰封武略将军蒋公讳祯,号小山,授本卫中所千户职。公赋性明敏,宅心平易,慎以莅□义方以训子处乡党,以敬待宗族睦和。娶方氏生男有二:长曰仕进,游国庠,生男汝能、汝勋;次曰□□,游乡庠,生男汝贤、汝智。其公之来也,在正德丙子岁四月初十日辰时。其公之去也,在万历辛巳岁十一月初四日亥时,享年六十有六。谨卜城北黄泥坝,祖讳聪茔右,坐以戌山,对以辰向,兼乾三分,择甲申年三月廿十三日庚子申时良吉安厝。其地山水呈祥,龙虎拱贵,用妥灵□求协贞吉,故记其事之终始,勒之于石以为亿万年之记云耳!
>
> 万历十二年三月吉旦,治生崔凤翔顿首撰。[17]

施州卫的中千户所,过去所知甚少,在文献中也多是一笔带过,有没有过千户、设置于何处、是城内还是城外?并未见到详细的记载。也是我们过去所知较少的内容,蒋千户墓志的发现,对更深入的了解中千户所在明代中期的历史,以及施州卫的作用都是不可多得的有重要价值的文字材料。

2. 周心宇墓志铭

周心宇,明代嘉靖年间至崇祯时人,其祖先随朱元璋部属征战,曾于洪武时升任施州卫正千户侯,从而世居恩施。我们从周心宇的墓志铭中可以了解到恩施自明代以来的历史社会发展、经济、人口状况等,是所发现不多的明代墓志铭文。其墓志铭文是在1980年时于恩施市龙凤坝小龙潭村的熊庭玉房屋后山发现的。该碑文对了解这一支居于恩施城周边的周姓人氏的历史,是有直接了解与帮助作用的。

> 明诰封明威将军周心宇墓志铭
>
> 余总挟关陕,驻节兴安,时拜江右开府之命,适年友张光绿公千里起币持状,为姻亲故,明威将军周公请志铭,将以邀山灵而光世泽。且谓余与若弟别驾公曾同选于乡;余叔泰正公,又曾与若翁刺史公,同举丙子科;得讲世谊,知不能无言也。乃□状,周公讳之麟,字瑞卿,别号心宇,其先山东鱼台人。始祖周能世,以武功于洪武调升施州卫正千户侯。遂家于施焉。历八世生公,公妙龄颖异。其父孔务,即汲泉公;每期以青云事,业初试,督学陈□收录而入胶庠;再试,金公置前列,而补增广生,以中年艰嗣而卒。业成,均之以高亭堂景,逼难离膝下,乃改授卫指挥佥事。夫君子积学居官,恨不及於桑梓。而公之在官也,始膺屯政,痛横征暴敛之非,得请上官之命。凡远逃此落,躬亲问历,以田之广狭,定粮之多寡。无欺隐包占之

好，归而着为令甲，至今咸遵而守之。继掌印务，公以素丰之家，抚□成之运，苞苴不入而案牍肃清。凡可以利军民福桑梓者，匪不委曲周详，期于尽善。上官方欲久于推毂以俟序迁，而公固乞休矣！悬车之日，鬓尚未星林下二十余年，曰：惟明农教子，晚年连举三夫子，长讳三畏，时廪于庠，娶昭勇将军幽岗唐公女，时生子名士旦，尚幼。生女四，长许聘兴学生童君东白；次子讳复昭，次许聘于光绿张公熙寰。长孙讳楚，三四尚幼。次三奇，娶学生陈君太丘长女，生女一。次三锡，娶庠生赵君宾吾女，生女一。公生女四，长适于明威将军杜公城□长子宗晦；次适明威将军赵公讳之牧，生男一，名祚龙。三适于怀远将军石公讳美中，生男二，长讳篆，应袭；次讳文；女一。四适于应袭方君，讳大任。公生于嘉靖癸丑年二月十一日丑时，卒于崇祯四年七月十三日亥时，享年八十岁。今于崇祯五年三月十五日辰时葬于卫城之北两会口，康宁山之源，扦作癸山丁向，群山拱护，万水盘旋，善地善人两相值也。因为之铭曰：奕奕周公，由文之武。帜树词坛，泽流桑土。笃生之嗣，雾豹两虬。大光家谱，先德可酬。天设佳城，原土高岗，龙首中藏，胤作繁昌。

皇明崇祯五年岁次壬申季春望日

赐进士第通议大夫陕西承宣布政使司右布政使前兵部武选郎中太茹肖丁泰顿首撰。

光绿寺署承悉眷生张三阳沐手书。[18]

3. 外地发现的有关施州卫官员的墓葬与墓志

有关清代施州卫官员的记载更少，但在不同的区域文物调查中有所发现，如在巫山大溪沙落坪就发现曾任职于施州卫的匡氏将军墓葬及碑文。

匡氏将军墓，占地面积较大，在"文化大革命"时期被毁，许多精美的雕刻和围墓墓石都已砌在学大寨的田坎里了，现在有些石头，当地还能指出其所在。目前匡氏墓损毁严重，而唯一保存完好的是墓前的主碑石刻，上刻"明威将军军民兼管施州卫匡鸣鼎将军之墓"，时间是乾隆四十八年（1782年）岁次所立。旁边另有一墓葬，是匡鸣鼎的子孙中的匡祥远之墓，墓碑立于光绪三十一年，记载了匡鸣鼎将军的子孙，此墓保存完好。

依《匡氏族谱》，匡鸣鼎字爱如，是明朝的将军，官至施州卫（指挥使一类）最高长官，是匡氏一族的入川始祖。清统一全国，匡鸣鼎隐居在沙落坪，后吴三桂反清，多次派人请他出山，他"婉拒之"，后病故于此，其子孙亦有居此地者[19]。但是匡氏在施州的历史问题，查阅今天恩施的地方文献史料，则不见。而我们今天从恩施县志，或是施南府志中均不见有匡鸣鼎事迹的记载，而该碑文的存在表明，施州卫时期还有不少的官员，我们今天已经不知其缘由了，而巫山匡氏墓葬与碑文的再现，对了解施州卫的历史问题多了一份参考资料，也是值得珍视的。

综上所述，施州卫作为朝廷监控土家族区域的前哨阵地，一直稳定地立于今天的恩施城，因此，在恩施城的历史中，自明代洪武年间大修城池后，这座城池有347年是属于卫所制度时期的。而且今天其旧（卫）城的特点，依然是卫所时期的规模，且城墙遗迹仍然完整，这是十分难得的。而这座城池，首先笔者认为它是民族之城，城周还有不少早年的岩葬墓的遗迹存在；其二加上处于山峰的顶部，又是依山为城，在湖北地区的所有历史城池中，都是独一无二的山顶之城，但随着历史的变化，人们已经遗忘了它，成了遗忘的历史之城。因此，如何利用好这座历史文化名城的民族历史文化，使卫所时期文化为我们今天的民族发展服务、为创新文化服务，它都有其不可替代的作用，这也将是一项重要的发展民族历史文化的重任，需要我们深入研究与探讨，以更好地发挥民族历史文化为今天新世纪文化与社会发展服务。

注　释

［1］　（清）道光《施南府志》卷十六《武备志》。

［2］　（明）嘉靖《四川总志》卷十六，第320～322页。

［3］　邓辉：《施州古城》、范植清：《施州卫建置屯戍考》，《中南民族学院学报》1991年第5期。

［4］　邓辉：《施州古城》，湖北人民出版社，2011年，第33～38页。

［5］　范植清：《施州卫建制屯戍考》，《中南民族学院学报》1991年第5期。

［6］　（清）道光《施南府志》卷十七《武备志》。

［7］　范植清：《试析明代施州卫所世袭建制及其制约机制之演变》，《中南民族学院学报》1990年第3期。

［8］　《明实录·世宗实录》卷五百六十。

［9］　（清）康熙《湖广通志》卷八《兵防》。

［10］　《明史》卷七十六《职官志·五》，中华书局，1985年。

［11］　（明）嘉靖《四川总志》卷十六，第320～322页。

［12］　《明实录·大明英宗睿皇帝实录卷之一百三十二·正统十年八月壬寅朔》。

［13］　（明）嘉靖《四川总志》卷十六《钦差巡抚都是御史刘大谟题设守备疏》。

［14］　（清）毕沅：《续资治通鉴》卷二百六，上海古籍出版社，1988年，第1142页。

［15］　谢贵安：《明实录类纂·湖北史料卷》，武汉出版社，1991年，第1063页。

［16］　谢贵安：《明实录类纂·湖北史料卷》，武汉出版社，1991年，第603页。

［17］　邓辉：《施州古城》，湖北人民出版社，2010年。

[18] 注：该墓志铭文为石灰石质，高54.5、宽55、厚5.5厘米，碑文原录于1982年11月19日（该碑刻由恩施市老文物工作者张明达先生调查与收集）。邓辉：《施州古城》，湖北人民出版社，2010年。王晓宁收录于《恩施自治州碑刻大观》一书中。

[19] 覃昌年：《大溪沙落坪三大文物古迹》，重庆·巫山网，2007年11月8日。

土司时期乌江流域民族关系与社会发展研究*

祝国超

（长江师范学院）

摘要：土司时期乌江流域的民族关系是一种特殊的社会关系。其类型有五：一是中央王朝与土司政权的关系；二是流官、卫所与土司政权的关系；三是土司政权之间的相互关系；四是土司政权与辖区民众的关系；五是多民族之间的关系。土司时期乌江流域的民族关系对社会发展有着积极影响和消极影响、正面影响和负面影响，而影响该地区社会发展的核心问题在于民族权利是否平等、民族利益是否公平和民族发展是否均等三大因素。土司时期乌江流域各族民众只有与中央王朝之间形成信任、和谐、良性互动的关系，才能推动该地区的经济发展、社会进步、文化繁荣和民族团结；反之，则阻碍这一地区经济社会发展与文化繁荣，破坏民族之间的团结，这进一步佐证了"只有信任、和谐、良性互动，才能实现双方共生"的道理。

关键词：土司时期；乌江流域；民族关系；社会发展

乌江流域既是资源富集区和生态屏障区，也是文化特色区和贫困地区。由于乌江流域特殊的地理环境、交通条件、文化生态，特别是土司制度的推行，贵州行省的建立，改土归流的实施，形成了该地区"你中有我、我中有你，谁也离不开谁的多元一体格局"[1]。"土司时期"是一个流动概念，因为有的土司在明末被平定而改土归流，如播州杨氏土司万历二十八年（1600年）后被改流，贵州宣慰司安氏土司于崇祯十七年（1644年）改流；乌江下游的咸丰、利川、酉阳、秀山等地土司，则在清雍正十三年（1735年）改流完毕；乌江中游的一些土司维持统治的时间较长，如贵州龙里县小谷龙长官司宋氏土司于清同治年间改流，贵州贵定县平伐长官司长官庭氏土司于清光绪年间改流。因此，文中的"土司时期"虽然因不同地区而时段各不相同，但总的时间跨度即元明清时期。土司时期乌江流域的民族关系在不同地区、不同时段呈现出纷繁复杂的民族关系。

---

* 基金项目：国家社科基金项目"乌江流域民间信任和谐与社会稳定发展研究"（12BMZ023）。

一、土司时期乌江流域民族关系的基本类型

土司时期乌江流域的民族关系是一种特殊的社会关系[2]。由于这一时期乌江流域的政权存在形式表现为"流官、卫所与土司并存"的形式，故形成了五类民族关系。

（一）中央王朝与土司政权的关系

中央王朝与土司政权的关系是一种认同与调适、互动与和谐、博弈与冲突的关系，这种关系是土司时期民族关系中的核心关系。大凡土司地区民族关系的弛张与此密切相关。当乌江流域的土司及土民与王朝政权共同组成了"命运共同体"，且土司成为"王臣"，民族地区成为"王土"，各族土民成为王朝子民，双方均寻求到利益最大化的时候，中央王朝与土司政权之间就相安无事，于是各地土司积极朝贡、中央王朝赏赐不绝。反之，当中央王朝与土司政权之间的关系处于恶性互动时就有爆发战争的危险。

1. 良性互动下的民族关系

根据土司制度的规约，乌江流域土司出于寻求利益最大化以及在辖区内统治权力最大化的考量，不得不主动与元明清中央政府良性互动。而中央政府为了维护政权稳固的需要，同样愿意与各地土司良性互动。因此，双方主要在两个方面良性互动。

第一，互相承认统治地位。元明和明清朝代更迭时，乌江流域土司能识时务，待中央政权稳固之后，他们主动投诚，上缴前朝的印信、号纸等信物，承认当朝统治者的合法地位；中央政府也乐见乌江流域土司归附，承认他们统治辖区的合法性，并授予土司职衔以及印信、号纸等信物。《明实录》记载了杨氏土司归附的情况："洪武五年（1372年）正月乙丑，播州宣慰使杨铿、同知罗琛、播州总管何婴、蛮夷总管郑瑚等来朝，贡方物，纳元所授金牌、银印、铜印、宣敕。诏赐铿等绮、帛、衣服，仍置播州宣慰司，铿、琛皆仍旧职，改总管为长官司，以婴等为长官司长官。"[3]从这些记载可见，每逢中央王朝改朝换代，乌江流域土司都要赴朝献地纳土，内附称臣，接受中央王朝的封赏，这对于维护国家统一，发展少数民族地区以及加强与内地政治、经济联系，促进地方的发展和社会的稳定，均有积极意义。

第二，各地土司积极履行王朝义务。《明史》卷七十六《职官志·五》中说："附辑诸蛮，谨守疆土，修职贡，供征调，无相携贰。"[4]这是元明清中央政府对包括乌江流域在内的土司提出的必须履行的义务。乌江流域土司在认同元明清等朝代代表国家合法的统治政权后，为了体现对王朝的忠诚，他们积极履行王朝义务，如播州杨氏土司在元明两代一直与中央王朝保持着密切的互动联系，仅在明代，就对明王朝

朝贡139次，其中贡马120次，贡方物22次，贡金银器6次，贡水银、朱砂、鹰、象等7次，贡皇木2次[5]，如此众多的朝贡，象征着播州土司对中央王朝的认同，甘于服从中央王朝的统治，这对维护边疆稳定具有重大意义。土司朝贡制度是元明清中央王朝处理国家与地方、中央政权与土司政权之间关系的一种政治经济制度。乌江流域土司对国家认同的动力并不是由土司自发形成的，而主要在于中央王朝制度性的规定。

在土司制度完善的过程中，元明清中央政府通过政治引导、经济诱惑、物质鼓励等形式，利用乌江流域土司军队来维持该地区的社会稳定，于是，守卫疆土、保境安民就成为乌江流域各地土司的基本义务。乌江流域土司辖区的领地是祖国领土神圣不可分割的一部分，他们自觉肩负起保境抚民、抗击异族和外国侵略的责任。据不完全统计，明代中央王朝征调乌江流域土司土兵，其中石柱马氏、秀山杨氏、播州杨氏、水西安氏等四大土司参与"征蛮"33次，这种频繁征调不仅维护了国家的统一和地方的安定，促进了乌江流域政治、经济和文化的发展，也体现了中央王朝与众多土司之间良好的互动关系。

乌江流域土司在自觉地承担朝贡纳赋、奉命征调职责的同时，往往借助王权来确认和提升自身地方统治权力的合法性，巩固土司统治地位，博取更多物质资源和拓展更大的生存空间，谋求更多的政治利益和经济利益。

2. 恶性互动下的民族关系

在土司时期，中央政府与乌江流域土司形成恶性互动主要基于两个方面的原因：第一，中央政府与土司政权均谋求自身利益的最大化。元明清时期，中央政府与土司政权具有不可调和的结构性矛盾，在实施土司制度的过程中，无论是中央政府还是土司政权，如果都把谋求自身利益的最大化作为目的，势必形成二者之间的恶性互动。明清时期乌江流域的水西安氏土司和播州杨氏土司，自恃拥有一定实力，号令并带领辖区民众反叛中央王朝，最终遭受灭顶之灾，国家也由此实力锐减，国力衰退。第二，中央王朝对土司地区实行高压统治，致使播州、水西、乌蒙、镇雄等土司对朝廷日益不满，继而形成对立与矛盾，如明清中央王朝严格规定土官不许越省、越族通婚；如蔑称杨应龙"原是卉服鸟语之伦，同处豺虎虫蛇之内"[6]。这种政治压迫，必然加深乌江流域土司及辖区内民众与中央王朝的矛盾、隔阂，甚至冲突。

无数事实证明，乌江流域土司政权与明代中央政府之间恶性互动下的民族关系，最终只能是双方吞下自己种下的苦果。乌江流域的播州、水西、乌蒙、镇雄等土司，无不是与明清中央王朝恶斗，最终均自取灭亡。从另一角度看，明清中央王朝虽然最后赢得了平定播州、水西等土司的胜利，但由于明末数次与土司爆发战争，正如《明史》所言："贵阳甫定，而明亦旋亡矣。"[7]这是明代中央政府与乌江流域土司政权恶性互动的最终结果。

（二）流官、卫所与土司政权的关系

土司时期乌江流域的流官、卫所与土司政权之间的关系是一种控制、监督、管理与被控制、被监督、被管理的关系。

1. 流官的设置与土司政权的关系

众所周知，土司时期的行省一级，一般设有布政使、都指挥使司、巡抚、总督等官职，他们各司其职；在府州县一级还设置有知府、知州、知县等流官；在乌江流域各土司衙门，不仅设置包括同知、副使、佥事等职务的佐贰官，还设置经历、都事、知事等主管衙门文案事宜的首领官，朝廷任命的佐贰官以及同知、副使、佥事等职官，有相当一部分是朝廷任命的流官。从行省到府州县再到土司衙门，形成了一个流官对土司政权控制、监督、管理的系统，土司政权中的承袭、朝贡、纳赋、征调、司法等诸多事务均在流官的监控之下。

2. 卫所的设置与土司政权的关系

土司时期乌江流域由于土地关系多样、民族种类众多、地理结构复杂，因而导致卫所设置时空间分布不均衡。乌江上游设置有乌撒卫、水西卫、毕节卫、威清卫、普定卫、平坝卫等卫；中游设置有贵州前卫、贵州卫、新添卫、龙里卫、偏桥卫、兴隆卫、平越卫和黄平千户所、重安千户所等卫所；下游设置的卫所有施州卫和黔江千户所、大田千户所等。研究表明，乌江流域这些卫所建立后，出现了与土司势力范围犬牙差互的状况，或分土司之地建立卫所，或卫所与土司同在一地[8]。乌江流域卫所设置，主要是对邻近土司予以控制、监督，当某个土司心存二志、反叛朝廷时，卫所自当发挥其重要作用。土司时期乌江流域的土司，正是由于他们时时处在地方流官、军事卫所的严格控制、监督和管理之下，他们在相当长的一段时间内，基本上处于"齐政修教，因俗而治"的政治制度管理之中。

（三）土司政权之间的相互关系

从本质上看，土司政权与土司政权之间的民族关系不仅是一种特殊的社会关系，也是一种既相互依存又敌对仇杀的关系。在土司时期，乌江流域土司与其他地区的土司一样，均知道土司与土司之间是"一荣俱荣，一损俱损"的道理，必须处理好土司政权之间的相互关系。在土司政权与土司政权之间的交往过程中，由于各土司均从自身利益出发，谋求自身利益的最大化，往往形成土司政权与土司政权之间时和时战的局面。

1. 结盟与发誓

土司时期，乌江流域的土司政权与土司政权之间结成同盟关系，这是一种比较常见的现象。据《为黔省永顺、酉阳二司盟结事宜事题稿》载，明代崇祯年间，四川酉阳土司与湖广彭氏土司因争鲁碧潭、椒园等地而致使永、酉二司仇杀，后经兵部、都察院以及四川与湖广两省有关官员调解，遂将"所争之地断鲁碧潭归永，断椒园等地归酉"之后，各"出据其盟书"，并称"各照古界管业，两夷相安"，其结局"各出盟书印结，和好如初，边境既宁"[9]。这无疑是一件有益于两土司辖区社会经济发展的大好事。酉阳土司为了与周边土司搞好关系，也常有结盟之举，如冉如彪于洪武八年（1375年）任酉阳宣抚司后，召集石耶、邑梅、平茶、麻兔等长官司，与订约："无尔诈，无我虞，各捍牧圉，为国家屏蔽。"所以，其结果是"边烽息，民物安，一隅之势，巩固于天府焉"[10]。另据《酉阳土司》载："冉兴邦其人素有大志，极具开拓革新精神。……在西北土坪打败散毛司，和湖北来凤、咸丰划定以酉阳山为界，永不相侵。"[11]这是冉氏土司在明代初年对周边土司发出的"永不相侵"的誓言。酉阳土司与湖广永顺土司、来凤、咸丰等邻近土司的结盟与发誓，并成为事实上的盟友，对维护土司地区的稳定具有重要意义。

2. 政治联姻

土司与土司的政治联姻与古代的国家与国家之间的和亲有相似之处，和亲是为原来的敌对国家之间，采用政治联姻的手段来共同谋求国与国之间和平相处的方式。

土司与土司之间的政治联姻，其作用有四个：一是有利于巩固土司与土司之间的地位，结成牢不可破的联盟关系；二是不同姓氏或族群的土司联姻，有利于提高本民族人口素质；三是有利于消除民族间的隔阂，增强民族凝聚力；四是有利于促进与周边民族建立起和睦关系。

综观乌江流域的土司，其政治联姻有比较固定的姻亲关系，如乌江上游水西安氏土司主要与永宁奢氏"世为姻娅"，如霭翠娶永宁土司之裔奢香为妻，安的娶奢助为妻，安万钟娶奢播为妻，安尧臣娶奢社辉为妻。其中，奢香、奢播、奢社辉均担任过贵州宣慰司使之职[12]。乌江中游的播州杨氏土司的政治联姻比较复杂，除与思州宣慰后裔田氏属于"世为姻娅"之外，与其他地方的土司联姻也较多。从李化龙《平播全书·献俘疏》中可以厘清杨应龙以联姻方式与周边土司建立起来的一个庞大的关系网。杨应龙之妾田氏为思州宣慰之后裔。杨应龙的两个亲妹，一个是思州宣慰之裔田一鹏的妻子，另一个是龙虎山张世爵的妻子（张杨亦世为姻娅）；杨应龙的五个儿媳皆为田氏（即杨朝栋、杨以栋、杨惟栋、杨良栋、杨胜栋的妻子田氏）均为思州宣慰之裔田一鹏、田飞鹏、田良玉之女，因"思田播杨并雄西土，世为姻娅，故酋父子兄弟率娶田氏"。杨应龙长女杨贞惠许聘贵州洪边应袭宣慰宋承恩为妻,次女许石砫宣抚司宣抚马斗斛次子马千驷为妻[13]。可见,播州杨氏土司与石柱马氏土司之间为了寻求彼此庇护,争取外围支援,不得不通过政治联姻而结成军事同盟,互为羽翼而相互支持。酉阳冉氏土司除了与播州杨氏土司有联姻之外,主要与永顺彭氏土司缔结姻亲。石柱马氏土司主要与利川覃氏土司联姻,当然,也与播州杨氏土司有政治联姻。在明清时期的土司阶层,其结婚对象无疑十分强调门当户对。因此,土司与土司自然成为彼此最理想的联姻对象。他们之间通过政治联姻,形成利益共同体。

3. 相互仇杀

明清时期,土司与土司之间的仇杀,往往导致中央政府对两个土司的改土归流。土司之间的仇杀不仅影响双方辖区民众的安定,而且影响中央政府对土司地区的控制。从明清时期土司的仇杀看,主要有两种情况:一是毗邻土司之间因争夺土地、物质和人口展开的仇杀,如宣德七年(1432年),乌蒙、乌撒的土官禄昭、尼禄等,由于争夺地盘互相仇杀;嘉靖二十一年(1542年)酉阳冉氏土司与永顺彭氏土司因采办皇木而互相仇杀;另一种是土司家族间因土司承袭问题引起的仇杀,如播州土司杨辉与杨友本为兄弟,后因争袭土职,导致兄弟交恶而相互仇杀。由于明清时期乌江流域土司之间割据一方,彼此称雄,长期进行仇杀是常有之事。故高拱在《抚夷纪事》中认为土官"横行暴虐,不守王章,大肆凶残,戕死骨肉,纵兵邻境"[14]。土司之间的相互仇杀,不仅是封建领主长期分裂割据的原因,也有土司制度自身的缺陷。

(四)土司政权与辖区民众的关系

明清时期乌江流域土司政权与辖区民众的关系主要表现在两个方面。

(1)二者之间的关系是少数民族政权与其辖区内民众的关系。作为这种关系,土司政权或凭借自身实力保护境内民众安全,或给予辖区内百姓一定的利益[15]。可见,土司政权在处理辖区内民众的关系时,民族之间、民族之内的权利和利益都要考虑均衡。

(2)土司政权与辖区民众是统治阶级与被统治阶级、剥削与被剥削的关系。明清时期的土司作为朝廷命官,在当地拥有管理百姓的正当性,因此,统治和剥削当地的被统治被剥削阶层,这似乎具有合法性。如果按照统治阶级与被统治阶级来划分,土司时期乌江流域的统治阶级有土司、封建主、峒长和寨长、流官等,被统治阶级有自由民、农奴、手工业者、矿工和奴隶等,这些都是土司统治阶级剥削的对象。土司时期乌江流域土司面对无战事之时,民众"农时为民,战时为兵"特殊的身份,使得土司辖区内的普通百姓不仅平时要承受经济上的赋税和徭役,还要为土司发动内乱的经济埋单。例如,安国亨担任贵州宣慰使期间因承袭之事发动的"安氏之乱",最后在朝廷调停下，安国亨"倚夷法以白金三万五千两自赎，以六千两赎务卒等"[16]，这些钱从何而来？最终还是辖区内的百姓"埋单"，土司政权与辖区民众这种剥削与被剥削的关系由此可见一斑。

（五）多民族之间的关系

土司时期，无论是乌江流域的世居民族还是外来移民，虽然他们属于不同地方的不同族群，拥有各自不同的文化，汇聚于这一地区，但在共同开发锦绣河山，共同创造乌江流域民族历史与文化，以及相互交流、碰撞、融合的过程中，形成了多民族之间的关系，或者说是谁也离不开谁的共生关系。和谐相处、彼此相融、相互包容，成为土司时期乌江流域多民族之间民族关系的主轴。

二、土司时期乌江流域民族关系对社会发展的影响因素

金炳镐先生认为："民族关系中的突出问题是民族权利、民族利益和民族发展。"[17]土司时期乌江流域的民族关系，无论是上述五种民族关系中的哪种关系，归结起来还是民族权利关系、民族利益关系和民族发展关系。社会发展是一个社会学概念，主要是指社会系统发生结构性变动引起功能转换而带来的社会进步[18]。从宏观上讲，社会发展应该包括政治、经济、文化、环境等全部社会现象和社会活动的进步，或者说包括物质文明、制度文明和精神文明等方面的全面进步。从微观上讲，社会发展主要是指社会进步中社会经济的发展，特别是社会生产力的发展。毋庸置疑，土司时期乌江流域民族关系对社会发展会产生一定的影响。土司时期乌江流域无数事实证明，民族关系对社会发展有着巨大的影响，包括积极影响和消极影响、正面影响和负面影响，而影响该地区社会发展的核心问题在于以下三大因素。

（一）民族权利是否平等

作为一个国家之公民或一个民族之成员，民族权利平等既是最低要求，也是最高追求。按照常理，民族权利应包括民族生存权、民族发展权、民族政治参与权、民族自治权和民族共治权。其中，民族生存权是民族权利的基础，它与人的生存权一样，在不被蓄意灭绝的前提下保持本民族延续的权利[19]。在此基础上，才有民族发展权、民族政治参与权、民族自治权和民族共治权。可以说，在土司时期，乌江流域民族平等权是民族关系的基石，而民族生存权则是民族关系的逻辑起点。

1. 民族权利是否平等的基础在于双向认同

民族权利平等必须基于一种认同。一是国家层面对乌江流域民众的认同。从国家层面讲，当元明清获取政权且作为执政者，必须从心理上承认包括乌江流域在内的各

民族每个成员都是国家中的一员（即元明清时期皇帝口中经常提到的"子民"），都看作是国家建设的主人翁。彻底摒弃封建社会有些朝廷命官在奏疏中的"非我族类，其心必异"[20]的错误观念。正是由于朝廷命官具有这种观念，才形成了明清中央王朝对乌江流域民族地区乡村社会与国家之间的对抗排斥模式。在这种模式中，由于主体民族不接受少数民族，常常出现民族压迫、民族斗争乃至民族战争等情况。在对抗排斥模式中，作为国家层面来讲，在处理民族关系上的操作行为主要包括民族驱逐、政治区划和民族隔离（如限制汉族与少数民族交往）等手段，导致乌江流域民族地区与中央王朝之间经常出现相互排斥（如土司反叛、农民起义、抗捐抗粮等）的现象。二是乌江流域民众对国家的认同。从乌江流域民族地区民众的层面看，作为国家的一员，必须首先确认自己属于这个国家以及对该国家的政治权威、政治制度、政治价值和政治过程等方面的理解、赞同、支持和追随[21]。例如，土司时期乌江流域民众在确认自己是元明清中央王朝的"子民"，并对元明清的政治权威、政治制度、政治价值和政治过程等方面的理解、赞同、支持和追随时，应从内心承认明清政府治统的合法性，并在此基础上，乌江流域各族民众内心愿意与以皇帝为代表的国家结成"命运共同体"。元明清时期乌江流域各地土司，由于中央王朝将他们确认为国家在地方行使权力的代表，土司以职位承袭接受中央王朝控制，并积极缴纳贡赋、服从军事征调为认同国家的必要条件。历史证明，土司时期乌江流域的多数土司在政治共存、经济一体、文化共享等方面起到倡导、组织、践行和引领辖区民众认同国家的作用，强化了乌江流域各族民众的国家认同。

2. 民族权利是否平等的主导权在于中央政府，即国家

在民族权利平等的问题上，国家应负主要责任。潘红祥认为，任何统一多民族国家都是主体民族与少数民族"共在共生"的共同体组织。而作为组织重要组成部分的"民族"，皆作为一种生存共同体而维系着有序的社会关系[22]。土司时期乌江流域各民族在长期交流、交往和交融中，多民族融合逐渐成形，并在反抗封建统治者的压迫和抗击外来势力的入侵过程中共同维系着中华民族统一多民族国家版图。因此，乌江流域各民族与全国其他民族一样，同样是中华民族统一多民族国家版图的"绘制"成员，他们在民族之间的相互依存、和谐相处中，实现了族际关系的协调平衡，促进了乌江流域各民族团结。既然乌江流域各民族都是中华民族不可或缺的成员，都是中华民族共同体中最基本的构成单元，那么，元明清中央政府就有履行民族权利平等的责任，对该地区社会弱势群体予以积极主动的关切。然而，元明清中央政府由于只考虑统治阶级的权力和利益，根本没有对乌江流域少数民族社会成员给予平等地尊重和有效地保护，故导致多种形式的战争时有发生，甚至在明末平定"奢安之乱"后，出现"贵阳甫定，而明亦旋亡矣"[23]的结局。

（二）民族利益是否公平

众所周知，人类社会对个人利益的不懈追求是社会发展的根本动力。一个政治稳定、关系和谐的社会必然是各阶层民众利益关系都比较协调的社会。从土司时期乌江流域的实际情况看，民族利益是否公平是影响民族关系的主要因素。因为民族利益关系着民族的生存和发展，所以，民族利益是导致民族之间中央王朝与土司政权之间、中央王朝与少数民族之间发生民族事件与民族冲突最常见的原因。综合来看，导致中央王朝与地方民众发生冲突最主要的原因是中央政府繁重的赋税，因为繁重的赋税是影响民族利益的关键所在。明代中央政府给乌江流域土司地区繁重的赋税，如贵州宣慰使司征夏税米255.166斗，秋粮米82 035.363斗；贵州宣慰使司官目下征夏税米333.33斗，秋粮米68 588.279斗；播州宣慰司征夏税米4241.34斗，秋粮米43 937.226斗；播州长官司征夏税米9704.449斗，秋粮米45 006.84斗；水德江长官司征秋粮米6298.555斗……[24]乌江流域本来是"汉夷错居，不同中土，山箐峭深，地瘠寡利"[22]之地，中央政府不但没有免除该地区各族民众的赋税，反而在很多土司地区收取大量的夏税米和秋粮米，这事实上影响了央地之间的民族关系。笔者以遵义地区明清时期的田赋为例予以说明：明初播州长官司每年不定量向朝廷贡纳田粮，至明万历时播州长官司每年要向朝廷定额纳粮5800石。万历二十八年（1600年）"平播之役"后，明廷确定遵义县每年田赋额粮7212.49石，折征粮差银10 031两、丁差银1851两，共计折征粮银11 882两。到清末时，遵义县田赋粮银和丁银年征总额为银35 284两[25]。这种逐渐加码征收田赋，极大地影响了当地民众的生存和发展，加重了乡村社会民众的赋税负担。因此，在咸丰六年（1856年）十月，贡生许白高为根绝尖斗纳粮弊端，会同四乡代表，提议将省平斗纳粮判词刻碑竖于县衙头门或县城东门。知县顾昆扬执意不允，并令杀许白高等四人，史称"尖斗事件"[26]。在土司时期乌江流域还爆发了多次"抗粮"事件（即公开抗拒交纳政府的赋役）。这无疑是乌江流域乡村社会与国家争夺赋役资源的最激烈的形式，严重影响了该地区正常的民族关系。

（三）民族发展是否均等

从土司时期乌江流域各民族的政治、经济、社会、文化等方面的发展看，只有各民族之间民族发展均等，才能实现各民族的和谐共生、共同繁荣。但从土司时期乌江流域的实际情况看，由于民族政治不均等，导致民族关系十分复杂。一是行政制度的复杂化，导致战争时有爆发。土司时期的乌江流域，从行政制度看，既有经制州县，又有羁縻卫所，还有土司制度。仅以土司制度看，中央政府在乌江流域按土司实力大小以定尊卑，分别授予宣慰使、宣抚使、安抚使、长官司及蛮夷长官司等职计200余家。这些土司政权与中央王朝时战时和,相互之间也累有争战,它们与其统治下的人民也存在着种种错综复杂的关系。明初对乌江流域少数民族进行"怀柔",实行"恩威共用""兼剿兼抚"的方针,民族关系得以暂时缓和,但自永乐以后,中央王朝统治加强,民族压迫逐渐加深,中央王朝与土司间的矛盾日益激化,特别是万历年间至崇祯年间,爆发了"平播之役"和"奢安之乱"等战争。入清以后,中央政府在乌江流域不断用兵,特别是改土归流期间,对少数民族大肆屠杀,以武力强行改流,民族矛盾达到了白热化的程度。不仅有清朝与水西安氏土司、乌撒安氏土司的战争以及改土归流的战争,还发生了一系列规模巨大的民族起义,如黔东北石柳邓、石三保领导的苗族起义等。二是社会组织多样化,导致民族发展不平衡。土司时期乌江流域社会组织名称有"则溪制度""亭目制度""鼓社制度""峒款制度",以及"油锅"组织、"六马"、"六枝"、"八番"、"九股"、"十二营"、"十二马头"等,这些名称、内容各异的社会组织,反映出各民族社会发展程度的差异,也决定着各民族在一定时期相处不够和谐、发展不够均等。

三、结　语

从土司时期乌江流域的历史看,当中央王朝与土司政权或其他民族关系处于良性互动时,社会生产力能够得到良性发展;当中央王朝与土司政权或其他民族关系十分恶化而必须用战争形式来解决时,就会对当时的社会造成一定的危害,甚至是巨大的破坏。例如,在"奢安之乱"的过程中,安邦彦的土司军队自天启二年(1622年)二月围困贵阳至当年十二月解围止,据史载:"贵州官廪竭,米升值二十金。食糠核草木败革皆尽,食死人肉,后乃生食人,至亲属相啖。张彦芳、黄运清部卒公屠人市肆,斤易银一两。"[27]除了物价昂贵、人吃人、人肉易银等之外,另据《明史》载:"贵阳被围十余月,城中军民男妇四十万,至是饿死几尽,仅余二百人。"[28]这是古今中外人类发展史上少见的惨绝人寰之战事,对明末乌江流域社会生产力的摧残不言而喻。

总之,土司时期乌江流域各族民众只有与中央王朝之间形成信任、和谐、良性互动的关系,才能推动该地区的经济发展、社会进步、文化繁荣和民族团结;反之,则阻碍这一地区的经济社会发展与文化繁荣,破坏民族之间的团结,这进一步佐证了"只有信任、和谐、良性互动,才能实现双方共生"的道理。

注　释

[1]　《中央民族工作会议暨国务院第六次全国民族团结进步表彰大会在北京举行》,《人民日报》2014年9月30日第1版。

[2] 李良品、邹淋巧：《论播州"末代土司"杨应龙时期的民族关系》，《贵州民族研究》2010年第5期。

[3] 贵州省民族研究所：《〈明实录〉贵州资料辑录》，贵州人民出版社，1983年，第5页。

[4] （清）张廷玉等：《明史》，中华书局，1974年，第1876页。

[5] 李良品、李思睿、余仙桥：《播州杨氏土司研究》，华中科技大学出版社，2015年，第117～125页。

[6] 刘作会：《平播之役400年学术讨论会论文集》，贵州人民出版社，2002年，第125页。

[7] （清）张廷玉等：《明史》，中华书局，1974年，第8176页。

[8] 《贵州通史》编委会：《贵州通史》（第二卷），当代中国出版社，2002年，第99页。

[9] 《为黔省永顺酉阳二司盟结事宜事题稿》，《中国明朝档案总汇》，广西师范大学出版社，2001年，第1～40页。

[10] 重庆酉阳冉氏族谱续修委员会：《冉氏族谱总谱》，重庆酉阳冉氏族谱续修委员会，2007年，第216页。

[11] 邹明星：《酉阳土司》，西南师范大学出版社，2008年，第12页。

[12] 龚荫：《中国土司制度史》（下编），四川人民出版社，2012年，第654、655页。

[13] （明）李化龙、刘作会点校：《平播全书》，大众文艺出版社，2008年，第125～127页。

[14] 贵州省文史研究馆：《贵州通志·前事志》（第二册），贵州人民出版社，1987年，第311页。

[15] 李良品、田小雨：《论明代贵州水西安氏土司战争与民族关系》，《贵州民族研究》2012年第1期。

[16] （清）黄宅中：《道光大定府志》，中华书局，2000年，第110页。

[17] 金炳镐：《民族理论通论》，中央民族大学出版社，1994年，第265～267页。

[18] 〔日〕富永健一：《社会学原理》，社会科学文献出版社，1992年，第233页。

[19] 潘弘祥：《少数民族权利的谱系》，《中南民族大学学报》2006年第2期。

[20] 丘浚：《内夏外夷之限一》，《皇明经世文编》卷七十三。

[21] 毕跃光：《民族认同、族际认同与国家认同的共生关系研究》，中央民族大学博士学位论文，2011年，第43页。

[22] 潘红祥：《少数民族权利保护的理论基础探析——基于实质平等视角的分析》，《中南民族大学学报》2013年第1期，第822页。

[23] （清）张廷玉等：《明史》，中华书局，1974年，第8176页。

[24] （明）张学颜等：《万历会计录·续修四库全书》卷八百三十一，上海古籍出版社，2002年，第808～814页。

[25] 遵义市志编纂委员会：《遵义市志》（中册），中华书局，1998年，第1407页。

[26] 遵义市志编纂委员会：《遵义市志》（中册），中华书局，1998年，第87页。

［27］ 贵州省文史研究馆：《贵州通志·前事志》（第二册），贵州人民出版社，1987年，第646页。

［28］ （清）张廷玉等：《明史》，中华书局，1974年，第8174页。

光绪朝《实录》所见清廷土司管治述略

雷 平

（湖北大学历史文化学院）

摘要：清中叶以后对少数民族地区的治理主体上已实行流官制，土司制度仅处于补充地位。鸦片战争以降，清廷权威下降，社会控制力弱化，"土司"的管治因与边疆治理相关联，或涉对外交涉，或涉边疆稳定，再次成为清廷亟须应对的重要问题之一。从光绪朝《实录》来看，当土司的"管治"牵涉外国时，清廷尤为慎重；对土司的滋事与反叛，清廷则是"剿""抚"兼施。清廷在应对突发事件的同时，也努力从制度上对土司"管治"进行规范。

关键词：晚清；土司；管治

自雍正朝奉行"改土归流"政策以来，土司制度渐次衰微，清中叶以后对少数民族地区的治理主体上已实行流官制，土司制度仅处于补充地位。至光绪朝，因遭遇"三千年未有之变局"，清廷权威下降，社会控制力弱化，边疆地区呈现"多事之秋"。土司的"管治"[1]问题，或涉对外交涉，或涉边疆稳定，再次成为清廷亟须应对的重要问题之一。笔者以光绪朝《实录》为中心，尝试对清廷关于土司的"管治"进行探究，以更好地认识清廷国家治理的经验与教训。

一、涉外事件中清廷对土司的管治

鸦片战争以降，列强纷至，清朝面临着深层次的民族危机，边疆危机即是其中焦点之一。当清廷对土司的管治牵涉外国时，尤为慎重。

光绪元年（1875年）正月，英国驻华使馆译员马嘉理和上校军官柏郎率领的探险队擅自闯入云南，向当地群众开枪逞凶，激愤的群众将马嘉理及几名随行的中国人打死，并把探路队赶回缅甸，是谓"马嘉理事件"。事件发生后，英国政府代表威妥玛向清政府施加外交压力，声言将派兵入滇。

清廷对"马嘉理事件"极其重视。在清廷的认识中，"滇省野人"虽处铁壁关外，但是其地尚属中国，必须认真处理，又因"不可稍涉含混，事关中外交涉"[2]，不能给英国人造成口实。上谕反复告诫大臣和有关机构要积极应对和处理：

> 谕军机大臣等：总理各国事务衙门奏英国翻译官在滇被害，请饬查办一折。英国翻译官马嘉理等于本月间由缅甸至滇，行抵永昌府属盏达副宣抚司城西南五十里远之城镇，猝被官兵戕杀……英国注意云南等处，已非一日，现欲藉此开衅，以为要挟之计，亟应加意筹防。著岑毓英、著刘岳昭迅即回任，会同该抚持平办理，毋得稍涉含糊。一面遴派明干之员，带领得力弁兵往就近驻扎，借弹压土司为名，暗杜彼族不测之谋，或腾越一带本有兵勇屯戍，即由该督抚相机密筹，不可过事张皇，总期边衅可息，后患无虞，方为妥善。[3]

上谕一面陈述要警惕英国借此机会生出事端，一面则要求地方督抚积极应对和准备，以防边衅。此后不久，又再次晓示此事件隐藏的危机：

> 探闻英国欲派并闻威妥玛出京时，俄使与之密商英兵进滇，俄兵亦由伊犁进，使中国首尾不能相顾等语……英国蓄志在云南通商，已非朝夕。此时适有马嘉理案，难保不堕其术中，所闻各节，虚实虽未可知，亟应先事绸缪，豫为防范。[4]

在英国派出威妥玛出面处理之后，上谕对军机大臣的审查办法做出规定：

> 此案叠经总理各国事务衙门与威妥玛反覆辩论，该使坚以派员到滇，从旁观审为请。业经该王大臣等与之订定，由北洋大臣派官，一同赴滇。前已谕令该督等速将此案持平妥办，以弭争端。现在岑毓英已派总兵杨玉科等同地方文武亲到边境查勘，即著刘岳昭、岑毓英、杨玉科等，确切查明马嘉理等究系何项匪徒戕害。如果在滇省所属土司地方，即责成该镇道等严挐匪徒，按律惩办。倘在缅甸地，缅甸国王秉公办理，务期水落石出，不可稍涉含混。仍一面派兵严密防范，先事绸缪，并檄饬该督等勿得轻开边衅。[5]

上谕非常忌讳英国人以"野人杀害为词"派兵滋扰，责令岑毓英迅将此案确切查办，同时又派出李翰章专程赴云南督办。经过仔细调查，李翰章向清廷报告了事件的前因后果：

> 现经李瀚章等明察暗访，调核全案卷宗，派委干员，秉公严讯。据奏由

滇至缅，中隔野人土司地界，该处向多匪徒勾抢，其时腾越绅民，闻洋人带有洋兵多名将入关内，是以集团自卫。马嘉理由滇赴缅，执有护照，沿途地方妥为护送无误。嗣由缅回滇，未经知会地方官派人迎护，以致不法匪徒伺隙乘机劫杀。腾越厅同知吴启亮，于绅民聚团时，未能开导弹压，先事预防。迨失事后，经岑毓英严檄勒拏，乃数月之久，始行获犯，实属办理不善。[6]

次年七月，清廷将所谓"凶犯"正法，又派李鸿章与威妥玛在山东烟台签订中英《烟台条约》，向英国赔款、道歉，允许英国人开辟印藏交通，开放宜昌、芜湖、温州、北海为通商口岸，事情终得解决。

光绪六年（1880年），四川藏番因为"摄政义等欲由川境赴藏游历，聚兵拦阻"，番官颇琫香噶等"勒令巴塘文武土司将各处洋人逐去，出具永不进藏切结，否则直至巴塘驱逐洋人，焚毁教堂，并遍剳川滇交界僧俗，不许迎护接送，一味强横，不服理谕"[7]。清廷派出丁宝桢前往弹压。

光绪七年（1881年），丁宝桢奏称"巴塘教堂司铎梅玉林，前往盐井，并未知会地方官照料，行抵核桃园，被三岩野番杀毙，劫去骡马箱只茶包"。上谕斥责"野番肆行劫杀，实属凶顽"，故"派官兵，会同粮员土司等，赶紧缉捕"。同时反复告诫办理此案的丁宝桢"不准稍涉迟延，致洋人有所藉口，别生枝节"[8]。

光绪十一年（1885年），英、缅起争端。岑毓英奏：

此次英缅构兵，实由缅不量力自取挫败，惟究系中国朝贡之邦，未便置之不问，叠谕曾纪泽与英外部办理。现据曾纪泽电信，有英允另立缅王，管教不管政，照旧进献中国等语，是英虽逞志于缅，而于中华尚思修好，或可乘机利导以弭兵，端惟滇境边防不容稍懈。

上谕批示曰：

该督所拟抚谕野人，授以土都司守备千把总之职，果能部勒其众，就我范围，腾缅之间又添一层门户，自系因地制宜之策。前据张凯嵩奏，亦有招抚野人之议，杜秉阳刘开信二人既为野人所深信，著岑毓英、张凯嵩督饬妥为筹办，应如何遴选头人，设立土司即著该督抚详慎规画，奏明办理。[9]

光绪十二年，上谕又进一步指出：

各土司边境，毗连缅界，自应密筹布置，以备不虞。惟英与中华，并无衅隙，所称密饬镇厅，助野夷军火，非但于事无益，且恐别启衅端。张凯嵩办理边防，惟当严饬各路防军，认真巡守，慎勿轻率从事，致滋后患。[10]

此时的清廷慑于英国的势力，尽量追求自保，避免与英国发生冲突，当缅甸土司"恳请发兵救援"时，岑毓英奏称"断不能仅据该土司禀词，轻开边衅"。上谕一面让岑毓英"详慎体察"，一面则指示"至该土司等若再来请示，即谕以现在中国与英人尚未定议，毋庸渎诉也"。

光绪十二年，稔柞土司请求发兵救援，岑毓英请示朝廷处置办法。上谕在分析英国"蓄谋既发，其势不能中止"后，又针对木邦土司呈请内附做出判断：

> 前稔柞请发兵，今木邦请内附，所谓铤而走险，叛服无常。该督所陈乾隆年间木邦内附，旋复沦入于缅，可为左验。现已饬总理各国事务衙门与英使订立新约，断无为一二土司，另生枝节之理。而目前英尚未能定缅滇之界，商务议办亦尚需时。嗣后缅人再有吁请如上事项，该督等惟有懔遵前旨，谕以中英和好有年，不肯轻开边衅，现因缅事，商酌善后事宜，尚未定议，该土司等勿得渎陈，抚以善言，羁縻弗绝。总之，驭远之道，因时变通，不拘一格，固不宜显示拒绝，亦不可轻议招怀。[11]

大体而言，清廷在土司问题关涉对外关系时十分慎重，其基本原则是避免冲突，尽量不给列强以口实。这与当时清廷在对外战争中屡次失败的窘境息息相关。但是，清廷在涉及边界问题时，也有一定的警惕性，兹举一例：

> 光绪十七年，出使英法义比国大臣薛福成奏缅甸分界通商事宜亟积极筹备，不使英国独占先机，有云：
> 遵查光绪十二年六月，臣署奏准与英署使欧格讷议约五条，内第三条称中缅边界，应由中英两国派员勘定，其边界通商事宜亦应另立专章，彼此保护振兴等语。

上谕回应：

> 现据薛福成奏，英廷屡派干员驰往滇缅交界察看形势，自为将来勘界地步。彼未催问，我亦未便发端，缘滇省边外疆域形势为中国舆图所不载，若不先行查勘明确，将来议界时，必至无所依据。应请饬下云贵督臣王文韶密派干员，往沿边一带，详细访查，何者为土司之境，何者为瓯脱之区，何者

为野人之地，以及山川道里、风土地名逐一绘图贴说，开具节略，咨送臣署，以凭考核，届时再当相机办理。薛福成所请先与辩论之处，暂可从缓，依议行。[12]

从中可以看出，薛福成对勘界问题十分敏感和关切，而上谕"依议行"则是对他的提议予以认可。

二、清廷对土司滋事与反叛的管治

土司制度具有维护国家秩序、促进民族地区经济社会发展的作用，同时也具有割据性、掠夺性的流弊[13]。至光绪朝，由于内忧和外患的叠加，清廷权力结构发生变局，中央权威外移，地方势力崛起[14]。在这一背景下，部分边疆地区的土司展开利益争夺，甚至开始反叛。清廷的应对原则是"剿""抚"兼施。

光绪元年，四川"里塘僧俗藉端聚众"，经查，原因在于：

番官膨饶巴恃其地远兵强，侵渔土户，以致里塘僧俗不服。素不安分之喇仁青热舟等藉端煽惑，聚众万余人，扎营于藏里一带。里塘寺内，亦集有僧俗二千余人。[15]

经魁府马玉堂等前往查办，"竟敢有心藐抗"，对此，上谕要求：

严定章程，除土司非分之苛求，杜番官越务令僧俗人等，各安本业。毋任滋生事端。

从光绪二年开始，地方土司的滋事与反叛屡屡见于上谕，如二年，"穆坪土司夷地匪徒滋事"[16]；三年，"练目许双贵勾结野夷，在陇川土司所属崩竜山一带，筑垒盘踞，肆行侵掠"[17]；四年，"云南临安府属纳楼土族普保极等纠聚回民，前赴江外土司各处，肆行焚掠"[18]；六年，"洮岷土司所属番匪，聚众滋事"[19]；七年，"云南盏达土司所属蛮夷，聚众滋事"[20]；十六年，王文韶等奏"云南永北厅属北胜州土司章天锡两世私袭，横行罔忌，扰害地方，种种不法"[21]；三十年，"云南永昌府属之孟定土司与顺甯府属之耿马土司，索债起衅，互为焚掠"[22]。这些滋事或反叛频繁发生，清廷无不需要"派兵弹压"，为此耗费了巨大的财力和物力。

在光绪朝的土司反叛中，四川的瞻对滋事最为严重，且时间持续久远，成为困扰清廷的一大痼疾。

瞻对为四川省西部的藏族聚居地，民风勇悍，常抢劫骚扰地方，明朝时即授印归附中央朝廷。雍正六年（1728年），清廷设置上瞻对茹长官司、下瞻对安抚司，乾隆十年（1745年）置中瞻对[23]。

光绪七年，"中瞻对番官索康色胆敢称兵犯境，围攻台寨，焚杀百姓"，恒训、丁宝桢等在处理完竣之后，奏请"勘明内地与瞻对地方界址，分立界碑"，起因在于："瞻对地方，接连内地，必须划清界限，以遏乱萌"，故此，上谕有云：

> 著色楞额、维庆、严行商上将番官索康色撤回后，饬令接成番官，约期会同该处地方官暨各土司等前往勘明，内地与瞻对地面，划清界址，分立界碑。以后土司所辖部落，番官不得越境逼勒滋扰；瞻对所管地方，土司亦不得蒙混侵占。如有彼此越界滋事，即惟所辖之番官、土司是问，以息纷争。[24]

但这样做的效果并不明显，光绪十五年（1889年），上谕又提到瞻对番民变乱："据称瞻对吴鲁玛地方番民，因番官苛敛，勾结野番，谋叛西藏，并焚掠官寨，杀毙藏番"，清廷这次的应对是：

> 现经升泰札饬第穆呼图克图派员招抚，并请将办理不善之戴琫革职查办等语。瞻对密迩川疆，该番构衅滋事，亟应迅速筹办。升泰现驻仁进冈，距该处较远，恐难兼顾。长庚已将抵藏，即著该大臣严饬商上，遴派妥员前往，解散胁从，设法抚辑，并著刘秉璋酌派防营驻扎打箭炉，相机镇抚，以壮声威。一面严防沿边各土司，杜其勾结，总期妥速竣事，毋任日久蔓延。[25]

清廷一面从军事上加以防备，一面则注重招抚，要求负有责任的官员妥善办理，"著刘秉璋会商长庚等详察边界番情"。随后，长庚奏《酌议瞻对善后事宜折》，上谕曰：

> 瞻对番族，从前屡抚屡叛，总由藏官办理不善之故。此次该番滋事一案，业经查办完竣，亟应妥筹善后，以期永远相安。长庚所陈严禁：番官不准受理土司事务，土司亦毋得赴瞻具控番官；土司不准擅自动兵；驻瞻番官由驻藏大臣拣选奏补，随员定以额数，分防地方；分设瞻对番官，归打箭炉、里塘文武兼辖；并将应禁苛政奏明；酌拟八条，请饬妥议各节。著岐元、刘秉璋、升泰、酌量情形，悉心妥筹，奏明办理。[26]

清廷此处拟采用"番官"与"土司"分治的策略来求得瞻对问题的永久解决。但在具体实施过程中效果仍然不理想。光绪二十一年，上谕再次提及瞻对变乱：

> （奎焕奏称）瞻对番官对堆夺吉等以追逐瓦述三村百姓为由，起意吞并明正土司，胆敢率兵二千余人，长驱深入，互相杀伤，商上多方袒护，若不严行惩办，窃恐酿成巨案等语。瞻对番民凶悍，屡次滋事，此次又率兵越界，意图吞并明正土司地方，实属横恶异常，肆无忌惮，番官后藏戴琫对堆夺吉、僧官小堪布夷喜吐布丹均著即行革职，即著奎焕译饬商上，另派贤员接管。事关土司构衅，该大臣务当妥为开导，持平办理且勿操之过蹙，激成事变。将此谕令知之。[27]

瞻对事务处理之所以难，除了涉及土司之外，还因为关涉西藏的治理，光绪二十二年的上谕专门论述说：

> 三瞻虽已全克，或收回内属，或赏还达赖，均于大局颇形窒碍，实属势处两难，即使酌赏银两，能否令其心服，亦无把握。向来藏内军饷归番商汇兑接济，兵米亦资商上。倘达赖因此觖望，诸事掣肘，将来印藏勘界一事，更难著手，是收回一说，谈何容易。然使竟行赏还达赖，又恐藏番生心，威胁邻境各土司以致出关路阻，将来驼只无人供应，何以入藏，是径行赏还，亦有不可。此事鹿传霖力主改设汉官，惟以上窒碍情形，不可不熟思审处。止次电奏保川保藏之说，把握安在，应如何通盘筹画，外不使达赖萌反侧之心，内不使瞻民罹水火之厄。[28]

在瞻对问题的处理上，清廷显得左右为难。光绪三十一年，上谕再次讨论瞻对的治理问题，即"将三瞻地方，收回内辖，改设官屯，俾资控驭"[29]。

土司问题不仅仅牵涉民族问题，也关系区域政治格局，且相互牵连，需要统筹谋划。对于已经陷入内外困境中的清廷而言，想要彻底解决好土司问题，实属困难，只能是"务须酌度情形，刚柔互用"[30]。在处理松潘番乱时，上谕更是明确地提出了"剿抚兼施"的策略[31]。

当涉及土司之间的争斗时，清廷通常还会采用调停的办法。光绪六年，里塘土司喇嘛"调集土兵数千"攻击查录野番，"该野番亦聚兵抵御，业已接仗，相持未下"。在这一情势之下，清廷派"丁宝桢派员酌带弁兵星驰前往筹办。查录野番素称凶悍，降服后仍敢乘间肆行纠肪，里塘土司喇嘛等不堪其扰，擅自调兵攻击，并不先禀请办理，亦属藐玩。著恒训、丁宝桢即饬派出员弁，妥为相机筹办，设法解散，一面选派番民敬信之呼图克图，分往切实开导，务令两造罢兵。听候查办"[32]。

三、清廷对土司的政策性管治

清廷在应对突发事件的同时，也努力从制度上对土司的管治进行规范，主要涉及如下内容。

其一，规范土司进贡程序，在灾害时减免或暂缓贡赋。魏源《圣武记》卷七《雍正西南夷改流记》载："凡上贡赋，或比年一贡，或三年一贡，各因其土产、谷米、牛、马、皮、布，皆折以银，而会计于户部。"按照这一规定，土司要按照规定的时间向清廷进献贡物。但是，由于土司多位于边疆，赴京路途遥远，贡使沿途的食宿需要由所经过地方供给。由于贡使队伍往往非常庞大，对地方而言，是一项巨大的开支。

光绪元年，上谕在谈到喇嘛土司等差赴京、请由各省派员接替护送时规定：

> 喇嘛土司等差，例有供给，需用骡夫亦有定数，岂容格外需索，致滋扰累。嗣后此项差役到川，即著四川总督将贡物各色按驻藏大臣原称斤数查验。应用骡夫若干，咨明沿途照例供支，不准额外支给，并著该督派员送至陕西首站，即由陕派员接替护送入京。其差竣回藏时，著沿途各该省督抚，查照办理。[33]

在遭遇灾害的时候，地方政府本来就疲于应付，若再要负担贡使费用，实在是勉为其难，故遇到这样的情形，清廷通常也会做出减免或者要求土司暂缓进贡。光绪三年，上谕有云：

> 本年值廓尔喀及察木多堪布入贡之期，川省西南两路土司，亦须分班入觐，均系取道山陕前进。现在山西、陕西、两省荒旱，饥民四出觅食，若各处贡使分起北上，人数众多，经过地方，力难应付，并恐驿路未能畅行，中途或有疏失，转非所以示体恤。所有廓尔喀本年例贡，著松溎、桂丰仍照上届成案，将表文贡物存留，派员赍至四川省城，再由恒训、丁宝桢委员赍京呈进，应给敕书及恩赏各物，著理藩院发往四川，交恒训、丁宝桢，转交松溎、桂丰祗领颁给。至察木多喇嘛、及川省各路土司贡物，已启程者，均准其留存代进。未经启程及因事请免入觐者，均著加恩暂免一次，俟下届道路无阻，再行照例办理。[34]

光绪二十六年，山陕荒旱，上谕说：

现在山陕两省被灾情形甚重，驿站应付，实属为难。所有廓尔喀暨前后藏喇嘛并各土司，著准其暂缓朝贡，俟道路平靖，再行照例办理。如贡使业已启行，即令在成都将表文贡物交清回藏，由奎俊派员代进，将来敕书及恩赏等物颁发到川，并由该督派员赍藏，交裕钢等转发，以示体恤。[35]

光绪十年，上谕更是因"穆坪土司无力完纳马匹粮草"，"酌免十年"[36]。

其二，革除土司弊政，严禁土司扰民夺利。由于土司世官其地，世有其民，故容易滋生专横不法等弊端，清廷对此严加限制。光绪五年，都察院代奏贵州候补道罗应旒敬陈管见片，其中有云："土司通事朘剥苗民，屯田徒养奸民，采买苗田兵米，多方需索，亦多浪用，古八丹都等厅员廉俸不敷，致多侵吞苛索。苗民夫役苦累。"对此，上谕要求"务将以上各弊革除净尽"，并提出"贵西道曾纪凤、贵东道易佩绅，皆在黔年久，自必洞悉苗情，即著刘长佑、岑毓英，督饬该二员实力筹办"[37]。光绪七年，上谕有云：

云贵总督刘长佑等奏，遵议革除苗疆积弊，除兵米地段夫役另案议结外，一拟禁刑钱专擅，以除土司之弊；一拟改粮弁章程，以除屯军之弊；一拟增州县经费，以除吏治之弊；一拟设义塾、添学额，以除陋俗之弊。得旨。所奏革除苗疆积弊各条尚属妥协，即著照所议办理，仍当随时察看情形，认真整顿，以期日久相安。[38]

其三，规范改土归流，强调土司对地方的职责，如光绪十一年，上谕军机大臣等兵部代递主事谢光绮条陈，其中有云：

至土田州岑氏前因分党仇杀，土民流离转徙，日不聊生。经刘长佑奏交部议改土归流。今据声称该州土民土目饮憾含悲等情，其改流未尽事宜……著该督抚体察情形，妥筹具奏。[39]

光绪十三年，陕甘总督谭钟麟奏拏办铁布番匪事竣，上谕饬令"该土司等将番地保甲事宜认真办理，务令日久相安，毋任再滋事端"[40]。十七年，上谕"严饬德尔格特土司，不得串同番官，藉势欺凌玉树番族"[41]。光绪十九年，清廷为了完成土司的册籍登记，特发上谕：

现修《会典》土司一门，必须各省册籍造齐送部，方可纂辑成编。乃屡经该部奏催，仅据贵州造送，此外甘肃、广西均未咨报，湖广、四川尚未送齐，至云南咨送营制总册，开有土司各员，亦未注明设立年月日期，殊不足以资考核。著甘肃、广西、湖广、四川、云南各督抚迅速造报，统限于文到三个月内一律送齐。如有原系土司续经改土归流者，并著将议改缘由、日期一并详细声叙，不得再行延宕。[42]

光绪二十三年，上谕大清论及"章谷朱窝两土司议定改流情形，及关外德尔格忒土司献地归诚"事：

> 章谷朱窝两土司，业经该督派员查明疆域，议定赋税，拟在各该土司分设屯官，即著饬令接管之知县王曜南等迅速驰往，将该土民赋讼等事，尽心抚辑。惟改设汉官事属创始，该督当悉心筹画，务臻周密。至德尔格忒小土司、昂翁降白仁青母子恣行不义，业经委员张继擒获押解炉厅收禁，该老土司及头目人等献地归诚现拟改流设官，即著照所请行。[43]

正如有研究者指出的，"改土归流的过程贯穿清朝始终"[44]。在晚清时期，清廷也一直重视通过改设流官的方式加强对土司所在地的控制。但改土归流事关重大，稍有不慎，即会滋生祸端。光绪二十三年的上谕就曾斥责鹿传霖筹办德尔格忒土司改土归流一事不妥当：

> 谕军机大臣等，昨因川省边务土司各事宜。鹿传霖办理失当，业经降旨将其开缺来京。命恭寿兼署四川总督矣。德尔格忒土司改土归流一节，鹿传霖轻听委员张继一面之词，辄称该土司情愿献地，又将其父子解省监禁，前据恭寿将实在情形奏明，亦称其大有后患。是德尔格忒一事，应如何措置得宜，恭寿自确有见闻……谕恭寿、鹿传霖宣布朝廷德意，将该土司父子释放，改土归流著毋庸议……驾驭土司，虽贵结以恩信，权术亦在所不废。[45]

其四，对涉及土司的矿务等经济事务进行规范。光绪二十二年，给事中吴光奎奏请开办四川矿务，并请饬招商承办，上谕说：

> 兹据奏称，川省矿产皆在番夷土司之地……距省较近。土司驯良之区，即著派员详细履勘，认真举办。此外腹地各属，矿苗畅旺，所在多有。官办商办，以何者为宜，著鹿传霖各就地方情形，分别办理。[46]

同年，又有上谕：

据称川省产矿处所，约二千余里，皆属土司所辖，莫如以绅董商，设立总局，妥定章程，分设公司，自行集股开厂，官但稽查抽课。又川省土产素饶，百物齐备，亦宜以绅董商各立公司，制运销售等语。川省矿务前经谕令鹿传霖体察情形，官督商办。惟官商素不相习，不若以绅董商，可以通上下之情、联官商为一气。……俱属切实可行。著鹿传霖按照原奏各节，悉心妥筹，实力举办，以收成效而保利权。[47]

四、结　语

　　从光绪朝《实录》来看，清廷在土司（实际就是边疆问题）的治理上可谓煞费苦心，既有制度上的依据，又有临事的权衡考量。从实际效果看也较为明显，在晚清国家政权不断弱化的过程中，边疆地区虽然不断出现问题，却大体上维系统一的局面，这是与清廷在土司管治上的努力分不开的。晚清时期清廷对土司的管治也给我们提供了如下启示。

　　其一，强有力的国家政权是维系中央对地方（尤其是边疆）有效治理的根本保障。一个自身弱化的政府在面对困难的局面时往往会左支右绌，疲于应付。

　　其二，边疆问题牵涉民族、宗教以及区域平衡，甚至是中外关系，必须有一套长远的战略眼光，同时也要有灵活的处理机制。

注　释

［1］　"管治"一词是香港中文大学科大卫教授所创，笔者此处系借用。
［2］　《德宗实录》卷十，《清实录》，中华书局影印本，1985年，第52册，第196页。
［3］　《德宗实录》卷四，《清实录》，中华书局影印本，1985年，第52册，第129页。
［4］　《德宗实录》卷六，《清实录》，中华书局影印本，1985年，第52册，第154页。
［5］　《德宗实录》卷七，《清实录》，中华书局影印本，1985年，第52册，第164页。
［6］　《德宗实录》卷二十一，《清实录》，中华书局影印本，1985年，第52册，第332页。
［7］　《德宗实录》卷一百十二，《清实录》，中华书局影印本，1985年，第53册，第646页。
［8］　《德宗实录》卷一百三十六，《清实录》，中华书局影印本，1985年，第53册，第954页。
［9］　《德宗实录》卷二百二十二，《清实录》，中华书局影印本，1985年，第54册，第1108页。
［10］　《德宗实录》卷二百二十八，《清实录》，中华书局影印本，1985年，第55册，第71页。
［11］　《德宗实录》卷二百三十，《清实录》，中华书局影印本，1985年，第55册，第99页。
［12］　《德宗实录》卷二百九十五，《清实录》，中华书局影印本，1985年，第55册，第925页。
［13］　龚荫：《略论土司制度的作用与流弊》，《西南民族学院学报》1989年第2期。

［14］ 王瑞成：《"权力外移"与晚清权力结构的演变》，《近代史研究》2012年第2期。
［15］ 《德宗实录》卷十三，《清实录》，中华书局影印本，1985年，第52册，第233页。
［16］ 《德宗实录》卷四十三，《清实录》，中华书局影印本，1985年，第52册，第611页。
［17］ 《德宗实录》卷五十三，《清实录》，中华书局影印本，1985年，第52册，第743页。
［18］ 《德宗实录》卷七十九，《清实录》，中华书局影印本，1985年，第53册，第214页。
［19］ 《德宗实录》卷一百十二，《清实录》，中华书局影印本，1985年，第53册，第651页。
［20］ 《德宗实录》卷二百三十七，《清实录》，中华书局影印本，1985年，第55册，第193页。
［21］ 《德宗实录》卷二百八十六，《清实录》，中华书局影印本，1985年，第55册，第810页。
［22］ 《德宗实录》卷五百四十，《清实录》，中华书局影印本，1985年，第59册，第177页。
［23］ 2014年，作家阿来出版历史题材小说《瞻对》，再现了始于雍正八年、长达两百年的瞻对之战，四川文艺出版社，2014年。
［24］ 《德宗实录》卷一百二十六，《清实录》，中华书局影印本，1985年，第53册，第812页。
［25］ 《德宗实录》卷二百七十九，《清实录》，中华书局影印本，1985年，第55册，第726页。
［26］ 《德宗实录》卷二百九十，《清实录》，中华书局影印本，1985年，第55册，第826页。
［27］ 《德宗实录》卷三百八十一，《清实录》，中华书局影印本，1985年，第56册，第984页。
［28］ 《德宗实录》卷三百九十六，《清实录》，中华书局影印本，1985年，第57册，第182页。
［29］ 《德宗实录》卷五百四十九，《清实录》，中华书局影印本，1985年，第59册，第288页。
［30］ 《德宗实录》卷三百九十八，《清实录》，中华书局影印本，1985年，第57册，第203页。
［31］ 《德宗实录》卷三百九十二，《清实录》，中华书局影印本，1985年，第57册，第114页。
［32］ 《德宗实录》卷一百二十，《清实录》，中华书局影印本，1985年，第53册，第741页。
［33］ 《德宗实录》卷五，《清实录》，中华书局影印本，1985年，第52册，第144页。
［34］ 《德宗实录》卷六十，《清实录》，中华书局影印本，1985年，第52册，第833页。
［35］ 《德宗实录》卷四百七十四，《清实录》，中华书局影印本，1985年，第58册，第241页。
［36］ 《德宗实录》卷一百八十，《清实录》，中华书局影印本，1985年，第54册，第518页。
［37］ 《德宗实录》卷九十六，《清实录》，中华书局影印本，1985年，第53册，第428页。
［38］ 《德宗实录》卷一百二十七，《清实录》，中华书局影印本，1985年，第53册，第830页。
［39］ 《德宗实录》卷二百十四，《清实录》，中华书局影印本，1985年，第54册，第1019页。
［40］ 《德宗实录》卷二百四十三，《清实录》，中华书局影印本，1985年，第55册，第274页。
［41］ 《德宗实录》卷二百九十八，《清实录》，中华书局影印本，1985年，第55册，第945页。
［42］ 《德宗实录》卷三百三十一，《清实录》，中华书局影印本，1985年，第56册，第231页。
［43］ 《德宗实录》卷四百五，《清实录》，中华书局影印本，1985年，第57册，第293页。
［44］ 吴玉章：《中国土司制度渊源与发展史》，四川民族出版社，1988年，第254页。
［45］ 《德宗实录》卷四百十，《清实录》，中华书局影印本，1985年，第57册，第346页。
［46］ 《德宗实录》卷三百八十五，《清实录》，中华书局影印本，1985年，第57册，第28页。
［47］ 《德宗实录》卷三百八十七，《清实录》，中华书局影印本，1985年，第57册，第59、60页。

唐崖土司文化研究献疑

——漫评唐崖的三部《覃氏家谱》

萧洪恩

（华中农业大学）

摘要：唐崖土司覃氏曾有数部家谱或族谱传世，根据时间推算，大致有四部家谱或族谱可以发现其历史顺序。本文根据所见的三个抄本进行比对研究，根据从"混沌"到"有序"：日渐清晰的世系；从"巴人"到"蒙古族裔"：日益融汇的文化；从"信仰"到"建构"：日趋完善的体系等三个方面进行分析，认为对一般族谱的认识与评价应分段处理，区别信仰、近似、血缘等不同的识别尺度，从而形成对族谱认知的正确态度。据此，我们以对唐崖土司文化研究献疑的态度来漫评唐崖的三部《覃氏家谱》，以利于推动唐崖土司的文化研究。

关键词：土司文化；土家族；谱学；唐崖土司

对唐崖土司的文化研究，至今仍然有不少疑问，其中一个重要的疑问即是唐崖覃氏土司的族源问题。关于唐崖土司所属覃氏渊源的考证，学界已提供了相当多的成果，其中包括单篇的专论文献、述评的综述文献，以及至谱学本身的申论文献，可以说是成果丰富而质高、观点新奇而多样。不过，根据笔者的研究考证，认为还有不少的东西值得深入研究。为此，本文从手边的三部唐崖土司属《覃氏家谱》（均只及于男性子弟而未及女儿世系，其中民国版《覃氏家谱》复有影印本）加以对比讨论，再次针对唐崖土司覃氏的族源问题提出自己的一些看法。特别申明的是，笔者始终坚持"廪君巴人说"，并就此献疑以辨证于相关专家及唐崖覃氏子孙。

一、从"混沌"到"有序"：日渐清晰的世系

目前，关于唐崖覃氏土司的族源，多依据民国版唐崖《覃氏家谱》，认为那是研究唐崖土司族源的基本资料。由此，人们提出了"蒙古族的后裔"说、"改名换姓"（由"谭"去"言"为"覃"）说、土著覃氏说等多种说法进行有针对性的讨论，基本依据虽然有所扩大，但前提仍然是各种版本的《覃氏家谱》或《覃氏族谱》。问题

在于，家谱或族谱除本身所论范围有区别外，其文献价值也是有区别的，特别是民间家谱或族谱在造谱过程中的一些做法，也早已引起了学界的关注。笔者曾把族谱按"三三制"来处理和评价其中的世系：晚近血缘世系、中古的近似世系、远古的信仰世系。这里的晚近、中古、远古等，都只是相对概念，其时间的长度应根据各谱本身来认定。大致说来，信仰体系可以不讨论其是否真实，那是文化上的、观念上的，借用西方哲学的话语说就是："正因为不理解，所以才信仰"；近似世系有部分真实，那是有一些史影的，但主要是疑史，有点像现在电影、电视的"戏说"；血缘世系则是基本真实的、可以确定的，但也不排除其中的错误。基于这种状况，我们可以对唐崖覃氏土司所属三部《覃氏家谱》做一基本分析。

在众多的唐崖《覃氏家谱》中，以哪一部最早？这是一个值得探讨的问题。从民国版《覃氏族谱》中有一段基本没有自信心的话可以看出，在此之前是有唐崖《覃氏家谱》的，其中有言：

> 若汉刘备无谱，何以知为中山靖王之后？吾家无谱，何以知为元室之裔？

我们可以将这段带有反问语气的话做如下理解：当时曾有人怀疑该版《覃氏家谱》编者把唐崖覃氏说成是蒙古族后裔，而编者则以旧谱所言为质。换句话说，编者用了一个苏轼的逻辑："人道是！"不过，这却提醒我们，唐崖土司所属覃氏在民国版《覃氏家谱》之前，是有老谱存在的。但老谱是如何说的呢？是否有人见过该谱呢？还是在民国版《覃氏家谱》之前还有多种版本的唐崖《覃氏家谱》呢？

根据我们的考察，真的是有的。我们认为一本藏于原尖山鸡鸣坝烂沟子覃太安（或作秦泰安）先生家的《覃氏家谱》即可以提供证据。1983年，覃太安为58岁（手抄该《覃氏家谱》的时间）。据他介绍，该谱为其父覃恒轩抄录珍藏。覃恒轩于1959年病故，享年73岁，曾教书多年；其祖父覃元清亦教书多年，其曾祖父覃有（友）为皇恩所奉保庆府知县一员，在任上病故，曾从邵阳迁尸回府。可以说，收藏此谱的主人覃太安家为世代书香子弟，其谱史料皆有所考据。根据此谱的世袭叙述，应属唐崖覃氏的覃万金所属支系，而现在较为公认的世系见于覃太智等编《中华覃氏志·湖北卷》。

根据笔者的抄本，若参照民国版唐崖《覃氏家谱》及《中华覃氏志·湖北卷》，此谱则除了从十五世祖覃鋐到十七世祖覃梓椿中间有所缺环而外（不知当时在抄录过程中为何略去了还是原谱残缺，抑或是与他谱所载此段世系相同），基本上可以认定，应是唐崖土司所属的二修《覃氏家谱》，其中有一段话说道：

> 自汉迄明，以逮国朝，余亦何能详悉，第及今日所见，来邑《土司

志》，以及历朝国史，并仁甫叔在汉镇抄来唐崖之谱序①，以及土王官房印给，我祖宗图，原原本本，备道其由，草创成谱，以待合众鉴定，协力公修，告之子孙，尊卑有分，家庭有礼，父言慈，子言孝，兄则友，弟则恭，勉其齐家、修身，以蔚为国器，其后族内子孙，绳绳翼之，长发其祥，无可限矣，是为订谱之序。

可以看出，此谱编于清朝，因其把清朝称为"国朝"；编者进行了广泛研究，涉及多方面材料，其中包括"来邑《土司志》（抄录时并抄为'土司制'，应为抄误），以及历朝国史"；编者见过原有的唐崖《覃氏家谱》或《覃氏族谱》，因为"仁甫叔在汉镇抄来唐崖之谱序，以及土王官房印给，我祖宗图"，说明此谱还很详备……因此，我们有理由认定，可以将编者所见称为唐崖一修谱，而将此编者所编称之为唐崖司所属的二修《覃氏家谱》。

从二修谱的内容来看，该谱包括《序》《姓氏族谱传派序》《重考姓氏讹传序》《世系》等内容，基本上只能算是"丁"谱，"文"谱的内容较弱，但也是目前所见唐崖土司所属《覃氏家谱》中文化内容最为丰富的一谱，它可以为我们检讨一修谱的内容提供一些参考：首先，一修谱坚持了覃氏"或本'谭'而去'言'为氏"说，没有提"蒙古族人后裔"说，故此二修谱有专门的研究性驳文，以详细分析"本'谭'而去'言'为氏"之说的谬误，并提出了自己的"廪君巴人说"。其次，对远古世系只提及大略，并按照中域王朝更替的历史主线加以世系清理，但远古世系并不完全清晰，也未提及旁支，同时却说明了其具有明显的中域文化认同、国家认同；再次，对"明太祖至崇祯二百七十七年，君十六传"的世系有清楚而全面的交代，属宗支世系谱，不像民国版唐崖《覃氏家谱》只叙皇室世系（属帝系谱，或因此目的而攀上"元室之裔"），且十分清晰，可以看成是血缘谱，并及于旁支。可以看出，这本二修谱是一本用功深厚的家谱，极具文献参考价值。

与上述二修谱参照，另一唐崖司属《覃氏家谱》或可算成是三修谱。该谱原由尖山南河覃现章家收藏，笔者存有覃大元先生（字春彬）1981年2月23日的抄录本。该谱在总体框架上同于二修谱，但对《序》《姓氏族谱传派序》《重考姓氏讹传序》等部分内容做了简化，而对《世系》等则做了明确化、细化，从而使世系部分相对于二修谱更为"丰富"而清晰，反映出其逐渐的"完善"过程，如在此谱上用了"××即是××"的"即是体"语言，肯定二修谱上的："一世启刺，即覃耳毛""二世构，即覃忠孝""三世友谅，即覃斌""五世本林，即覃文铭"……这种说法，反映了编者加入了自己的一些思想，但总体框架并没有改变二修谱格局。因此，我们有理由相

---

① 此应是"改土归流"时迁居汉阳所随带老谱。

信，该谱早于民国版唐崖《覃氏家谱》而迟于前所谓的二修谱，可以算成是三修谱，在世系上也有所调整，民国版唐崖《覃氏家谱》的土司世系即是该谱"即是体"之后的世系，只不过在前面衔接了蒙古族族源而已。

接下来的，自然应是民国版唐崖《覃氏家谱》。但是，另有两个抄本，似乎提供了这版唐崖《覃氏家谱》的心路历程：咸丰朝阳寺镇平桥村唐崖土司所属宗支覃小阳所藏《覃氏历代动叙》载："福寿木更名覃汝先、（福寿花）更名覃汝恒，号伯坚、（伯）圭，传生二子，覃启梓送、覃启舒送。"又丁寨打杵溪覃方辉家所藏《覃氏族谱》则载：脱音铁木耳为明秀将军，"生寿木不福寿不花，福寿木更名覃启处送，福寿花更名覃启送"，据此可知此二谱还处于"蒙古族后裔"说的形成过程中。更进一步，到了民国版唐崖《覃氏家谱》，"蒙古族的后裔"即成形了。到了现在，据说覃小阳先生在他新修的《覃氏家谱》中更说："福寿木花祖生伯坚、伯圭"，进入柳州城后，"我祖改姓覃启处，号伯坚；改姓覃启送，号伯圭"。这种说法至少从谱学的角度，已为覃氏较为公认的世系说所否。

这样，从"更名"到"改姓"，应该说是进步神速了。如果说三修谱的"即是体"还仅是在同姓的"族内"实现的话，那么在这里已经是跨民族的大跃进了。经过这样的过程，原来并不清晰的唐崖覃氏土司世系，现在即"十分清晰"了。不过，这种编造的清晰，留下的是更不清晰。我们不得不问一个问题：何为"混沌"？何为"有序"？何为从"混沌"到"有序"？

二、从"巴人"到"蒙古族裔"：日益融汇的文化

从二修谱、三修谱到民国谱，唐崖覃氏土司的族源经历了从"巴人"到"蒙古族裔"的转换。一方面说明唐崖覃氏一直在探讨自己的祖源，在寻根；另一方面也说明多元文化的融会对族谱编纂的影响，因为都可能有"人道是"。

二修谱、三修谱都主张"廪君巴人说"。二修谱在经过详细考证后说：

> 本地舆考末，合志史而同查，我祖生于武落钟离山。至于廪君之国，而不谬矣。……"瞫"氏为"覃"氏之始，为"瞫"多"目"，加查《康熙字典》，"瞫""覃"二字均同式荏切，音"审"字，后世或以音同而去"目"，从简汉书，或因古远以讹加"目"，与其本"谭"去"言"，何若从"瞫"去"目"。况谭国之地，非五溪之土，五溪之土属南蛮之地，我祖与巴世（氏）为五溪民主，楚之附庸。谭国之地，毫不相近，何谓"或以'谭'去'言'？从'覃'为氏"。历查南［蛮］土司之传，"覃"姓本"谭（瞫）"去"目"，其礼（理）断然难易。

三修谱则说：

我祖源出武落钟离峒，赤黑穴中，各俱姓氏。我祖姓覃为氏，确不异易矣！我祖源古代巴国之祖，从尧舜夏商，立国定州，我地属荆梁二州，为巴国……查《南蛮列传》，南蛮之姓有巴氏、樊氏、覃（瞫）氏、相氏、郑氏，同生于武落钟离石峒赤、黑穴中，早在唐、虞、夏、商、周之间，流于荆、梁二州。楚灭巴，弟兄五人流于五溪，为溪之长。先祖伐吴，授马良招之。秦灭楚，秦惠王剌（赐）爵禄。汉高帝灭秦，在都官天然、焕然二公归汉，天然公坟在酉阳大河锡麟谷。姓覃者，确不异也。

我们列出上述二谱对"廪君巴人说"的强调，说明的是唐崖《覃氏家谱》的初创者们是如何艰难地坚持自己的信仰而寻根的。人们大可不同意他们的观点，但却不能否认他们的寻根态度与真诚精神。

"蒙古族后裔"说在形成过程中的混乱让我们应对此有清醒的认知。对于民国版唐崖《覃氏家谱》中的"蒙古族后裔"说，我们曾对其世系年代有一个详细的说明：

唐崖《覃氏族谱》对于覃氏的早期世系即列出覃氏远祖是：铁木乃耳→颜伯占尔→文殊海牙→脱音帖儿→福寿不花……覃启处送→覃直什用→覃耳毛→覃忠孝→覃斌→覃彦实→覃文铭→覃天富→覃万金→覃柱→覃文端→覃鼎→覃宗尧→覃宗禹（尧弟）→覃鋐（宏）→覃溥泽→覃梓椿→覃梓桂（椿弟）。由此，部分学者认为唐崖土司是蒙古人的后裔。不过，仅从时间上看，这是有问题的。你看，整个元朝对全中国的统治仅99年（二修谱、三修谱并言88年），而据史传，恩施是最后被元军攻下的，时间是1276年，到覃启处送→覃直什用时期，据民国《咸丰县志》之《舆地志·沿革》和光绪《湖北舆地记》之《施南府》中至正十五年（1355年）关于"又于施州南境蛮地置龙潭安抚司、木册安抚司。唐崖长官司，寻改为唐崖军民千户所……元末明玉珍据有其地……改唐崖军民千户所，为唐崖宣抚司"的记载，可以确认覃启处送在元至正十五年（1355年）正式就任土司，初为长官司长官。由至正年间上溯至元军攻下恩施的至元年间，即使按1276年始算，到1355年，仅79年，不到80年，而按《覃氏族谱》的记载，这段时间经历了铁木乃耳、颜伯占尔、文殊海牙、脱音帖儿、福寿不花、覃启处送，有六代人，平均年龄不到14岁；若是算至1284年，则仅71年，平均不到12岁。若是算到1346年，则时间更短，何况覃启处送受封应是在成年以后，是此可知，仅从谱学的角度看，这就是一个不可能。而覃启处送之后的17代共历时元、明、清三个朝代共381年，几为22.5岁，考虑到长子继承制的通例，或可勉强说得通。所以，除其他学者的考证理由而外，仅从谱学的角度看，对于唐崖土司为蒙古人之后一说，就可以肯定地说："这不可能。"

现在我们更进一步，按照现在的算法，把几个主要的关键人物拿来比较，从中看出另外的两个抄本及二修谱、三修谱、民国谱关于祖先的论述确实有趣，如表一所示。

表一 关于祖先的论述

比较人物	民国谱	小阳旧谱	方辉谱	小阳新谱	二修谱	三修谱
福寿木花是一人还是两人？是何代人？	福寿祖，生覃启处送	福寿木=覃汝先，号伯坚；福寿花=覃汝恒，号伯圭（诸谱伯圭、伯坚为覃汝先子）	福寿木=覃启处送；福寿花=覃启处送	福寿木花祖生伯坚、伯圭	一世行璋，二世墨来送、启处送，并为唐代人，墨来送为散毛始祖，启处送为唐崖始祖。时725年前后	同二修
	未指明是一人还是两人	指明是两人	两人等于一人	指明一人	没有福寿木花之称	同二修
覃启处送是一人还是两人？是何代人？	一世祖覃启处送，约逝于1371年	覃启杼送、覃启舒送	福寿木=覃启处送；福寿花=覃启处送	覃启处=伯坚；覃启送=伯圭	覃行璋生子墨来送、启处送	同二修
	是一人	是二人	二人等于一人	二人	各一人	同二修

根据表一可以看出，在唐崖土司覃氏"蒙古族后裔"说形成过程中，隐含着严重的拉郎配现象，因而形成了不少的混乱状况。由此我们可以得出以下几个重要结论：首先，"蒙古族后裔"说是后来形成的而不是最初的谱系，并且没有其他史料根据（前人及时贤多有证明）；其次，"蒙古族后裔"在形成过程中前后自身矛盾、混乱，不仅同一人物或父或子出现世代之差，而且或一人或两人出现数量差；再次，从"即是"或"更名""改姓"等逐渐变化的语体中，基本可以看出"蒙古族后裔"说虽然在日益清晰，但却对唐崖土司覃氏的谱系造成了新的混乱。这种现象说明：唐崖土司覃氏也存在严重的造谱现象。

为什么会出现这种造谱现象？其实是一种文化融汇的表现。我们的结论是：单纯从某种文化现象证明唐崖土司覃氏是或不是"蒙古族后裔"都是不科学的，哪怕是"新解"也如此。因为很明显，在目前的中国民族文化中，几乎在任一民族文化中都会找到多元文化因素，这就是所谓的"多元一体"。不少人在唐崖土司覃氏文化中找蒙古族文化因素，证明唐崖土司覃氏为"蒙古族后裔"；但有人可以马上做出相反的结论，说唐崖土司覃氏是土著或巴人说，并逐条反驳"蒙古族后裔"说之证据。不少人说唐崖土司覃氏即是汝先公后裔，可是又有人说在汝先公前早就有覃姓人物生活在武陵民族地区。一方说廪君巴人没有图腾，另一方面的巴文化研究却指出了廪君巴人的多样图腾。一方面说廪君巴人没有所谓的姓氏，可是巴蜀文化研究却提供了涂山氏、蜀山氏、廖、何、秦、罗、朴、昝、鄂、度、夕、龚、巴、樊、瞫、相、郑、税、果、通、苌、蔓、资等众多历史悠久的巴蜀古姓氏，其中不少都转化为现今还存在的姓氏，如涂、牟、屈、朴、昝、李、罗、夕、袭、龚、青阳等，其中不少的土家族姓氏即渊源于此……

更为重要的是，这些分析论证的方式，都有颇多值得商量的地方，比如说《对唐崖土司族源研究的一点看法》《关于唐崖土司属覃氏渊源的考证》等文章对那些论证方法的质证，即从不同的侧面提供了证据。现在可以更进一步强调的是以下几项。

首先，某文化中有别的民族文化因素，不能作为该文化是别的民族文化的证据，比如说，中国各少数民族，甚至国外的不少民族都有中国汉文化的因素，我们并不能据此认定哪些有汉文化因素的民族就是汉族。从逻辑上讲，如果那样就"以偏概全"，犯了"定义过宽"的错误。如果那样，那唐崖土司的文化中有汉族文化、有印度文化，如果的确如某些民族学人类学者调查所说的那样，也可能有蒙古族文化，这是否就把唐崖司覃氏的渊源说成是汉人，或印度人，或蒙古人呢？结论自然是值得讨论的。

其次，没有见过并不等于不存在，见过的并不等于是真实的存在，不能犯"前提虚假"或"前提不真实"的逻辑错误。比如，我们此前只听说或看见学界论证土家族谭、覃等姓与巴人有关，但没有见过相应的族谱资料，在20世纪80年代初见见《鄂西土家族简史》的相关论述后，才开始着力搜寻相关谱书，即发现了前述的二修谱、三修谱（笔者姑妄如此命名），其中二修谱对此做了详细论证，三修谱基本上认同其说而在世系上有所完善。又如，我们见民国版《覃氏家谱》或其他的什么谱上说了什么，就信以为真，其实也会犯错误，就像前述"蒙古族后裔"中平均一代人不到14岁一样，这样的"见"与"不见"，都是值得商讨的。

最后，应把学术研究与族群信仰区别开来。我们时常说世界观、人生观、价值观，但我们从来不问是谁的世界观、人生观、价值观。其实，编辑族谱也是一样，我们读民国版《覃氏家谱》，看到其所述族谱编纂，属帝系谱风格，一开始就着眼于"欲事以明后，又必有奇勋节烈，事可述焉"，因而不是为唐崖覃氏本身的整个世系清晰，不能算是所谓的"丁谱"，而是为其搜寻"奇勋节烈"，自然要找到皇族，但历史上又确实没有全国性的覃氏皇族，所以只好来一个"蒙古族后裔"说了。紧接着说到唐崖覃氏"后世故以而无闻，幸也有谱存焉"的状况，说明自己的编辑是坚持"人道是"原则的，如果有错误，那也与我无关，你们自己去找那本谱吧，找不着也别怪我，反证我是见着的。再进一步，对于已经清晰的世系，详细说明，而对于以前的则基本一笔带过，强调"吾始祖自元朝宗室以来，经历一十八世"，正所谓"详略得当"。若仔细考察，我们可以确知的是，该谱也确实是唐崖土司之后裔编写的，因为不少的因唐崖方言造成的错误提供了证据;同样可以证明的是,不少的同音字错写,反映出不是原谱抄录,而是编者根据相关传说,加上自己的想象写出的,自然也少不了一些基本的旧谱资料。这种情况说明:这是一本反映编者信仰的族谱资料,但不是可以作为族源研究依据的资料。

三、从"信仰"到"建构":日趋完善的体系

从上述三部关于唐崖土司属覃氏渊源考证的《覃氏家谱》不难看出,作为信仰的家族意识、寻根意识、认同意识……与其说仅仅是一种"思想观念",倒不如说是一种文化责任、族事责任。除一修谱未见以外,现存三个版本的族谱,在履行这种文化责任方面,都是确定的,可以从序言中看到:

二修谱强调:"夫世家大族,不可无谱。谱者,何记也?记其祖之姓氏始于何人、生于何地、派之流传,世不湮没。三者备,始可言谱,而传于世矣。"三修谱强调:"盖闻天开地辟以来,宇宙洪荒,三才者,天地人;三光者,日月星;三纲者,君臣义。日月精华,阳光照临于地,产生万物。人者,动物居先,开辟世界,创造文化,新礼义,尊宗族,孝祖宗,若无记载,自古及今,后人不知,必须定谱,姓有来源,祖有根本,确实有据,录以后传。"民国版谱则言:"盖闻日月丽天,江河行地,亘万古而不朽者,书也。而其所以著乎书者,事也。族谱为何独不然,志传之书,而载世之事也。"可以看出,编谱应该看成是编者的一种信仰,并由此信仰转化为一种责任。因此,我们在读谱时,自然也应对编者给以恰当的理解,也正是这种理解,可以发现我们的"误读",有时甚至包括创造性的"误读"。

正是基于这种信仰与责任,我们回过头来看三个编者是如何建构其体系的,并且从三者的建构中看出其"完善"的进程(表二)。

表二 三部族谱的建构体系

世系·时间	二修谱	三修谱	民国谱
公元前26~公元25年 西汉平帝前212年,传12君	起祖焕然、天然二世元功 三世恩辉 四世大观 新莽窃位后避乱金陵上元县猪市街	起祖焕然、天然 天然公坟在西河 二世元功 三世恩辉 四世大观 王莽窃位时避乱于南京上元县诸市街	无
25~225年 东汉世祖至献帝159年,传12君	一世文贤 二世喜霖 三世延汉 四世玉振	一世文贤 二世喜林(霖) 三世廷(延)汉 四世玉振	无

续表

世系·时间	二修谱	三修谱	民国谱
261～263年 后汉（三国）昭列帝至后帝43年，传二君	一世 世宗 荫职一世	一世 世宗投诚 世应一世	无
265～420年 东西晋武帝至恭帝156年，传15君	一世大章 二世世林 三世祯祥 四世瑞	一世大章 二世世林 三世祯祥 四世瑞	无
402～479年 南北朝至隋帝	覃氏入代，读书耕田入世一业 一世元先、元声 二世宗贤 三世明颢 四世朝贵 五世上林 六世英 七世希贤 八世治明	覃氏入代，读书耕田入官一业 一世元先、元声 二世宗贤 三世明颢 四世朝贵 五世上林 六世英 七世希贤 八世治明	无
618～907年 唐高帝至哀帝279年，传20君	一世行璋 二世墨来送、启处送 三世儒珍 四世檀 五世连城	一世行璋 二世墨来送、启处送 三世儒珍 四世檀 五世连城	无
907～960年 五代53年	一世云程	一世云程	无
炎宋太祖至帝昺325年，传18君	一世脸貌青 二世野毛 三世覃汝先 四世伯坚 五世谱诸	一世脸貌青 二世野毛 三世汝先 四世伯坚 五世谱诸	无
1206～1368年 元世祖至顺帝88年，传10君	一世顺 二世野王 三世全在 四世野旺	一世顺 二世野王 三世全世（在） 四世野旺	无
1368～1644年 明太祖至崇祯277年，传16君	一世起刺 二世构 三世友谅 四世暄 五世本林 六世覃天富	一世启刺 二世构 三世友谅 四世暄 五世本林 六世覃天富	帖木易乃儿 颜柏铁儿 文珠海牙 脱音铁木儿 福寿不花 覃启处送

续表

世系·时间	二修谱	三修谱	民国谱
1368～1644年 明太祖至崇祯277年，传16君	七世覃万金 八世覃柱 九世覃文瑞 十世覃鼎 十一世覃宗禹 十二世覃鋐 十三世覃杰 …… 十七世覃梓椿 十八世光烈 十九世世培	一世覃汝先 二世覃值什用字谱诸 三世覃耳毛 四世覃忠孝 五世覃斌号大胜 六世覃彦实 七世覃文铭 八世覃天富 九世覃万金 十世覃柱 十一世覃文瑞 十二世祖覃鼎 二祖爷覃升 十三世覃宗禹 十四世覃鋐 十七世覃梓椿 十八世覃光烈 十九世覃世培	一世覃启处送 二世覃值什用 三世覃耳毛 四世覃忠孝 五世覃斌 六世覃彦实 七世覃文铭 八世覃富 九世覃万金 十世覃柱 十一世覃文瑞 十二世覃升 十三世宗尧 十四世宗禹 十五世覃鋐 十六世薄泽 十七世覃梓椿 十七世覃光烈 十九世覃世培 二十世覃镶

第一，由表二的对比可以看出，三个谱在覃天富（民国谱或作覃富）之后，基本一致，差别甚小，可以看成是基本清晰的血缘谱，所列谱系是基本可信的；但由于记忆等方面，在世袭的梳理方面略有差别，三修谱与民国谱基本一致，世代次序相同，民国谱写得更后，而二修谱的差别较大，基本上只写到"改土归流"，三修谱写到了"改土归流"后的三世，不过二修谱的世系悬殊较大，主要是无三修谱与民国谱的前七世，而三修谱与民国谱的前七世除一世不同外，其余六世相同，不过三修谱为接覃汝先而说"覃值什用字谱诸"，民国版则只说"覃值什用"，因为一世有区别：三修谱是覃汝先，民国谱是覃启处送。

第二，三个谱都有一个关键人物：覃启处送。二修谱、三修谱的覃启处送是唐代人，按谱记为覃行璋的后裔，据谱记："唐开元十二年（725年）七月，溪州峒蛮覃行璋反，招讨杨思勖擒之，后由科入官，生墨来送、启处送，弟兄俱授宣抚使奉调洛州，过楚入川，剿散毛与唐崖蛮民，征夜郎国。墨来送守散毛，为散毛始祖；覃启处送镇唐崖为唐崖始祖。"此说除官名肯定有误而外，覃行璋则史有明载。墨来送、启处送二名，显然都是当时的地方首领名称，可以翻译成洞王或洞主，此类人名在唐、宋时代的土家族地区很普遍，如墨谷什用、驴谷什用、徒剌什用、答谷什用、南木什用、大虫什用、谭成威送等，此外还有墨来送、沟达什用、驴蹄什用、田耳毛送、向贵什、向喇喏、向墨铁送、向麦、向坐海乐俾、田墨施什用、田先什用、阿具什用、谋者什用、谋谷什用、田驴什用、墨奴什用、墨得什用等，由此可知当时土家族民众的语言、称谓的状态。不过，这些土王的土家语名字，在宋元以后即逐渐消失而改用汉名了。问题是，民国谱的覃启处送是元代人，与二修谱、三修谱差了600年左右。不过可以肯定的是，唐崖覃氏土司历史上应的确存在此人，只是具体细节应算是"戏说"了。

第三，二修谱、三修谱在覃天富以前的世系梳理方面基本一致，只是在语言表述上有细小差别。不过，在明太祖至崇祯（1368～1644年）时期，三修谱用了"即是体"语，强调"一世启刺，即覃耳毛""二世构，即覃忠孝""三世友谅，即覃斌""四世暄，即覃彦实""五世本林，即覃文铭"，这些人的活动时间多在明朝洪武至景泰年间，而二修谱无此说法。这说明，三修谱更靠近民国谱了，显然是这期间人们对唐崖覃氏的世系有了更多的认识，但还没有出现"蒙古族后裔"说的影子。不过可以肯定的是，"覃值什用"以后，根据这种"即是体"即完全统一了。也就是说，这段谱史，也可以算是戏说谱史了。

第四，覃启处送之前的唐崖覃氏土司渊源，其中包括"蒙古族后裔"说、"廪君巴人"说、土著说、改姓说等，严格说来只能算是一种文化信仰，而难以成为血缘认定的依据。有人提出用DNA鉴定，其实这也是一个"可行"的方法，但也不应忘记，在目前的中华民族成员中，真正的"纯种"恐怕太少了。因此，我们对此的看法是：可以不同意其观点，但无权否定其信仰。

总之，通过三部唐崖《覃氏家谱》的历史进程，我们大致看到了唐崖覃氏土司世系清理的过程，认为对一般族谱的认识与评价应分段处理，信仰、近似、血缘等不同的识别尺度，可以让我们形成对族谱认知的正确态度。据此，我们以对唐崖土司文化研究献疑的态度来漫评唐崖的三部《覃氏家谱》，或许有利于推动唐崖土司的文化研究。

土家咂酒的文化价值体现

钱国岗

（恩施州施南春酒业有限公司）

摘要：土家族人在漫长的历史长河中，发展传承了土家的咂酒及其文化，土家咂酒具有悠久的历史渊源，蕴藏着深厚的文化内涵、丰富的表现形态，是土家族文化遗产的瑰宝。本文拟就土家咂酒的文化价值体现予以探讨。

关键词：土家咂酒；文化价值

土家族是一个十分古老的民族。"大约自五代以后，湘鄂西土家族这一稳定的人们共同体，开始逐渐形成单一民族。"[1]在漫长的历史长河中，土家族人民用自己的勤劳和智慧，创造了丰富灿烂的物质文化。饮酒、酿酒作为一种独特的饮食文化，伴随着土家人的演进而流传至今，已有数千年的辉煌历史。咂酒，更是土家文化中的瑰宝。

一、土家咂酒的悠久历史

中国古代酒有清浊之分。汉邹阳《酒赋》载："清者为酒，浊者为醴；清者为圣，浊者顽。"《酒谱》载："凡酒以色清味重为圣，色如金而醇苦者为贤。"

土家族人饮酒、酿酒的悠久历史，可追溯到春秋战国时期。《后汉书》卷八十六记载，巴郡夷人与秦国订立互不侵犯盟约："'秦犯夷，输黄龙一双；夷犯秦，输清酒一钟。'巴郡夷人中即以土家人为主，清酒即美酒。

由此可见，当时土家人的一钟清酒价值与秦国的一双"黄龙"（在大旱求雨所用的刻有龙纹的玉）对等，说明了清酒的贵重和珍稀。按有关容器史料推算，一钟清酒数量相当于今天的30余千克，这也说明土家人当时的酿酒技术有了相当高的水平。

土家族的酿酒始于先民巴人。《太平御览》载："南山峡峡西八十里有巴乡村，善酿酒，故俗称巴乡村酒也。"

《水经注·江水》载："江之左岸有巴村，村人善酿，故俗称巴乡清郡出名酒。"

为什么土家人酿的酒有如此之高的品质？

这源于我们大巴山与武陵山交汇的地方生产的稻米，吸取了四季清泉和山中云雾之精气，根植水土富饶，营养丰富，颗粒大，体细长，颗形如梭，米色似玉。用其做饭，质软不腻，味道浓香；以稻米为原料酿酒，浓而不烈，品质优良，别具风味。稻米誉盖五谷之首。

土家先民酿造的咂酒，正是以五粮（大米、玉米、小麦、高粱、粟米）相配，精心制作而成。在具体制作中，酿酒人在每个环节都做到精益求精，并根据季节气候的不同，适时调整配方。

《华阳国志·巴志》记载："川崖惟平，其稼多黍，旨酒嘉肴，可以养父；野惟阜丘，彼稷多有，嘉肴旨酒。"[2]可以得知，当时土家先民居住的地区盛产黍（即黍子）和稷（高粱），用这些野生的或种植的谷物为原料酿出的清酒，加以嘉肴（非谷物的肉、菜、果等），是养老的上佳食品。

二、土家咂酒的制作工艺

关于咂酒的生产，土家族地区的许多地方文献上多有记载，但显得不很详尽。而土家人精湛的酿酒技术得以代代相传，并不断得到发扬光大，也得益于土家人的口口相传。

清同治四年（1865年）版《咸丰县志》记载："咂酒。俗以曲蘖和杂粮于坛中，久之成酒。饮时，开坛沃以沸汤，置竹管于其中，曰咂箮。先以一人吸咂箮，曰开坛。然后彼此轮吸，初吸时味甚浓厚，频添沸汤，则味亦渐淡。盖蜀中酿法也。土司酷好之。"

民国三年（1914年）版《咸丰县志》卷之二十《杂志》载："秦蜀有咂嘛酒，用稻、麦、黍、秫、蘖曲，小罂封酿而成，以管吸饮。今咂酒，盖其酿法也。"

《补辑石砫厅志·风俗志》记载："厅人酿酒，置秔米或黍、稷、粱、粟瓷瓶中，月余始熟。"

《咸丰县志》（1990年）版载：土家时兴"咂酒"。头年九十月间，将高粱、玉米蒸熟，拌上曲子置于酿瓮，密封口，至次年五六月启封。用时灌进开水，在瓮口插一竹管，次第传吸，名曰"开坛"。咂酒清香醇正，是土家待客佳品。

清同治五年（1866年）版《来凤县志·生活民俗》载："九、十月间，煮高粱酿瓮中，至次年五、六月灌以水，瓮口插竹管，次第传吸，谓之'咂酒'。"

同治八年（1869年）版《长乐县志·习俗》载："其酿法于腊月取稻谷、苞谷并各种谷配合均匀，照寻常酿酒法酿之。酿成携烧酒数斤置大瓮内封紧，于来年暑月开瓮取糟，置壶中冲以白沸汤，用细杆吸之，味甚醇厚，可以解暑。"

光绪六年（1880年）版《巴东县志·生活民俗》载："盖以酒连糟贮坛，饮时泡以沸汤，插筒其中，主宾递吸之也。"

清代李宗昉《黔记》云:"咂酒一名重阳酒,以九日贮米于瓮而成,他日味劣,以草塞瓶头,临饮注水平口,以通节小竹插草内吸之,视水容若干征饮量,多以酿此为胜。"

在田野调查中,我们有幸多次与恩施州民间艺术大师、目前恩施州唯一的咂酒传人,也是恩施州施南春酒业的民俗顾问李正福进行了深入交谈并现场演示。他认为:酿制咂酒,很是讲究,且有四大要点。一是原料必须是带糯性的杂粮,即当地生产的高粱、小麦、大米、玉米、粟米等优质原料,发酵的酒曲要加入当地深山中的野天麻、党参、当归、川芎等名贵中药材;二是酿制后要密封最少半个月以上;三是酿制过程必须干净卫生,不沾荤腥;四是必须在地里窖藏三年以上(这与文献记载有出入,姑且记录在此,供参考)。

通过这种方法酿制出来的咂酒,酒香纯正而不郁浊,酒味绵甜而不酸涩,酒性平和而不浓烈,男女老少皆可饮用,具有强筋壮骨、健体、消暑的作用。

如何学会酿制咂酒的?李正福的父亲李秭堂,中华人民共和国成立前在川鄂交界处的大路坝大户刘家帮工。刘家开有一个咂酒作坊。刘家酿制咂酒,一般人是不能到作坊去看的,因李秭堂在刘家帮工的时间长,又是近邻,所以能够到作坊里去打下手,天长日久便逐渐掌握了酿制咂酒的技术。后来,李秭堂悄悄在自家酿制咂酒,小时候的李正福每次都给父亲当帮手,慢慢地也学会了酿制。

李正福还认为:咂酒具有戒毒的奇特功效。他说,中华人民共和国成立后,凡染上毒瘾的人都要强制戒毒,李秭堂在刘家给客人点烟泡,一来二去也染上了毒瘾,什么办法都使尽了,就是戒不掉。后来,李秭堂就想到喝咂酒,喝后倒头便睡,醒后又喝。一连喝了七天,睡了七天,说来也怪,毒瘾一下子戒掉了。

这也许与酿制咂酒时加进的中药材有关,但尚无临床考证。

三、土家咂酒的演变

从现代咂酒的酿造工艺来看,咂酒属于古老的粮食发酵酒(又称米酒)酿造系统。粮食发酵酒的酿造在中国已有数千年历史。唐代时,蒸馏白酒(烧酒)开始兴起,在全国大部分地区粮食发酵酒逐渐被蒸馏白酒所取代。

元明清三朝,中央王朝对今土家族居住地区普遍实行土司制度,规定"蛮不出境,汉不入峒"。这一政策虽有益于土家族人民的稳定,但也相对限制了土家族人民与外界的交往。正因如此,古老的粮食发酵酒并没有退出历史舞台,而是以咂酒的形式流传下来,形成了精湛的酿酒工艺。

民间大师李正福认为:一直能延绵传承下来的咂酒,应该算作现代白酒的母酒,只是限于当时的工艺条件,酒的度数达不到白酒的度数而已。

清雍正年间"改土归流"时，清政府派流官到咸丰任职，真正打开了尘封千年的山门，形成了多民族共居的局面。改土归流后，民族间、地区间交往增多，先进的生产技术有力地促进了土家族地区的发展。而酿酒技术也在继承中得到发展，一边是咂酒在民间继续传承；一边通过技术更新，把传统的咂酒酿造成度数更高的堆花酒。

《长乐县志·习俗》载："邑惟包谷酒，上者谓堆花酒。"

据传说，清雍正十三年（1735年），清政府为表施南府设置之庆贺，特令唐崖土司酒坊酿酒千坛，并大摆宴席三天三夜。

至此，土家咂酒开始在土家族地区以多种形式流传下来，并逐渐成为人们生活中一种重要的文化符号。

为什么要用唐崖土司酿制的咂酒做庆贺之用呢？据说，在当时各地土司中，数唐崖土司酿制的咂酒最好，这与唐崖土司管辖的地理范围有关。唐崖土司所辖范围跨东经108°37′～109°20.1′，北纬29°19.5′～30°2.9′。神秘的北纬30°，是世界上公认的酿酒的最佳地方。流经这里的唐崖河，还有每一块土地，更是到处淌流着富硒的成分。当然，这都是如今通过现代科技手段测试出来的，只是当时的土家先人无从知晓罢了。

到了民国年间，私人开槽煮酒的很多，所产玉米多耗于此。鉴于玉米为民主食，产量又低，国民政府多次发布禁令，不准用玉米酿酒熬糖。20世纪80年代，随着改革开放政策的推行，粮食市场开放，咸丰酿酒业得到很大发展。除30户国有酒厂、集体酒厂外，还有15户个体和私人联营小酒厂。据统计，1985年全县共生产饮料酒1615吨，工业总产值130万元。

咸丰白酒一度创造了辉煌，曾获北京首届中国国际诗酒节及诗酒博览会金爵杯奖。中央顾问委员会杨成武、张爱萍、李德生为该酒题词："庆功酒香飘五洲。"

四、土家咂酒的传承与保护

咂酒作为土家族文化的重要载体，具有悠久的历史渊源、深厚的文化内涵、丰富的表现形态，是土家族文化遗产的重要组成部分。

最近几年，咸丰民间的刘德山、李方庆等一大批民族文化研究人士，先后对土家咂酒及其文化进行了抢救性发掘，并取得了重大成果，历时三年收集、整理出版了《土家祝酒辞》一书，推出了《土家敬酒歌》，让其得到了更广泛的认同。

当前，恩施州施南春酒业与县文体部门已将土家咂酒文化申报为州级非物质文化，由此将进一步加大力度对咂酒的酿造工艺进行挖掘、整理、恢复、保护和传承，让咂酒这个民族文化瑰宝发挥更大的作用，进而让其文化优势转化为经济优势，造福全国乃至世界人民。

五、土家咂酒的内涵及文化价值

土家咂酒的饮用方法,源于一个神奇的传说。

咂酒饮用之习俗,始于明代。当时,土家父老为送众多土家兵丁出征江浙沿海抗倭,想给兵丁们壮行但又不能耽误他们的行程,就把大坛大坛咂酒抬到兵丁们出征的道路两旁,在坛内插上一根根竹管,让兵丁们路过时每人咂一口。

这一传说,与土司时期土司酷爱、推崇咂酒,土家族人民保家卫国的爱国主义情怀密切相关。因此,土司时期整个土家族地区都十分盛行咂酒,尤其在土司上层更是如此。

"宴客,客西向坐,主人东向坐,皆正席,肴十二簋,樽用纯金。……酒饭初至,主宾拱手,众皆垂手起立,候客举箸乃坐,亦适有从田间来,满胫黄泥而与席间手持金杯者……行酒以三爵为度,先敬客,后敬主人……"(清顾彩《容美纪游》)土家人好客很大程度以酒为媒,酒成了土家人传递情感、加深友谊的桥梁。

酒助诗兴,诗随酒扬,当年的龙潭土司田氏咂酒吟诗,留下千古绝句:"万颗明珠共一瓯,王侯到此也低头。五龙捧起擎天柱,吸尽长江水倒流。"

历代文人墨客更是为咂酒写下了许多脍炙人口的诗词。咸丰人清道光岁贡、汉阳府学训导蒋仕槐有诗:"依山面水一家家,风土人情大不差。惟有客来沿旧俗,常须咂酒与油茶。"

古诗人王驾在《社日》诗中描写了一幅美丽动人的丰收景象和山野汉子们的醉酒图:"鹅湖山下稻粱肥,豚栅鸡栖半掩扉,桑柘影斜春社散,家家扶得醉人归。"

五峰长乐知县田泰斗的《长乐竹枝词》绘出了土家人"无处不饮酒""无时不喝酒"的逍遥图:"红杏开残种植过,家家烧荐上田坡。高宜晴暖低宜雨,古社坛边拜祝多。"

白居易在唐宪宗元和年间赴忠州任刺史时,路过三峡,夜宿土家。主人热情款待,他有感而发,写下《巴氏春宴》:"巫峡中心群,巴域四面风。薰草铺坐席,藤枝注酒罇。蛮歌声坎坎,巴女舞蹲蹲。"

鹤峰第一任知州毛峻德在参加土家咂酒宴后吟诗:"板屋团团坐,欢呼挈一瓶。白波卷细管,红友吸仙灵。户小陴筒醉,魂招楚泽醒。底须杯在手,曲部未图形。"

清代长乐(今五峰)县令李焕春有一首《竹枝词》,就是在土家山寨做客吃咂酒后,带着几分醉意写下的:"糯谷新熬酒一壶,吸来可胜碧筒无?诗肠借此频浇洗,醉咏山林月不孤。"

……

通过一首首诗歌,土家人咂酒之趣,令人神思遐往。

从众多咂酒的饮用方式记载分析不难发现，土家咂酒充分体现了中国古代哲学"和"的思想；大家共同聚在一起，围着酒坛咂酒，没有高低贵贱之分，和谐相处；民族内部的凝聚力、向心力得以加强，民族之间的关系得以融洽。

光绪《长乐县志》卷十六详细记载了土司以咂酒款待宾客的情形："土司有亲宾宴会，以吃咂酒抹坛为敬。咂酒抹坛者，谓前客以竿吸酒，以巾拭竿，请他客也。酒以糯米酿成，封于坛中。款客则取置堂荣正中，沃以沸令满，以细竹通节为竿，插透坛底……每一坛设桌一，桌上位及两旁，则各置箸一，而不设坐。客至以次列坐。左右毕，主人呼长妇开坛肃客。妇出，正容端肃，随取沸汤一碗，于坛侧就竿一吸毕，注水于坛，不歉不溢谓之恰好。每客一吸，主人一注水。前客吸过赴桌，再举箸，而后客来，彼此不以为歉也。凡吸歉溢皆罚再吸，故酒虽薄亦多醉……"

同治《恩施县志》则记述了民间咂酒的情形："俗以曲蘖和杂粮于坛中，久之成酒，饮时开坛以沸汤，置竹管其中，曰'咂篁'；先以一人吸'咂篁'，曰'开坛'；然后彼此轮吸。初吸时味甚浓厚，频添沸汤，则味亦渐淡……"

六、土家咂酒文化价值的具体体现

酒，如影随形，渗透于土家人民的生活，与他们的生产生活、礼尚往来、民族性格、民族精神、民俗信仰等相联系。价值的实质、意义在于它对人的有效性。

1. 土家咂酒文化在人生仪礼中的体现

一是诞生礼。土家人小孩满十天或者半月后，要整"打三朝""打十朝酒""整满月酒"。外婆家邀约亲戚朋友，备上丰盛的礼物，热热闹闹去"送祝米"，吃"祝米酒"。其中咂酒是必备之物。

二是成年礼。土家族成年礼沿袭了周代风俗"八礼"中的"成年礼"，亦称"冠礼"。酒冠其中，绘声有色。土家族把成年礼与婚礼合二为一。清同治五年鄂西《长阳县志》载："古冠、婚为二事，今则合为一，长阳亦然。嫁、娶前一二日，女家为女束发合笄，曰'上头'，又曰'开脸'。设醮席，谓少女伴九人合女而十，曰'陪十姐妹'。"而新郎有九个小伙陪侍，叫"陪十弟兄"。

三是婚礼。土家族的婚礼称为"红喜"，人称"喝喜酒"。新娘到来举行婚礼后，客人在堂屋中围着咂酒论资排辈吸食并唱祝福歌。气氛欢乐，热闹非凡。土家族诗人田泰斗有竹枝词："出门果真见嘉宾，当道华筵点缀新。四面箫声一樽酒，风前宛转劝冰人。"

四是寿礼。土家老人六十、七十、八十岁生日，儿孙为之摆寿酒，叫"整生期酒"。

五是葬礼。土家老人去世后，丧家举办隆重的丧礼。土家族对死亡的理解极为通达，人死化悲为喜，谓"白喜"，跳撒尔荷，吸食咂酒歌舞相伴。光绪《长乐县志》载："家有亲丧，乡邻来吊，至夜不去，曰伴亡，于柩旁击鼓，盹鼓互唱俚歌哀词曰丧鼓歌，丧家酬以酒馔。"至此，一个人完成了人生中的最后一个"通过仪式"而归于尘土。

2. 土家咂酒文化在节庆中的体现

酒与土家人节令密不可分，几乎无酒不成节。土家族月月有节日，正月有春酒；二月春社（中和节）酒；三月祭山酒（清明酒）；四月牛王生日酒；五月端阳酒（菖蒲酒）；六月新谷酒；七月月半酒（中元节）；八月送瓜酒（中秋）；九月登高酒；腊月是除夕"年酒"。如今我们依然重视过春社，年年吃春蒿做的社饭，饮宜春酒。据清代陈梦雷纂的《古今图书集成·酒部》咂酒记载："中和节，民间里间酿酒，谓宜春酒。"土家族很看重重阳节，用糯米和高粱拌菊花酿造的"重阳菊花咂酒"，经过存放香气扑鼻。有土家诗人彭秋潭的诗"轻阴细雨好重阳，缸面家家有酒尝。爱他采茶歌句好，重阳作酒菊花香"为证。土家人比汉人提前一天过年，称为"赶年"。这一天是土家族最为隆重的节日，年夜饭是一年最为丰盛的酒席，即使平时不饮酒者，这一天也要喝点土家咂酒，以示庆贺。吃完年夜饭，土家人还有饮酒守岁的习俗。土家族除夕守岁饮的是"火塘酒"，在火塘边放一坛咂酒，边饮酒边听长者用本民族语言吟唱歌谣，讲述本民族所经历的艰苦磨难和先祖们的创业历程，美酒中传播着一个民族的传统文化。

3. 土家咂酒文化在祭祀中的体现

酒是土家人祭祀的必备品，土家人尤为重视年节时的祭祀活动，如正月初三至十五的"摆手节"、农历二月初二"春社"、三月"清明节"、七月"月半节"都举行祭祀活动，祭祖先、八部大王和土地神。

4. 土家咂酒文化在农事中的体现

土家族农事活动中有"栽秧酒""薅草酒""打谷酒"。土家人在栽秧那天，摆上丰盛的菜品。围着头年秋酿的咂酒吸食，四方亲友、隔壁邻舍都来吃，客人越多，主人越高兴，即使是路人，碰到这种时候也可一尝。薅草酒则伴以"薅草锣鼓"，一边击鼓，一边歌唱，一边劳作，劳动之美愉悦之极。无论"栽秧酒"还是"打谷酒"，土家人的这些农事酒十分丰盛，一日三顿酒。

土家咂酒文化是土家人珍贵的非物质文化遗产，它具有规范土家人思想观念、价值取向、行为方式的教育价值，起着维系民族群体的团结、巩固社会和谐的功能，是民族凝聚力和社会价值的重要载体。土家咂酒文化中的很多和谐思想有利于人与人、人与社会、人与自然的和谐。

注　释

［1］　国家民委民族问题五种丛书编辑委员会《中国少数民族》编写组：《中国少数民族》，人民出版社，1981年，第544页。

［2］　（晋）常璩撰，刘琳校注：《华阳国志·巴志》，巴蜀书社，1984年。

鄂西土家族建筑文化景观及其保护利用

刘 真 孙 甜

（湖北明清古建筑博物馆）

摘要：鄂西土家族建筑蕴含着极高的艺术价值和独特的艺术风格，体现了我国传统文化景观的区域性、民族性特征，是难得的文化遗产资源和旅游开发资源。在唐崖土司城址申遗成功的背景下，如何借助研究热潮，加深建筑文化景观理论的研究，丰富文化景观旅游开发利用相关成果，已成为学界关注的重点。

关键词：鄂西土家族；文化景观；建筑文化景观

土家族是中国历史悠久的一个中部民族，主要分布在湖北省西部的恩施、宜昌的五峰土家族自治县、长阳土家族自治县，湖南省西北部及四川省石柱、秀山、酉阳、黔江等县，与汉、苗等民族杂居。根据2010年第六次全国人口普查显示，土家族人口数量约为8 353 912人，在中国的55个少数民族中排名第七位，仅次于壮族、回族、满族、维吾尔族、苗族、彝族。土家族在历史的变迁过程中逐步形成了自己悠久的历史文化景观，而其独特的建筑文化景观更是近来研究的热点之一。

一、文化景观及建筑文化景观

（一）文化景观的概念

文化景观是一个涉及遗产保护领域的新兴概念，其研究一直以来属于文化地理学的主要研究范围。自20世纪90年代以来，文化景观这一概念在景观生态学、文化地理学、人类生态学等学科中被广泛应用，成为遗产保护和利用领域中的热点，越来越多的学者对文化景观研究给予了关注。

美国文化地理学家索尔（C. O. Sauer）对文化景观的概念给出了经典的定义：文化景观是任何特定时期内形成的构成某一地域特征的自然与人文因素的综合体，它随人类活动的作用而不断变化。人文地理学的核心是解释文化景观，为了更清楚地阐释这一定义，他在1927年发表的《文化地理的新近发展》一文中进一步指出：文化景观是附加在自然景观上的各种人类的活动形态，是某一文化群体利用自然景观的产物，文化是驱动力，自然是媒介，而文化景观则是结果[1]。中国地理学者北京大学吴必虎教授认为："任何一个有特定文化的民族都会通过建造房屋、开辟道路、耕种土地、修筑水利工程、繁殖或限制人口、传播宗教等活动改变其生存空间内的环境。这种人所创造的物质或精神劳动的总和成果在地球表层的系统形态就被称为'文化景观'。"[2]

（二）建筑文化景观

对文化景观类型的科学划分标准，主要可以参考世界遗产委员会和美国国家公园管理局等组织的规则。结合我国历史文化遗产的特点，可以将文化景观划分成设计景观、遗址景观、聚落景观三种类型，具体概念如表一所示[3]。

表一　文化景观的划分

类型	概念	举例
设计景观	由历史上的匠人或设计师按照其所处时代的价值观念和审美原则规划设计的景观作品，代表了特定历史时期不同地区的艺术风格及成就。包括古代园林、陵寝以及与周边环境整体设计的建筑群	苏州园林、明十三陵、晋祠等
遗址景观	曾见证了重要历史事件或记录了相关的历史信息，如今已废弃或失去原有功能的建筑遗址或地段遗址。作为历史见证，其社会文化意义更重于其艺术成就和功能价值	北京的圆明园遗址、重庆合川钓鱼城遗址等
聚落景观	由一组历史建筑、构筑物和周边环境共同组成，自发生长形成的建筑群落景观。聚落景观延续着相应的社会职能，展示了历史的演变和发展，包括历史村落、街区等	安徽的西递、宏村，湖南凤凰古镇等

不难看出，无论哪一种类型的文化景观，都脱离不了其物质载体——历史遗留下来的建筑物、构筑物以及遗址，可以统称为建筑文化景观。建筑文化景观体现了特定地域民族的价值观念、社会意识、审美理想、民族性格和民族心理特征。在历史的发展与选择中，土家族先民根据其地理环境和生活需要建造了极具地域性的建筑物，并逐步打造出具有鲜明民族性的建筑文化景观。这些独具特色的建筑文化景观，承载了浓厚的历史文化气息，正是需要保护的文化精髓。

二、鄂西土家族建筑文化景观的特点

建筑是人类历史文化的载体，是不同地域或民族在不同的生存生活环境中所寻找到的最适宜居住生活的首要条件[4]。建筑文化景观是历史文化景观的重要载体，既是一种实体对象，又具有相应的人文内涵，其建筑形式和文化意象凝结了先人的智慧和心血，客观真实地反映着地域的、民族的文化精粹。鄂西土家族建筑形式独特、文化内涵丰富，凝聚着土家族先民智慧，其特点与土家族区域特定的地理环境基础以及历史文化特质相关联。

（一）地理环境基础

地理环境不仅是人类赖以生存的基础条件之一，同时也是各种类型文化产生的自然前提。地理环境的差异性、自然产品的多样性，是人类社会分工的自然基础，它造成地域上各民族物质生产方式的不同类型，进而影响到文化的民族特征或文化的地域特征[5]。不同民族在不同的自然地理环境中逐渐形成具有自己民族风格的生产生活方式和思想价值观念，从而塑造出各种形式的民族文化景观，如民族建筑、民族聚落、民族服饰、民族土地利用方式、民族宗教信仰、民族岁时文化、民族风俗习惯等[6]。

鄂西地区气候湿润，"冬无严寒，夏无酷暑，地处偏僻，交通不便"，总体经济水平不高，社会发展程度较低，城市化更新较其他区域并不显著。也正是由于这些因素的共同作用，鄂西地区很好地保留了土家族原有的建筑居住形式，留下了许多堪称建筑"活化石"的文化景观，而吊脚楼即为鄂西土家族最具代表性的民族建筑文化景观之一。鉴于鄂西地区特定的地域环境和气候条件，这种全木结构半干栏式建筑成为一种必然选择。鄂西地处长江下游，境内万山重叠，平均海拔千米以上，1200米以上的高山地区约占29%，有"山原"之称。在这样的地理条件下，为了少占耕地，人们只好将居住的房屋建在河边或斜坡山地之上，它们依山而建，分台而筑，把储粮、居住和牲畜饲养等日常生活必需空间融为一体，除具有防潮、采光和防毒蛇猛兽侵袭等良好的实用功能外，还具有一定的审美功能[7]。此外，土家族建筑多以木构为主，鄂西土家族聚居区地处交通不便的山区，砖石类等大型建筑构件运输不便，加上当地林业资源丰富，当地使用的建筑材料多取自本地的木材，主要包括杉树、松树、椿木、柏木、梨木、枫木、栗子树、猴栗等。土家族因地制宜、依山而居的特殊生活方式，使鄂西土家族建筑形成了特定的风格和类型，充分说明建筑文化景观对区域地理环境及自然资源的依赖。

（二）历史文化特质

土家族的源头可上溯到商代中期，从民间神话传说和传世的文献资料证据来看，早期的土家族先民有过穴居和巢居的历史，后来建筑形制慢慢发展出了简单的干栏式建筑。随着历史的变迁和社会生产力水平的提高，加之汉文化对土家族文化的影响，中原地区建筑技艺的传入，土家族地区的建筑技艺日趋成熟，建筑样式多样化、建筑材料多元化发展。土家族地区出现了城池建筑、石窟类建筑、楼阁式建筑等多种建筑模式，土家族干栏式建筑得到进一步发展并日趋成熟。

土家族传统建筑的营造步骤和装饰细节中，有着多种充满神秘文化色彩的礼俗和制度。从鄂西土家族建筑中，可以充分体味到这个民族的经济、文化、艺术、家庭、社会和宗教观念，以及所包含的丰富的文化内涵。土家族劳动人民遵循着独特的审美规律和文化观念进行空间布局营造，忠实地记载了民族的人生哲学观和道德审美观，形成了独具人文价值的土家族传统建筑景观[8]。土家族建筑文化景观折射了土家族"敬天礼法、尊卑有序"的宗教礼仪思想；暗含了土家族"天人一体、顺应自然"的宇宙伦理观；体现了"以物寄情、均衡和谐"的建筑艺术理念。

三、鄂西土家族建筑文化景观的保护利用

（一）借助土司研究热，促进其理论研究

2015年7月4日，我国"土司遗址"申遗成功不仅让湖南永顺老司城遗址、湖北唐崖土司城址和贵州遵义海龙屯这三处遗址一夜成名，也让"土司"这一陌生的词汇进入更多公众的视野，更为土司遗址研究打开了新的突破口。土司研究在国内掀起了热潮，其学术成果为土家族建筑文化景观的旅游主题发掘、特色推介发挥了巨大作用。但是，与蓬勃发展的文化旅游现实比较，土家族建筑文化景观的理论研究仍十分薄弱。学界对土家族文化的研究，偏重于文字文献考证、民族历史变迁及社会风俗、制度文化等方面，对于建筑文化景观的专题研究少。亟须借助当前土司研究热，促进鄂西区域建筑文化景观理论研究。应加强相关大学、研究机构专业人才的培养，塑造具备旅游资源学、文物古迹保护学、古建筑学、旅游市场学等跨学科科研能力的研究人才。

（二）建立建筑文化景观保护区，提高建筑匠人地位

建筑文化景观与文化景观是一个密不可分的整体，我们在保护建筑本体的同时，应更加注重建筑文化景观的合理性、协调性和统一性，必须注重保护当地的民俗及生态文化，充分展示鄂西少数民族的民族特色和文化特点。因此在进行土家族文化景观的保护和开发的同时，有必要在特色建筑集中、民间文化特点鲜明的区域建立保护区，以便更好地维护土家族建筑文化景观的原真性。

此外，还应提高传统建筑匠人的地位，创造更好的从业条件，吸引更多年轻人继承和发展这门传统技艺。当下土家族建筑技艺的传承途径主要依靠老一辈建筑匠人的"口传身授"，在当今社会经济发展趋势下传统的建筑技艺带来经济效益越来越少，年轻一辈大多选择外出就业，不愿留在当地从事此行业，造成了传统建筑技艺传承上的断层，这显然是十分不利于民族文化的保护传承和未来发展的。因此，政府应积极采取相应措施，提高建筑匠人的社会地位，并给予一定的津贴提高其生活条件，在全社会形成重视传统文化景观的氛围。

（三）区域协作打造民族生态博物馆

长期以来，文化景观的开发中存在着旅游产品同质化、庸俗化、模式化的问题。以现存的一些土家族风情园为例，文化产品存在着简单化、雷同化、舞台化的现象，往往无法给游客带来深入内心的文化感悟。如何将土家族文化景观打造得更加具有感知性和震撼性成为现今焦点，在土家族建筑文化景观保护区的基础上，打造土家族生态博物馆是文化景观保护利用的未来出路之一。

所谓生态博物馆，是对自然环境、人文环境等有形和无形的文化遗产在其原产地由居民进行自发保护，使人、物和环境处于固有的生态关系中，从而较完整地保留社会的自然风貌、生产生活用品、风俗习惯等文化因素的一种博物馆理念[9]。生态博物馆是一种经济高度发展之后的产物，是在具备较为雄厚的保护资金基础的情况下产生的。作为一种非营利性保护机制，政府在政策、资金上的支持，以及新的管理措施的应用等，都是生态博物馆健康发展不可或缺的前提[10]。湖南永顺老司城遗址、湖北唐崖土司城址和贵州遵义海龙屯打包申遗的成功，使区域协作保护发展土家族文化景观成为可能。申遗的成功将土家族独特的文化景观推介给社会大众，政府对当地建筑文化景观的关注度进一步提升。在获得公众关注力和资金支持的前提下，整合土家族建筑文化景观，做好相应的文化内涵挖掘，区域协作打造土家族生态博物馆是做好文化景观保护工作的必然之路。

四、结　语

鄂西土家族建筑文化景观以独特的价值性诠释了文化遗产景观的重大意义，作为土家族文化的"活化石"，作为区域文化的代表，把握其传统文化精髓，科学合理地进行开发利用，发展文化景观相关产业，必将成为区域经济发展的新增长点。

注　释

[1]　储成芳：《近十年国外文化景观研究综述》，《旅游论坛》2012年第6期，第98～103页。

[2]　吴必虎、刘筱娟：《中国景观史》，上海人民出版社，2004年，第3、4页。

[3]　李和平：《我国文化景观的类型及其构成要素分析》，《中国园林》2009年第2期，第90～94页。

[4]　朱世学：《鄂西古建筑文化研究》，新华出版社，2004年，第20～39页。

[5]　曹诗图：《文化与地理环境》，《人文地理》1994年第2期，第49～53页。

[6]　许静波：《论文化景观的特性》，《云南地理环境研究》2007年第4期，第73～77页。

[7]　朱世学：《论土家族吊脚楼的审美功能和社会功能》，《湖北民族学院学报》2004年第6

期，第1～5页。

［8］ 王友富：《三峡库区少数民族传统民居建筑文化研究——以土家族吊脚楼为例》，《重庆三峡学院学报》2010年第5期，第5～8页。

［9］ 潘年英：《矛盾的"文本"——梭嘎生态博物馆田野考察实录》，《文艺研究》2002年第2期，第104～111页。

［10］ 肖星：《基于生态博物馆的民族文化景观旅游开发研究》，《广州大学学报（社会科学版）》2008年第2期，第43～46页。

世界遗产教育功能的认知与实现

——以唐崖土司城址为例

吴尚谦　蒲元浩　徐　瑶

（唐崖土司城遗址管理处）

摘要：世界遗产作为一个民族古老的生命记忆和活态的文化基因库，代表着民族普遍的心理认同和基因传承，也代表了民族智慧和民族精神，世界文化遗产教育可以使受教育者认清世界文化遗产的珍贵价值，提高文化素养，自觉遵守"真实性和完整性"的世界遗产工作原则。

关键词：世界遗产；教育功能；唐崖土司城址

《保护世界文化和自然遗产公约》指出：缔约国应通过一切适当手段，特别是教育和宣传计划，努力增强本国人民对世界文化与自然遗产的赞赏和尊重。世界遗产委员会自1994年正式启动主题为"青年人参与世界遗产保护和发展"的教育项目。

一、对世界遗产教育功能的认识

近年世界遗产教学普遍展开，学术界对世界遗产教育教学进行了热烈的讨论。学术界对世界遗产教学功能的认识比较全面。这些功能包括贯彻我国的教育方针，提高对文化与自然多样性和国际主义教育的认识，对世界遗产的认知、传承和保护、利用，以及对民族精神和性格塑造的作用等。世界遗产教育的内涵包括爱国主义教育、多元化文化教育和国际主义教育。

我国作为一个伟大的文明古国，几千年来，勤劳、智慧的中华民族创造了辉煌灿烂的文化，这是进行爱国主义教育的极好素材。"爱国主义教育"使受教育者幼年时便产生朴素的眷恋乡土的情结，但是要真正懂得爱国的道理，使之上升为理性的认知，并能落实在知、情、意、信、行诸层面上，则必须通过大量感性的直观，高水准、科学的分析，以及积极的引导、教育才能很好地获得。这些文化遗产，用无声的语言向我们传达着重大意义的信息，认真地挖掘、整理、分析、评估它在美学、历史学、社会学、民俗学、考古学、文学、自然科学等方面的价值[1]，是十分有意义的事业。世界遗产教育的内涵包含"国际主义教育"的说法,拓宽了世界遗产的教育功能在空间上的视野,有利于摆脱民族、社会乃至国家之间的观念束缚。世界遗产教育"有利于推动世界的和平与发展"。这种观点与《保护世界文化和自然遗产公约》认为世界遗产是全球人类共同财富的理念似有共同之处。世界遗产教育的内涵包含了"多元文化教育"的提法,符合当今世界维护人类文化多样性的呼吁。贺云翔曾指出,"世界遗产的概念和行动,正是人类环境保护意识、和谐发展意识、尊重历史文化意识、不同文化互相尊重与学习意识全面觉醒的产物"[2]。他特别指出接受过世界遗产知识教育的大学生对世界遗产事业发展的重要意义;因为他们毕业后将成为各级教育机构和政府决策管理部门的栋梁之材,对世界遗产的认知、保护、利用和传承等都要依靠这些人。同样,世界遗产教育对维护文化多样性和自然多样性有着重要的意义。所以,世界遗产教育是世界遗产事业健康、永续发展的最为重要的动力和条件。

世界遗产在传承过程中对世界遗产知识的传承是世界遗产教育的基础功能,世界遗产教育包含了考古学、历史学、地理学、环境学、生物学、建筑学、旅游学、美学、民俗学和宗教、文学艺术等多门学科的说法,表明学者们已经认识到世界遗产教育可使受教育者获得综合性的知识收益[3]。由于世界遗产具有多学科知识交叉的特点,世界遗产教育可以提高公众和青少年的综合文化素质,并将成为加强全面素质教育的切入点和突破口。世界遗产在教育应用上的讨论集中在教育资源和旅游利用上,有学者认为世界遗产教育可以在人们头脑中产生一种无形的作用,这种作用不但有利于世界遗产的保护,而且可以伴随产生增值效应,如遗产纪念品的开发、出售。或出于兴趣,或出于教育需要,或出于提高世界遗产的知名度,都会极大地促进世界遗产文化产品的销量。

由于世界遗产是每类遗产中品质最高的,对旅游者吸引力最大,世界遗产作为不等于旅游资源的客体存在,游客在游览世界遗产时能够得到启智、教育和文化体验是不争的事实,因此,在注重旅游经济发展的政府看来,世界遗产是一张响亮的"名片"。世界遗产教育包括的设置相关科研课题,同时向社会提供有关世界遗产研究的最新成果,并通过政府参与决策和理性科学的社会行文规范,将有利于我国世界遗产的申报工作。

二、相关学科对世界遗产教育的研究

各种兴趣不同的人都能在世界遗产中找到契合自己的点,但"基于参与世界遗产旅游、接受世界遗产教育的需要",人们首先必须对世界遗产进行区分和选择。王健民指出:大致而论,文化遗产旅游与普通型的大众旅游更加密切,自然遗产旅游与科学普及和自然探险旅游比较贴切,文化与自然双重遗产旅游则适合从大众到专属人群的各种旅游，而与"休闲"旅游最为一致的是世界遗产中的文化景观旅游。就宣传效果而言，为了实现世界遗产旅游的教育功能，作为世界遗产地外部形式的标志、名称、入选标准与评语"应求得真实、准确、简约、直观"。

生态学和地理学对世界遗产教育的研究也有所涉猎。孙克勤先生将世界自然遗产内容引入生态学课程作业、小测验和考试中，为生态学教学注入了新的活力。尹国蔚则有意向地理学延伸，使学生从同类世界遗产中寻找涉及文化扩散、文化区、文化生态和整合以及文化景观的知识，来印证文化地理学的研究主题，并在宏观上对世界遗产在各大洲及全球的分布进行了分析。学术界公认世界遗产最大的特点之一是综合性，涉及多门学科。世界遗产的教育研究应如文化遗产的保护利用研究那样"从多种不同角度进行深入全面的研究"。

从文化地理学的角度开展世界遗产的研究应该作为地理学对世界遗产研究的主要方向之一。世界遗产的绝大部分是文化遗产，文化的绝大部分是历史文化，所以历史学对世界遗产教学的研究不能不闻不问。对世界遗产教育功能的研究应以提高对世界遗产的尊重和保护为中心[4]。实现世界遗产教学提高受教育者综合文化素质的功能，需要以学习"世界遗产本身"所获得的知识收益为基础，这方面也有待详细而深入的研究，如学者们对长城、云南丽江古城和"三江并流"等单项世界遗产在美学上的分析不乏其人。

三、唐崖土司城址发挥世界遗产教育功能的途径

唐崖土司城址始建于1346年，标志性建筑"荆南雄镇，楚蜀屏翰"牌坊和张王庙石刻、土王墓以及长达3.5千米的石板路均为真实的明代原始实物，以土家族、苗族为主的少数民族建筑风格、建造工艺、民风民俗延续至今。唐崖土司城址在申报世界文化遗产的过程中，通过文献查阅、实地调研及现状分析提炼出了土司制度秉承"齐政修教，因俗而治"的传统理念，见证了多民族统一国家的中央政权与边疆少数民族间谋求利益平衡及共同发展、实现文化多样性传承的民族生存与社会管理智慧。同时在这个过程中，还进行了一次历史知识和民族文化的普及活动，让更多群众了解历史，珍惜文化遗产，学习民族文化，增强民族自信心、自豪感、凝聚力和向心力，提高人民的文化品位和文明素质。

世界遗产，它的价值需要更多体现在开展科学研究、科普教育、游览审美等精神文化活动上。唐崖土司城址作为土司制度体现的实物载体，融合了土家族与汉族文化精髓为建筑理念，通过考古挖掘和历史研究分析，清晰地再现了各个历史朝代土司的兴衰。以唐崖土司城址文化景观为主要内容，政府、遗址管理处、教育部门乃至全社会都应协同配合，共同承担起发挥世界遗产教育功能、培养高素质人才的责任。

1. 政府、遗址管理机构应关注世界遗产教育的问题

一是加大唐崖土司城址作为世界文化遗产的基础知识的普及宣传，纠正网络媒体出现的错误信息报道，正面引导当地群众及游览者保护它，同时通过官方宣传与社会媒介将标准的表达传递给公众。

二是进一步挖掘土司文化的价值、内涵，成立相应的研究机构或中心，多从青少年受众的角度整理一些有效的世界遗产教育学习资料，结合青少年身心出版图文并茂的导读物、光盘。积极争取教育部门配合，将土司历史与土家文化参与到地方课程的编写中。

三是培养内行的讲解员队伍，规范导游解说。唐崖土司城址处于对外开放之初，统一讲解口径，出版普及版的唐崖土司城址讲解词，有效规范导游"天马行空"的讲解，正确宣传土司文化及当地民俗，拓宽从业者知识范围，提高他们的文化素养，也是提高游览者审美和景观鉴赏能力的最佳途径。

2. 注重遗产教育工作主体情感的培养

主体情感是过去与未来联系的兼任纽带，是传统与现代相融合的良好溶剂，以知识、方法、理念和情感并重的世界遗产教育模式，是我国遗产教育工作的时代特色。通过世界遗产教育讲座、实地考察、收集资料、宣传讲解等方式，使受教育者深入了解世界遗产的内涵、价值和保护的意义，从内心感受到大自然的伟大和人类历史文化的博大精深，感受到世界遗产"不可再生"的价值[5]。在学习文化遗产特别是本土文化遗产时，从中感受到我国五千年的历史积累了丰厚的文化遗产，先人的伟大和睿智、历史的荣辱以及人类文明的足迹，从而产生强烈的爱国热情和历史责任感，从而传承民族的优秀文化。在培养爱国主义道德素质和思想感情过程中，收到良好效果。

3. 形成世界遗产与民族文化教育特色

世界文化遗产代表了中华民族独特的艺术和美学成就，依托世界遗产平台，开展世界遗产与地域文化教育研究，实行"多元文化教育"，通过非物质遗产的传承，举办具有民族特色的文化遗产主题日活动，如世界遗产知识竞赛、"摆手舞""莲湘"舞台欣赏、土家民歌创作竞赛、编织西兰卡普、大型土家剧幕巡演等。

4. 推进世界文化遗产青少年教育项目

根据《保护世界文化和自然遗产公约》国际文件的精神，制定的《世界遗产青少年教育苏州宣言》，作为实现世界遗产青少年驾驭集体行动的纲领。目标是：让全世界所有青少年均接受世界遗产教育,确立保护世界遗产的意识,自觉担负起保护世界遗产的责任[6]。

一是教育部门要提高青少年世界遗产教育的重视程度,以课堂教育为主导形式,不同学段、不同题材的遗产教育模式,做到既符合学科教学的一般规律,又体现遗产教育的特色规律。

二是第二课堂活动场馆应有意识地肩负起青少年世界遗产的教育任务,如民族博物馆应结合本馆特色,联系学校开展社会实践活动,图书馆可针对性地对青少年提供各类有关唐崖土司历史文化、土家族文化、世界遗产的书籍,举办小竞赛以提高学习的积极性。

三是完善志愿者服务体系,在遗产地及第二课堂场馆的志愿者培训体系中列入青少年培训及实践活动,寒暑假及节假日为学生提供义务讲解的机会,树立青少年保护世界遗产的主人翁意识。

四是摆脱地域束缚,加深对外影响力,以世界遗产青少年教育为项目着力点,对接大中型城市及国际青少年夏令营活动,让青少年懂得尊重异域文化,保护各民族文化的独特性,汲取人类文化中的优秀成果,为创造今天和未来的文化服务。

四、结　　论

世界遗产概念的提出,世界遗产保护和宣传教育等工作,最终是让人们关注全地球、全人类的存在与发展、过去与未来的问题。世界遗产教育也不应仅是让人掌握已列入名录的世界遗产的知识和信息,我们应该以历史的眼光来认识人类遗产对自然和社会所具有的价值。我们的世界遗产教育涉及的知识面也应非常广泛。众多研究表明世界遗产知识应该成为公众,尤其是当地群众与从业者的通识。因此,政府、管理机构及教育部门应该尽职使世界遗产教育得到普及。

注　释

[1] 宋晶:《中国世界文化遗产与爱国主义教育》,《湖北社会科学》2005年第8期,第111~113页。

[2] 尹国蔚:《近十年我国世界遗产教育教学研究述评》,《福建论坛(社科教育版)》2010年第6期,第97~99页。

[3] 王健民:《世界遗产旅游中世界遗产教育功能的实现——世界遗产旅游与世界遗产教育之三》,《中国旅游报》2007年第6期,第11、12页。

[4] 冯莉、马生涛:《世界遗产教育:青少年教育的新课题》,《陕西师范大学继续教育学报(增刊)》2004年第21期,第202、203页。

[5] 卜海燕、李春英：《"世界遗产与民族文化教育"课程开发与实践》，《北京教育（普教版）》2014年第2期，第43、44页。

[6] 马育倩、邱丛枝：《我国世界遗产教育发展研究》，《石家庄学院学报》2006年第6期，第82~85页。

明代荆楚藩王与鄂西土司的军事功用

姜可塑

（华中师范大学历史文化学院）

摘要：明代的分封制与土司制均是朝廷加强中央集权的重要制度。二者有很大的相似性，又有明显的不同。本文从政治制度的视角出发，以藩王与土司的军事功用作为切入点，分析明代湖广地区两者的军事功用，以此厘清藩王与土司的职务差别、管理范畴及其二者在明朝政治系统中所扮演的角色。

关键词：明代；军事；土司；藩王

一、封藩制度下楚藩的军事功用

分封制起源于周，汉晋两代亦有延续，随后逐渐废止，直至明代重兴。明太祖朱元璋分封藩国有其多重方面的考虑：

> 明太祖惩宋元孤立，失古封建意……盖由建都应天，去西北辽远，非亲子弟不足以镇抚而捍外患。其他则分王内地，用资夹辅焉。[1]

由此可见，封藩的目的主要有三点：其一，吸取宋元孤立没有军事支援的教训，所以设置藩国，以便在必要时支援中央；其二，位于边境的藩国可以震慑蛮夷少数民族，以防滋事；其三，分封在内地的藩国可以在物资上支援中央。从藩国的功能来看，军事功能位于首位，主要有两点，即支援中央和威慑地方。但是，成祖以藩王的身份登基为帝后大肆实行"藩禁"，削减藩王的政治和军事权力，遂逐渐形成"宗王以贤德维藩，不当有战功，而高帝则独重之"[2]的说法。因此，藩王的实际军事功用仅在洪武一朝得以发挥。

楚藩立国于洪武初年。《明史·楚王传》中记载：楚昭王桢，太祖第六子。始生时，平武昌报适至，太祖喜曰：子长，以楚封之[3]。楚地临近西南蛮夷，是辽远之地。所以楚国设立的目的便是威慑鄂西少数民族及西南诸司。而楚藩确实发挥了预想的军事功能。据《罪惟录》中记载：

> 洪武十四年，祯率江夏侯德兴讨散毛诸洞。明年，讨大庸诸洞。十八年与信国合计擒铜鼓五开蛮，馀党悉溃。二十年，讨云南阿鲁秃，趋武关，至廊州，擒之。二十四年征西藩。二十七年通州杜回子叛，讨平之；复讨全州叛猺。明年，讨桂阳山寇，平之。又明年，庐西黔阳诸洞彝叛，三自沅州深入捣平之。……是年（洪武三十年），与湘王柏率师十万往征古州叛蛮。……宣德元年，诏发楚、鲁二王护兵各千人征安南。[4]

因此，王世贞在《弇山堂别集》中评价明初的藩国军功："洪武中，秦、晋、燕数北征有功，赏最重，楚、湘次之。"[5]

靖难之役后成祖登基，大肆削藩。楚藩的武昌护卫军也未幸免于难[6]。成祖对藩戚权贵的遏制，不单使藩国丧失了威慑蛮夷的作用，也使藩国无力在军事上支援中央。楚藩在失去两个武昌护卫之后，便再没有出兵的记录。从《明史》中可略窥一二："景泰初，总官兵宫聚奏：蛮贼西至贵州龙里，东至湖广元州，北至武冈，南至播州之境，不下二十万……乞急调京边军及征麓川卒十万前来，以资调遣。"由此得知，弹压作乱蛮贼的军队来源为"京边军"和"征麓川卒"，并非是地方藩王的军事武装。而楚藩仅留一队护卫，威慑边疆的作用名存实亡。

藩国军事功用的变迁体现了藩王在大明政治体系中的尴尬角色。笔者认为造成此种尴尬的原因有三。

首先，从前代经验来看，明朝的藩封制没有解决历史上分封制所造成的问题。封藩制度起源于周代，随后这个制度被断断续续传承下来。但是，实行封藩的朝代都遇到了藩国带来的麻烦：周的分裂、西汉的七国之乱、西晋的八王之乱。明代并没有吸取这些教训，完善分封制。保留了前代分封制的弊端，并没有从制度上解决这些问题。太祖在世时，可以凭借个人权势弥补分封制的不足，但这并不代表这个制度本身的优势。所以太祖死后，在没有出现强而有力的君主时，封藩制度就不能按照最初的设想存在了。

其次，从直接原因来看，明成祖凭借藩王的身份及藩国军事力量登上帝位，他亲自开辟了一条非正常登基的途径。那么自然要防止后代其他藩王效仿这种做法，最直接的方法就是从制度层面上剥夺藩国的军事权力。

最后，从现实原因来看，藩王与皇帝同为先帝的儿子，从血统的角度来说，君主的子嗣都有成为皇帝的合理性。相比于外戚与宦官，这是藩王们所独具的造反的血统优势。皇帝自然更加忌讳藩王掌权，更愿意把军队权力分享给官僚或土司。

正因为以上三点原因，藩国仅经过了洪武一朝，便从承担军事义务的政治权利分享者变为没有实权的名义贵族。权利与义务相伴随，丧失军事义务的藩王必然不存在政治权利。但是由于其血统对于王朝政治的特殊意义，又必须保留其贵族身份。于是诸藩王转而成为大明帝国经济利益的占有者，即凭借自身的血统，万世无穷地坐享国家的禄米。他们的权力触角由军事功能向经济利益转移。

二、鄂西土司制下的军事权力范畴

明代的土司制源于唐代的羁縻制度，并在元朝初步发展，最终繁盛于明。它的要义在于传习宋唐代羁縻制度"齐正修教，因俗而治"的边疆治理传统[7]，在尊重少数民族当地特点与个性的前提下，授予少数民族上层"官职"，将少数民族纳入国家正常的行政系统之内。受此影响，明太祖对鄂西地区投诚的土司采以"直接以元官授之，已而梗化"[8]的管理方式。

世袭其官、世长其民、世领其地，是土司制度的根本所在[9]。在军事方面，土司必须承担的军事义务有开国从征、保镜、征蛮、击倭、征贼[10]。以鄂西土司永顺一地为例，"天顺二年（1458年）谕土司世雄调土兵会剿贵州东苗。成化三年（1467年）调永顺兵征都掌蛮。成化十四年（1478年），世麒以北边有警请帅土兵一万赴延绥助讨贼……以方听调征贼妇米鲁故也。嘉靖三十三年（1554年）冬，调永顺土兵协剿倭贼于苏、松。万历二十五（1597年）年东事棘，调永顺兵万人赴援"[11]。由史料可以看出，土司承担的军事义务在鄂西一地得以有效执行，中央的调度在一定范围内得到了鄂西土司的认同。这实际上形成了一种土司与明朝中央政府之间的政治合作，即国家承认土司既有权利的合法性，并给予官职，以此确保土司在其辖区的政治权力。而土司则要尽到缴纳贡赋、派遣军队的义务。

明朝中央与土司之间能够形成这样的合作，笔者认为有以下三点原因：其一，从制度本身来看，土司制度有其制度渊源，经过宋元的发展，土司制基本形成体系，各项事件大都有例可循，明政府可直接吸取前制经验，省去很多制度建设上的麻烦。其二，从现实来看，明初，在明政权逐渐占领全国的时候，土司的官职授予已经亦步亦趋地次第展开。诸司都畏惧太祖的军队，所以便有直接投诚接受授予的情况。《明史·湖广土司传》中记载：及太祖歼有谅与鄱阳，进克武昌，湖南诸郡望风归附，元时所置宣慰、安抚、长官司之属，皆先后迎降[12]。也就是说，在鄂西一地有相当一部分土司是碍于大势已定的现实情况，臣服于明。其三，土司军队归属中央是土司本身的现实需求。少数民族之地各部落数量众多，各部落之间的战争连年不断，土司需要寻求更为强大的中央力量作为靠山，以此谋求土司内部的和平与生存空间。有记载"宣德九年，木册长官田谷佐奏：高罗安抚常倚势凌轹，侵夺其土地人民，已蒙朝廷分理……"[13]由此可知，众土司需要一个更为权威的调停对象来调节各司利益，抚平诸司之间的斗争，而大明政府则最为合适。

但是，这种合作关系是建立在中央的军队能够节制土司这一前提之上的。一旦军事威慑不复存在，政治博弈的稳态将会被打破，纵览明史，其中不乏这样的案例。从地域上来看，鄂西土司叛服均有。即使在明初中央实力强盛之时，鄂西战争仍然反反复复，从洪武三年直到天顺元年苗患被平息后诸司部队才逐渐能被国家所调动[14]。从时间上来看：由从到不从。上面提到的永顺土司在鄂西诸司之中，是除了保靖一司之外出兵最多、兵力最勇的土司，在嘉靖三十三年与倭贼的大战之中被称"保靖兵最，永顺次之"，但是在万历一朝也逐渐不服从调遣。在上文提到的万历二十五年征调一万士兵援东事的事件中，永顺土司竟然支吾不出兵，疑有要挟朝廷之意。至此，征调三千，只出七百，征调八千仅以三千塞责，称病不出的事件接连发生。万历四十八年（1620年）碍于皇帝的责旨勉强出战也终是大溃，于是有评论"调永顺兵八千，费踰十万，今奔溃，虚糜无益"[15]。

尽管土司的军队在相当长的时间内为大明立下了汗马功劳，但最终仍不能达到最初设想的效果，原因何在？笔者认为主要有以下两点原因：首先，土司制度本身就缺少相应的节制土司军队的措施。"世有其地，世管其民，世统其兵，世袭其职，世受其封"是极大的权力。土司虽然是名义上的朝廷命官，但并非真正意义上的官僚。"土官"的授予，是中央对少数民族上层在其居住地区的统治权的一种认可。这种承认的前提是来自中央对土司强有力的节制。藩禁之后，藩国军事衰微，不足以在军事上制衡土司，上文鄂西永顺便是一例。其次，此时的土司对大明王朝还没有形成绝对的文化认同。当然，缺乏文化认同是大明统治者与土司之间互相存在的现象。在土司为大明王朝效力之时，兵部尚书于谦曾上言：黄竑、岑瑛虽愿竭尽臣节，调所部土人助官军剿贼寇，但俱系蛮夷，积威有素，假其兵力，虽可成功，其本心未易测度[16]。可见其猜度心态。在这种心态之下，中央与土司自然不能长久合作。

但是，值得注意的是，土司制度的存在是少数民族对中央王朝认同感不断加强的过程。土司即握有兵权有领兵出征之实，自然战胜与战败就会涉及奖惩制度。然而奇怪的是，在世袭的土司爵位制度之下，战绩的奖赏除了诸多金银华裳赏赐之外，还多与职位的升迁相联系。战绩卓越的土官会被升迁至流官。《明实录·孝宗实录》载：十三年（永顺彭氏）以征苗功，命宣慰彭显英进散官一阶，仍赐敕奖劳[17]。但是，流官职位自然不会被世袭。并且，土官与流官品级大致相当。也就是说，从官品上看，土府、州、县等官与同级流官品级无异[18]。为何立了战功却不按照土司的品级升迁，而迁升至不能世袭且经济权利被限制的流官呢？笔者认为主要有以下两个方面：首先，土司制度发展到明代，其作用已经不仅仅是停留在政治上的拉拢，而是逐渐偏向于对儒家君臣关系的推广以及文化的认同的影响上。虽然有明一代凡土司个人出任流官，一般不准世袭流官职，但相应的流官待遇却可以载入史册，作为家族的荣誉而获得朝廷的认可[19]。也就是说，被君主承认自有权利，已经不再是此时土司追求的政治目标。他们更偏向于在朝廷的系统内部求得职位，获得儒家政治身份的认可，并以此为荣。由此，土司未来的政治发展逐渐与传统的官僚体系靠近。军功则成为晋升流官的筹码。土变流不仅代表了中央王朝对地方土司的承认与尊重，也是儒家官僚政治文化对其辐射地的扩张与影响。用"契约"安抚土司，用文化认同浸染土司，于是在这种持久的浸润之下才有了后来的"改土归流"。从这个层面上来说，"改土归流"的过程是官僚文化在少数民族地区最终被认同的过程，也是由当地贵族向封建官僚政治角色转变的过程。

三、鄂西土司与楚藩王的军事功用之比较

藩封制与土司制度之下，楚藩与鄂西土司手中都握有军队。从时间上来看，楚藩的军队从洪武十四年（1381年）一代楚王桢就藩武昌府，到宣德五年（1430年）楚王孟烷"请以二卫归朝廷"共计存在了49年。鄂西土司以永顺为例，从洪武五年（1372年）授印，到万历四十八年（1620年）大溃之后，再无出兵记录。可以说，永顺土司的军队基本与明朝共始终。

另外，从军队的结构看，二者都实行了明代卫所的组织结构。楚藩军队这边从孟烷主动请归两卫以及这二卫的去处来看，楚藩实行卫所制度无疑。宣德五年十一月……朕思之至再，故勉从所言……叔选留一卫，有不足者听于二卫中选补足……于是改武昌中护卫为武昌护卫，掉左护卫于东昌，改为东昌卫，右护卫于徐州，改为徐州左卫，置经历司、卫仓皆如例[20]。鄂西土司以施州为例，施州卫军民指挥使司是由相当于行省一级的湖广都指挥使司所管辖，他同大田军民千户所一样是纯军事性的机构。由于这些军事卫所又兼理民政，与土司制度结合在一起。宣慰司相当于卫，直隶于都指挥使司，宣抚、安抚、长官等司相当于千户所，隶属于军民卫或宣慰司。大小土司隶属于都司卫所，土司之官职同于卫所[21]。

关于征伐的对象。楚藩的军队就是为了威慑鄂西蛮夷，鄂西土司军队的征讨对象则不固定，一般听从中央调遣。在楚王多次征伐鄂西少数民族的记录之中有一次征伐被《明史·楚王传》与《明史·湖广土司传》同时记录，内容依次如下：

> 洪武十八年四月，铜鼓、思州诸蛮乱，命桢与信国公汤和、将夏侯周德与帅师往讨……三十年古州蛮叛，帝命桢帅师，湘王柏为副，往征。

> 洪武十八年，五开蛮吴面儿反，势獗甚。命楚王桢将征虏将军汤和，击斩九豀诸处蛮僚，俘获四万余人，诸苗始惧。而靖、沅、道、澧之间，十年内亦寻起寻灭。虽开国之初，师武臣力，实太祖控制之道恩威备焉。[22]

由此可见，中央依靠中央军队和楚、湘藩王的军队共同节制鄂西。鄂西则由叛到从。遗憾的是，楚藩的军队虽然有针对鄂西土司的节制作用，但是存在的时间仅为洪武一朝，发挥的军事作用实在有限。日后只能依靠中央的军队以及政治控制来维持土司军队对王朝的效忠。

四、结　　语

藩王虽然贵为皇亲，可是其军队只有打江山的作用，却没有守江山的时间。正如在第一部分所说，丧失了军事功能的藩府其政治角色已然消失，只能凭借其血统在经济领域里分享利益。宗藩贵戚也没有依靠军功重新进入官僚系统的资格与权利。而土司的军队虽然时刻被节制，却在"罚而不废的"的原则之下存在了长达250年之久。土司一部也因此一直活跃在大明政治的舞台上。他们在本地区以"官僚"的名义掌管着本地的经济、行政、军事等相关领域，并可以通过军功进入帝国官僚系统。虽然宗藩与土司都是某一地区世袭的统治者，但是由于他们的身份不同，所属的制度不同，最终的身份走向自然不同。前者逐渐变为没有实权的贵族，后者逐渐转变为帝国的官僚。

注　　释

[1] 《明史稿》卷一百八列传第三《诸王传》，《明清史资料》上册，天津人民出版社，1980年，第65页。

[2] （明）王世贞：《弇山堂别集》，中华书局，1985年，第104页。

[3] （清）张廷玉等：《明史》，中华书局，1974年，第3570页。

[4] （清）查继佐：《罪惟录》，浙江古籍出版社，1986年，第1215页。

[5] （明）王世贞：《弇山堂别集》，中华书局，1985年，第104页。

[6] 楚藩的军队并非在藩禁中被剥削而是二代楚王孟烷主动上交的，《罪惟录》卷四《楚昭王祯传》记载："宣德五年，平江伯陈瑄密奏：湖广东南大藩，……楚护卫之官交姻连娅，蘖枝延蔓，小人行险，或生其心。乞陛下借乏饷名选其健锐，使转漕京师，因而留之。"章帝曰"楚王故无过，不可"王闻之惧上还两护卫留其一。

[7] 马国军：《明代土司出任流官的途径、原因及特点研究》，《广西民族研究》2015年第6期，第111页。

[8] （清）张廷玉等：《明史》，中华书局，1974年，第7982页。

[9] 龚荫：《中国土司制度史·前言》，四川人民出版社，2012年，第1页。

[10] 关于鄂西土司军事功能五个方面的具体内容详见吴永章：《明代鄂西土司制度》，《江汉论坛》1986年第1期，第73~78页。

[11] （清）张廷玉等：《明史》，中华书局，1974年，第7993页。

[12] （清）张廷玉等：《明史》，中华书局，1974年，第7982页。

[13] （清）张廷玉等：《明史》，中华书局，1974年，第7987页。

[14] （清）张廷玉等：《明史》，中华书局，1974年，第7983页，每欲征伐，辄愿荷戈前驱，国家亦赖以挞伐……

[15] （清）张廷玉等：《明史》，中华书局，1974年，第7994页。

[16] 《议王朝总督军务疏》，《粤西文载》卷五，转引自白耀天：《盛于元衰于明论》，《贵州民族研究》1999年第4期，第44页。

[17] 《明实录·孝宗实录》卷九四，转引自马国军：《明代土司出任流官的途径、原因及特点研究》，《广西民族研究》2015年第6期，第112页。

[18] 马国军：《明代土司出任流官的途径、原因及特点研究》，《广西民族研究》2015年第6期，第118页。

[19] 马国军：《明代土司出任流官的途径、原因及特点研究》，《广西民族研究》2015年第6期，第117页。

[20] 谢贵安：《明实录类纂·湖北史料卷》，武汉出版社，1991年，第1087页。

[21] 黄思俊：《鄂西土司制度述略》，《贵州文史丛刊》1987年第3期，第28页。

[22] （清）张廷玉等：《明史》，中华书局，1974年，第3570、7983页。

后 记

　　唐崖土司城址成功申报世界文化遗产，是我省文化遗产保护利用工作取得的重要成果，进一步彰显了荆楚文化在中华文明进程中的重要地位，增强了湖北文化在海内外的影响力，为加快"文明湖北"建设，促进全省经济社会发展提供了有力的文化支撑。为了更好地保护和利用土司遗址，发挥世界文化遗产在五个文明建设中的作用，需进一步加强对土司制度和土司遗产价值、保护理念、保护方式、合理利用模式等领域的研究。在湖北省文物局等单位的大力支持下，2016年6月9~11日，"中国文化遗产日"湖北省主场城市活动期间，湖北省古建筑保护中心、湖北省文物考古研究所、三峡大学民族学院、中南民族大学民族学与社会学学院、湖北大学地方文化研究中心、武汉大学文化遗产保护与研究中心、咸丰县人民政府联袂举办了"第二届唐崖论坛学术研讨会"。

　　本次论坛，共邀请到海内外80余名历史、考古、文化、民族、建筑、遗产保护研究领域的专家学者。联合国教科文组织驻华代表处文化遗产保护专员、复旦大学国土与文化资源研究中心主任杜晓帆教授，中国社会史学会副会长周天游教授，中国社会科学院历史研究所研究员李世愉先生，中国文化遗产研究院书记侯卫东先生亲临大会指导并先后做了精彩发言。论坛上，与会代表通过学术研讨和参观考察，达成了广泛共识。不仅从学术和实践的角度深化了唐崖土司城址以及相关问题的研究，将唐崖土司城址和土司遗产的学术研究推向了一个全新的高度，而且系统地探讨了唐崖土司城址申遗成功后的保护管理、合理利用途径和可持续发展战略，有利于土司遗址更好地融入人民群众的现代生活，实现"遗产保护人人参与、保护成果人人共享"。

　　本次论坛共收到学术论文30多篇，涵盖了土司文化研究、土司遗存保护、管理和利用等多个领域，体现了土司文化遗产的保护和研究的学科融合。为充分展示本次论坛的学术成果，在征求论文提交者的意愿后，本论文集选取部分论文进行公开出版。由于我们专业水平有限，书中可能多有遗漏，敬请批评指正。

编　者

2016年11月